"十三五"国家重点图书出版规划项目
媒介融合与传媒转型丛书 / 钱晓文　孙宝国 ◎ 主编

# 媒介经济学
## 创新与演化增长

王秋林　著

中山大学出版社
·广州·

**版权所有　翻印必究**

**图书在版编目（CIP）数据**

媒介经济学：创新与演化增长/王秋林著. —广州：中山大学出版社，2021.8
（媒介融合与传媒转型丛书/钱晓文，孙宝国主编）
ISBN 978-7-306-07181-1

Ⅰ.①媒…　Ⅱ.①王…　Ⅲ.①传播媒介—研究—经济学—研究
Ⅳ.①G206.2-05

中国版本图书馆 CIP 数据核字（2021）第 065876 号

| | |
|---|---|
| 出 版 人： | 王天琪 |
| 策划编辑： | 邹岚萍 |
| 责任编辑： | 邹岚萍 |
| 封面设计： | 曾　斌 |
| 责任校对： | 陈　莹 |
| 责任技编： | 何雅涛 |
| 出版发行： | 中山大学出版社 |
| 电　　话： | 编辑部 020-84111996，84113349，84111997，84110779 |
| | 发行部 020-84111998，84111981，84111160 |
| 地　　址： | 广州市新港西路 135 号 |
| 邮　　编： | 510275　传　　真：020-84036565 |
| 网　　址： | http://www.zsup.com.cn　E-mail：zdcbs@mail.sysu.edu.cn |
| 印 刷 者： | 佛山市浩文彩色印刷有限公司 |
| 规　　格： | 787mm×1092mm　1/16　16.25 印张　325 千字 |
| 版次印次： | 2021 年 8 月第 1 版　2021 年 8 月第 1 次印刷 |
| 定　　价： | 50.00 元 |

如发现本书因印装质量影响阅读，请与出版社发行部联系调换

# 作者简介

王秋林,1966年出生,毕业于武汉大学。曾从事出版工作长达14年之久。现为上海师范大学影视传媒学院副教授、硕士研究生导师,主要从事媒介技术创新尤其是智媒体基础理论和实践的研究工作。先后出访美国密苏里大学和意大利米兰语言与自由传播大学。出版专著1部,合著、合译著作3部,发表学术论文20多篇。

# 内容简介

创新是媒介组织和媒介产业实现持续、健康增长的源动力，但创新与增长是一个复杂体系，既是一种技术现象，也是一种商业现象，还涉及政策利益。

20世纪90年代后，一批依托技术创新的互联网媒体及社交平台等新媒体群体相继诞生，促使内容生产、传播、交易以及交互日益数字化、网络化、平台化、智能化，形成了以网络效应为基本特征的新的商业模式，造就了日益复杂的互联网媒介生态系统。庞大的互联网媒介经济体系在实现媒介产业经济增长的同时，导致整个媒介产业经济结构发生了明确、深刻的变化，并产生了平台垄断、数据治理和算法规制等新的规范经济及政策课题。

本书以"创新与演化增长"为研究主题，主要围绕上述相关问题展开论述：一是在对媒介进化事实回顾和创新、增长理论辨识的基础上，构建了基于新知识内生的媒介经济创新与增长模型；二是揭示了科技型媒介组织的生产性知识来源于内部的研发体系，是生产性知识的创造者和创新者；三是阐述了数据偏向性媒介技术创新理论及其主要表现形式——以"智媒体"为特征的媒介内容生产、传播、交易流程创新和媒介产品创新；四是分析了两种不同成本的媒体平台的网络效应以及两种不同的增长模型——AARRR 和 RARRA，并揭示了数据变现的基本原理；五是以生物学隐喻构建了互联网媒介生态系统理论，分析了互联网媒体平台以价值共创、共生共赢以及跨界赋能的生态思维及生态战略创新，提出了媒介进化小生境战略创新概念和基本模式；六是阐述了媒介经济系统协同演化增长的方式和基本过程，提出了由创新导致的媒介经济结构变动即媒介经济增长的观点，并对信息、娱乐类媒介经济结构演化的过程进行了实证分析；七是对创新政策所涉及的媒体平台垄断、数据治理和算法规制进行了叙述和研究。

本书可为新闻传播类研究人员、新媒体从业人员提供新媒体经济学理论和实践方面的参考，也可作为高校新闻传播类研究生、本科生媒介经济学课程的教材。

# 总　序

党的十八大以来，以习近平同志为核心的党中央着眼于党和国家事业长远发展，高度重视传统媒体与新兴媒体的融合发展，作出了一系列重要的论述和部署。2014年8月18日，习近平总书记主持中央全面深化改革领导小组第四次会议，审议通过《关于推动传统媒体和新兴媒体融合发展的指导意见》，首次将媒介融合提升为国家战略。2019年1月25日，中共中央政治局就全媒体时代和媒体融合发展举行第十二次集体学习，习近平总书记在主持学习时强调，推动媒体融合发展、建设全媒体成为我们面临的一项紧迫课题；推动媒体融合向纵深发展，做大做强主流舆论，巩固全党全国人民团结奋斗的共同思想基础，为实现"两个一百年"奋斗目标、实现中华民族伟大复兴的中国梦提供了强大精神力量和舆论支持。党的十九届四中全会提出，构建以内容建设为根本、先进技术为支撑、创新管理为保障的全媒体传播体系。媒介融合是现代化进程的典型表征，不但是国家的发展战略和中国特色社会主义制度的有机组成部分，而且媒介融合与传媒转型已然成为传媒业发展的战略选择和必由之路。当下，我国传媒融合转型已进入县级融媒体建设的新阶段，媒体融合发展在取得显著成效的同时，面临的挑战和问题也不少，因而成为新闻传播业界和学界共同关注和探讨的热点与重心所在。

为贯彻落实党的十九届四中全会精神和国家发展战略，适应媒介融合与传媒转型实践的需求，促进学界相关研究的深入，推动新闻传播学科建设，上海师范大学新闻学学科点、上海师范大学广播电视与媒介融合发展研究中心和中山大学出版社，联合江苏淮阴师范学院传媒学院、东方网等单位，共同策划、组织和实施了"媒介融合与传媒转型丛书"项目。经中山大学出版社推荐申报和国家新闻出版署集中评审，2018年7月本丛书被列入"'十三五'国家重点图书、音像、电子出版物出版规划"增补项目（《国家新闻出版署关于公布国家重点出版物出版规划调整情况的通知》，国新出发〔2018〕7号）。本丛书定位于原创性学术研究，项目设计为：①理论专著。以党的十九大精神为指导，结合国家的政策发布以及新闻传播学等理论，将理论研究融入政策的宏大叙事，从跨学科的视角加强对媒体融合转型的理论探讨。②实践研究。着重研究报刊、广播电视、图书、新媒体等融合转型发展的过程、特点、战略与策略、经验与教训等，为传媒融合转型实践提供镜鉴与启示。③专题研究。针对媒体融合转型中的传媒监管、电视信息服务、对外传播等进行专门研究。总体而言，本丛书主要有以下几个特点。

第一，从丛书内容来看，它系统研究传统媒体融合转型，选题主要涉及报纸、杂志、图书、广播、电视等不同介质的融合转型研究。有人可能会提出这样的疑问：媒介融合不是打破了不同媒介之间的界限而融为一体吗，为什么还要做报刊、广播、电视、互联网这样的区分，难道不同媒介的融合并不相同？麦克卢汉认为，"媒介是人体的延伸"①，也就是说，媒介是人的感觉能力的复制和外化，比如，文字和印刷媒介是人的视觉能力的延伸，广播是人的听觉能力的延伸，电视是人的视觉、听觉和触觉能力的延伸，互联网则是人的中枢神经系统的延伸。就像人的视觉、听觉、嗅觉、触觉等不同感官难以相互取代一样，作为人的感官延伸的不同媒介也难以相互取代。不同媒介有不同的媒介文化，比如，图书和报刊属于以读写文化为特征的印刷文化，广播属于声音文化，电视属于图像视觉文化，而互联网则是交互文化。图书、报刊、广播、电视等不同的媒介形态形成了不同的媒介文化、发展路径，不同媒介各有优势和特长，对应不同的细分市场和受众群，其融合逻辑和实现路径虽有相同之处，却不可能完全相同。就媒介融合而言，适合《纽约时报》的未必适合CNN，适合《人民日报》的也未必适合中央电视台，通往罗马的道路并非只有一条，说的正是这个道理。媒介融合在技术上表现为"多功能一体化"，并不意味着不同媒介之间的相互取代，反而是不同媒介文化的相互补充与协同发展，包括不同媒介背后的权力关系的重新调整与重塑；更重要的是，媒介融合在消融旧的边界的同时，也会形成新的边界。如果从媒介生态学来看，不同媒介各有自己的"生态位"（niche），不同媒介在长期发展过程中形成了不同的路径依赖，新技术及其范式的引入可能会打破既有媒介之间相互依赖又相互制衡的媒介生态平衡，但必须重新建立新的媒介生态平衡，否则会造成难以预料的媒介生态灾难。媒介融合（media convergence）之"融合"对应的英文是"convergence"而非"integration"，或许能够从中得出这样的启示，即媒介融合既要尊重互联网思维和新闻传播的规律，更要尊重不同媒介的内在逻辑与发展规律，如此，媒体方能找到属于自己的融合转型之路。

第二，从研究性质来看，伴随着媒介融合的是社会媒介化程度越来越深，媒介研究已成为一门显学，媒介融合与传媒转型研究作为学界和业界关注的焦点与热点，属于应用型学术研究。理论研究包括基础理论研究和应用型理论研究，这两大领域各有自己的特点与价值，不存在高低优劣之分。换言之，彼此是相辅相成而不是相互取代的关系，不应厚此薄彼。如同新闻传播学一样，传媒融合转型研究具有很强的实践性特点，正在如火如荼开展的融合传播实践是理论研究的源头活水，学理研究不能脱离传媒业实践。本丛书并非纯理论研究，而是理论与实

---

① ［加拿大］马歇尔·麦克卢汉：《理解媒介——论人的延伸》，何道宽译，译林出版社2019年版，第78页。

践相结合的应用型学术研究，或者说它是应用型理论创新亦可，其特色在于"道"与"术"兼顾，既有对传媒融合转型的特点、动因和规律等的理论探讨，又有对当下媒介生态环境中报刊、广播电视、图书出版、新媒体等融合转型的特点、问题、成因与策略等的深度分析。与此同时，媒介融合与传媒转型作为独立的研究对象，需要在马克思主义思想的指导下，从新闻传播学、政治经济学、文化研究、社会学等多学科进行深入研究，因为传媒融合转型融入政治、经济、社会文化、技术等整体发展之中，不是单一学科就能够窥其全貌、揭其真谛的。

第三，从研究队伍来看，本丛书是由不同单位的学者、主要是高校教师撰写而成的，作者队伍具有老中青相结合、业界与学界相结合等特点，其中，既有资深教授、高级编辑，也有年富力强的副教授、讲师等青年学者，绝大多数作者都有丰富的业界经验和丰厚的学养或理论素养，用现在的流行语来表达，属于双栖型或专业化复合型人才，而且都有相当的前期成果积累。由于丛书作者来自不同单位，跨地区、跨部门、跨行业，并且项目持续时间较长，为了保障丛书的质量，协调并推动项目的顺利开展，我们举办过多次小型专题研讨会，以及通过微信群等非正式的沟通渠道，就丛书的框架结构、内容编写、市场定位等相关问题进行深入研讨，对提高丛书的质量和水平颇有裨益。

感谢中山大学出版社的大力支持和帮助，特别是邹岚萍编审玉成此事，从选题策划、"十三五"国家重点图书出版规划项目的申报，一直到编辑出版，她都亲自指导、统筹和把关，做了大量的工作，功不可没。感谢兄弟单位特别是江苏淮阴师范学院传媒学院史晖院长的鼎力支持和帮助。媒介融合时代是合作与共赢的时代，独木不成林，没有学术共同体的支撑就没有本丛书的出版。感谢为各分册撰写序言的各位专家学者，他们从专业角度对书稿进行把关，有助于提高书稿的学术质量和水平。感谢各位作者在繁忙的工作之余的辛勤努力和付出，一分耕耘一分收获，这才有了这套国家级丛书的面世。感谢读者的厚爱和不吝赐教，服务读者、满足读者和市场的深层次需求，将是我们继续前进的方向和不竭动力。

钱晓文　孙宝国<br>2020 年 2 月

# 目 录

## 第一章 创新与演化增长研究范式与分析框架 … 1
### 第一节 信息技术革命背景下的媒介演化 … 1
一、媒介进化树：媒介形态的进化 … 2
二、媒介产品生产要素资源的演进 … 5
三、媒介组织变革引发媒介产业变革 … 7
### 第二节 经济学视野：创新与增长理论 … 9
一、熊彼特创新思想的核心论点 … 9
二、内生增长理论的主要思想 … 10
三、演化增长理论的主要思想 … 12
### 第三节 创新与演化增长主题的媒介经济学研究范式 … 13
一、创新与演化增长主题的媒介经济学研究的哲学基础 … 14
二、创新与演化增长主题的媒介经济学研究方法论 … 15
三、从微观到宏观的媒介经济演进过程 … 17
四、创新：媒介演化与经济增长的动力之源 … 19

## 第二章 科技型媒介组织是生产性知识的创造者 … 24
### 第一节 生产性知识及其本质 … 24
一、不同角度的生产性知识 … 25
二、生产性知识的本质 … 26
### 第二节 科技型媒介组织的生产性知识研发 … 28
一、从创新链条理解研发 … 28
二、水平创新与垂直创新研发模型 … 30
三、科技型媒介组织的技术基因 … 32
四、科技型媒介组织生产性知识研发的核心要素 … 33
### 第三节 科技型媒介组织的研发机制 … 39
一、科技型媒介组织的三种主要研发机制 … 39
二、科技型媒介组织研发中应平衡的几个问题 … 43

## 第三章　偏向数据的媒介技术创新 …… 45
### 第一节　偏向数据的媒介技术进步 …… 45
一、既是要素也是技术的数据 …… 45
二、偏向数据的媒介技术 …… 51
三、数据、算力、算法技术的正向反馈机制 …… 52
四、算法学习飞轮机制 …… 54
### 第二节　偏数据的媒介产品创新及生产流程创新 …… 56
一、数据偏向性媒介技术创新 …… 56
二、偏数据的媒介产品创新 …… 58
三、偏数据的生产流程创新 …… 64
### 第三节　内容生产、传播方式的变革 …… 68
一、内容生产决策数据化、理性化 …… 68
二、内容生产方式走向 IGC 模式 …… 69
三、内容分发方式走向个性化的 C2M 模式 …… 72
四、智媒形态下几类典型的内容生产与分发场景 …… 74
### 第四节　偏数据的媒介技术创新效率分析 …… 76
一、媒介产品创新和生产流程创新的市场竞争意义 …… 76
二、规模经济分析 …… 77
三、范围经济效应 …… 81
四、数据鸿沟 …… 83

## 第四章　媒介商业模式创新：网络效应 …… 84
### 第一节　互联网媒体及社交平台的网络效应 …… 84
一、网络效应的含义 …… 84
二、衡量网络效应的三个价值法则 …… 85
三、网络效应的经济学性质 …… 88
### 第二节　网络效应：一种商业模式创新 …… 90
一、互联网媒体及社交平台的网络效应是一种商业模式创新 …… 90
二、互联网媒体及社交平台网络效应商业模式的增长策略 …… 94
三、案例：脸书构建基于网络效应的商业模式之路 …… 96
四、网络效应商业模式的进一步分析：两种不同的总边际成本 …… 99
### 第三节　定价及定价策略创新 …… 103
一、定价机制 …… 103

二、几种定价方式及策略创新 ································· 108
　第四节　互联网媒体及社交平台的主要变现方式 ················· 112
　　一、网络效应下的商业变现逻辑 ····························· 112
　　二、流量变现模式：广告 ··································· 114
　　三、数据的商业价值与变现 ································· 116
　　四、内容变现 ············································· 117

第五章　媒介生态系统及生态战略创新 ····························· 123
　第一节　互联网媒介生态系统及生态思维 ······················· 123
　　一、互联网媒介生态系统：生物学隐喻 ······················· 123
　　二、互联网媒介生态系统及特征 ····························· 125
　　三、互联网媒介生态系统下的生态思维 ······················· 128
　第二节　互联网媒介生态系统的两大生态法则 ··················· 130
　　一、"脚手架"法则：互联网媒介应用平台 ···················· 130
　　二、互联网媒介生态系统的林德曼定律 ······················· 135
　第三节　生态型媒体平台及生态战略创新 ······················· 141
　　一、内容生产者、内容提供商和平台型媒体之间的竞争与垄断关系 ···· 141
　　二、生态型媒体平台的含义 ································· 143
　　三、价值共创共生共赢的生态战略创新 ······················· 144
　　四、跨界赋能的生态战略创新 ······························· 152
　第四节　小生境内容产品战略创新与运用 ······················· 155
　　一、小生境战略的经济学线索 ······························· 155
　　二、案例：学术出版小生境战略创新及运用 ··················· 156

第六章　媒介产业经济演化增长 ··································· 159
　第一节　偏好与制度 ········································· 159
　　一、偏好 ················································· 160
　　二、制度 ················································· 162
　第二节　媒介产业经济增长是技术、制度与偏好共同演化的结果 ··· 169
　　一、媒介产业经济增长的共同演化观 ························· 169
　　二、既是演化过程也是演化层次的媒介经济演化增长理论描述 ··· 171
　第三节　新闻及娱乐媒介产业经济演化增长的实证描述与分析 ····· 177
　　一、美国新闻媒介产业经济的演化增长 ······················· 177

二、美国视频产业经济演化增长的实证描述与分析 ……………… 187
三、文学阅读媒介产业经济演化的一个视角：上海文学媒介产业经济结构变迁 …………………………………………………………… 197

## 第七章 政府与创新政策 …………………………………………… 206
### 第一节 创新激励及垄断规制 …………………………………… 206
一、影响技术研发及创新扩散的因素 …………………………… 206
二、科技型媒介组织对技术研发及创新扩散的垄断情形 ……… 209
三、对研发及创新扩散垄断的不同看法 ………………………… 212
四、创新政策 ……………………………………………………… 215
### 第二节 数据治理 ………………………………………………… 217
一、数据治理之一：以数据为治理对象 ………………………… 218
二、数据治理之二：利用数据进行治理 ………………………… 222
### 第三节 算法治理 ………………………………………………… 225
一、算法偏见产生的机理 ………………………………………… 226
二、算法规制 ……………………………………………………… 227

**参考文献** ……………………………………………………………… 232

# 第一章 创新与演化增长研究范式与分析框架

围绕着以知识、信息、娱乐等为核心的内容生产、传播与交易效率这一主题，人类持续不断地进行技术革命与商业创新，形成了可供观察的事实：媒介形态依时间线累积与进化，并呈现多样化共存的发展态势。20世纪90年代后，一批依托互联网的创新型科技媒介组织相继崛起，产生了以互联网媒体及社交平台为代表的新媒体群体，促使知识、信息、娱乐等内容生产、传播与交易数字化、网络化、平台化、智能化，形成了新的商业模式——网络效应，并造就了日益复杂的互联网媒介生态系统，形成了庞大的互联网媒介经济体系，导致整个媒介产业经济结构发生了明确、深刻的变化，而且这一变化趋势仍处于加速过程中。

那么，由创新驱动的媒介进化与媒介产业经济变革是如何发生的呢？这一现象背后的本质又是什么？基于新古典经济学构建的传统媒介经济学已难以满意地解释这一经济现象和现象背后的本质，必须以一种新的思路和视野重构媒介经济学分析框架。20世纪80年代以后，关于创新和经济增长的重要著作和论文相继出版与发表，经济学家们对创新与经济增长问题进行了许多理论和实证研究。例如，以罗默（Romer）、阿吉翁（Aghion）和豪威特（Howitt）等人为代表，提出了以新知识驱动经济增长的内生增长理论模型；以纳尔逊（Nelson）、温特（Winter）、弗里曼（Freeman）、多西（Dorseg）、梅特卡夫（Metcalfe）等人为代表，提出了与新古典主义相对立的演化增长经济理论；等等。这些关于创新驱动经济增长的理论研究成果为构建以"创新与演化增长"为主题的媒介经济学理论提供了新的研究范式和分析框架。

## 第一节 信息技术革命背景下的媒介演化

迄今为止，人类先后完成了多次信息技术革命，产生了多种媒介形态，知识、信息、娱乐等内容生产、传播、交易活动的核心要素资源也在不断演化，生产性知识的创造和创新逐步统一于科技型媒介公司，并内生于媒介产业经济系统。

# 一、媒介进化树：媒介形态的进化

## （一）图文印刷时代

文字与印刷术的发明是人类文明发展的重大标志性事件。汉字为象形文字，是世界上最早发明的文字之一。据相关研究，4500～5000 年前，大汶口文化时期的图形符号已明显具有文字性质，是汉字的萌芽。商代后期的甲骨文已是一种成熟的文字体系，汉字直接由甲骨文发展而来。之后，汉字的书写形态随着朝代的变化，也经历了一个演化过程：西周金文—秦朝小篆—汉代隶书—魏晋楷书，直至形成今天汉字的形态。公元 105 年，蔡伦改进了造纸术。之后，造纸术传入欧洲。12—15 世纪，西班牙、法国、意大利、英国先后开始造纸。公元 1041—1048 年，毕昇发明胶泥活字印刷术，大大提高了印刷的速度与质量。1455 年，德国技术专家约翰·谷腾堡发明金属活字印刷术。1798 年，捷裔德国人塞内菲尔德发明平版印刷术。1839 年 8 月 19 日，法国政府正式公布了银版摄影法的详细内容，这一天被定为摄影术的诞生日。1894 年，捷克人克利奇发明轮转凹版印刷机。1905 年，美国人鲁贝尔发明胶版印刷法。文字、图片、纸张与印刷技术的结合，开创了书报刊图文媒介时代。

## （二）声像电子时代

1877 年，爱迪生在改进电话机的过程中发明了留声机，使得全人类听音乐的方式发生了前所未有的重大革新。1948 年，美国哥伦比亚广播公司推出品质优良、播放时间长的黑胶唱片格式，并将这种格式推到唱片工业标准格式的位置，黑胶唱片时代正式来临。1982 年，日本索尼和荷兰飞利浦合作推出激光唱片，也就是 CD（Compact Disc），标志着音乐产业走向数字化时代。

1895 年 12 月 28 日，法国人卢米埃尔兄弟在巴黎首次公开放映《列车到站》等影片，轰动一时，这一天被定为电影的诞生日。1906 年圣诞节之夜，美国电子和无线电技术专家费森登利用自己的实验广播发射台播出演说和音乐，这是世界上第一次以无线电直接广播声音。1920 年，美国率先研制成功收音机，并建成两座实用性广播电台。美国于 1920 年 11 月 2 日建立的 KDKA 广播电台是世界上第一座正式取得营业执照的电台，标志着广播电台成为一种新型大众传播媒介。1936 年 11 月，英国广播公司（BBC）在伦敦以北的亚历山大宫建成了世界上第一座正式电视台，这一年成为世界电视事业开元年。1940 年，美国哥伦比亚广播公司和全国广播公司开始彩色电视的试播工作，并发明了一种彩色电视系统"场描法彩色电视系统"。1954 年，美国全国广播公司（NBC）和哥伦比亚广播公司（CBS）采用 NTSC 制式首次播出彩色电视节目，彩色电视媒介诞生。1951 年，美国无线电公司研制出世界上第一台磁带录像机。1956 年，美国安培公司成功研制新式磁带录像机,同年,该公司旋转磁头录像机研制成功,录像机正式诞生,标志着电子媒介时代的全面到来。

**(三) 多媒体互联网媒介时代**

技术发明带来的媒介进化并没有停止。1968年,美国国防部高级研究计划局(Advanced Research Projects Agency,ARPA)提出 ARPA 计算机网络概念。1989年,蒂姆·伯纳斯·李(Tim Berners Lee)撰写《关于信息化管理的建议》(*Information Management: A Proposal*)一文,阐述了万维网的设想,互联网概念正式诞生。1978年,美国哈佛大学的欧丁格(Oettinger)和法国作家罗尔(Nora)与敏斯(Mince)将信息如照片、音乐、文件、视像和对话转换成数字格式后,利用网络通过同一种终端设备传送及显示的现象称为"数字融合"。1983年,传播学者伊契尔·索勒·普尔(Ithiel De Sola Pool)在其代表作《自由的科技》中提出了"传播形态聚合"的概念。1994年,《纽约时报》在一篇有关《圣何塞水星报》网络版的报道中,使用了《媒介融合》的副标题,并认为,技术变革正带来所有媒体的融合。内容数字化以及互联网技术的发明和运用将物理媒介和数字化内容统一到互联网应用平台上,实现了全球范围内人与人的连接、信息互动与信息分享,同时,使用户享受新技术带来的全新的功能体验,标志着互联网媒介时代的到来。1995年,中国接入互联网,中国传媒业进入互联网媒介时代,迄今为止,大致经历了以下几个阶段。

1. 门户时代(Web 1.0):网站到用户的单向传播行为

1997年,搜狐、网易、新浪出现,向公众提供主页、域名、虚拟社区等互联网商业化服务,并于第二年转型为门户网站。1997年,华语网络文学门户——"榕树下"网站创办,网络文学诞生。1999年2月,腾讯推出即时通信软件 OICQ,后改名为 QQ,互联网即时通信概念诞生。1999年3月1日,天涯社区创办,并发展成以人文情感为核心的综合性虚拟社区和大型网络社交平台,社交媒体概念诞生。2000年1月,李彦宏等人创立全球最大的中文搜索引擎——百度,2001年,推出独立的搜索引擎服务,搜索媒体诞生。2001年,盛大游戏运营的《热血传奇》,创下当时全球大型多人在线游戏运营纪录,开创中国网络游戏新时代。2003年5月10日,淘宝网上线,电商时代开启。

2. 社交时代(Web 2.0):网站与用户双向交流、用户参与的传播行为

2005年3月6日,杨勃创立了社区网站豆瓣,提供关于书籍、电影、音乐等作品的信息,无论描述还是评论都由用户提供,开创了用户原创内容生产模式(User Generated Content,UGC)。同年12月,校内网(人人网)出现。2008年,开心网诞生。人人网、开心网、QQ 等代表了彼时社交时代的巅峰。2005年,国内各门户网站如新浪、搜狐加入博客阵营,推动了博客自媒体的发展。2006年6月21日,古永锵创立优酷,网络视频概念诞生。2010年4月22日,龚宇创立爱

奇艺。2011年4月，腾讯视频上线测试。优酷、爱奇艺、腾讯视频的相继创立，标志着互联网视频进入商业化时代。

### 3. 移动时代

通信技术的发展以及智能终端、操作系统和应用程序的大规模商业化，促使互联网信息传输和传媒业进入移动时代。2009年8月14日，新浪微博内测，9月25日正式添加@功能和私信功能，提供评论和转发功能，移动社交媒体时代来临。2010年12月，知乎网站开放，知识付费概念诞生。2011年，支付宝诞生，标志着移动支付的开端。2011年1月21日，腾讯微信上线，到4.0版时，微信有了朋友圈和公众号；2013年，微信发布微信支付、游戏中心、表情中心，这一年被称为移动社交媒体商业化元年；2017年，微信小程序上线；微信从聊天通信程序软件，进化为无所不包的超级App平台。2011年3月，快手的前身——GIF快手诞生，2012年11月，快手转型成为用户记录和分享工作、生活、学习等信息的短视频平台，短视频概念正式诞生。2011年9月，蜻蜓FM在上海创立；2012年8月，喜马拉雅FM在上海诞生，标志着网络音频媒体的诞生。2012年，张一鸣创建并发布今日头条。今日头条是基于数据挖掘技术的个性化推荐引擎式媒介产品，通过计算、建立、更新用户模型，可根据用户的社交行为、阅读行为、地理位置、职业、年龄等数据挖掘出用户兴趣，利用个性化推荐引擎技术进行个性化内容推荐，包括新闻、音乐、电影、游戏等内容，今日头条的创立标志着中国的算法媒体已具雏形。2015年5月，映客直播App正式上线，直播互动媒体诞生。2016年9月，今日头条孵化的抖音上线，用户可以通过音乐创意短视频社交软件选择歌曲，拍摄音乐短视频，形成自己的作品，短视频媒体进入发展高峰期。

### （四）万物皆媒、万物皆比特的智媒时代

2015年，腾讯新闻自主研发Dreamwriter机器写作软件，发布财经新闻。同年，新华社运用机器人记者"快笔小新"生产发布体育、财经报道。之后，借助人工智能的媒体写作与辅助写作得到快速发展。因此，2016年被称为中国"智媒元年"。

所谓智媒，是指智能、智慧媒体，是大数据、算力、人工智能算法等新一代媒介技术与数字内容的生产、聚合、分发、交易以及人机交互体系相结合而发展出的一种新型媒体形态。目前，数智化技术已经广泛运用于各类媒体，主要表现在两个方面：一是各类智能化应用程序的运用，通过与大数据相结合，进行内容生成、内容审核、个性化推荐、效果预测、智能搜索等，既可以单领域、单环节运用，也可以形成一套完整的从用户数据分析到内容生成、个性化推荐、用户反馈的智能、智慧流程。二是与具体场景相结合的基于语音识别和视觉识别技术的物理媒介的运用，既形成了人机交互的新方式，也形成了新的媒介形态或媒介产

品,例如,智能音箱、可穿戴图书、虚拟现实(VR)新闻、虚拟现实(VR)游戏、增强现实(AR)图书等。物联网背景下,借助"大数据+算力+算法技术"模式,智媒的运用场景将得到无限延伸。万物皆媒、万物皆比特、人机共生、自我进化的智媒时代来临。

在这一时代,还产生了以区块链技术和加密数字货币为基本特征的媒介产品,区块链媒介产品在本质上也属于智能媒介的范畴。区块链(blockchain)的概念最早可以追溯到2008年11月,一位化名为"中本聪"(Satoshi Nakamoto)的神秘人士在论坛中发表了一篇题为《比特币:一种点对点的电子现金系统》的论文,首次提出了区块链的思想。2009年1月3日,中本聪将区块链思想变成创新成果——基于比特币的比特网,同时,比特币区块链上的第一个区块也随之诞生,中本聪在这个区块里写下了一段话:"The Times 03/Jan/2009 Chancellor on brink of second bailout for banks(2009年1月3日,财政大臣正处于实施第二轮银行紧急援助的边缘)",这个区块因此被称为"创世区块"。

区块链创世区块的诞生,不仅意味着一种全新的技术应用的诞生,也标志着加密数字货币概念的诞生。同时,中本聪在创世区块中写下的那段话表明,区块链网络能够用来记录、存储、发布、浏览信息和数据,具有成为内容媒介的一切特征,因此,一种新的媒介形态和媒介产品——区块链媒体正式诞生。所谓区块链媒体,是指创建或依托区块链网络,开发具体媒体场景应用程序,以通证或代币为加密数字资产价值,向公众提供原创性数字内容发布、转载、浏览、交易和版权认证等服务,并能为参与各方带来财富价值的商业性媒体形态。

继比特网之后,区块链技术进一步进化,以太坊(Ethereum)、柚子(Enterprise Operating System)等具有全球影响力的底层区块链网络系统相继诞生,在继承数字加密和去中心化思想的基础上,对共识机制和智能合约进行了发展,且可操作性更强,加速了区块链和媒体结合的速度。区块链媒体运用主要以两种方式展开:一是依托以太坊、柚子等底层系统,生产游戏、音乐等媒介产品;二是建立独立的区块链媒体服务系统,例如提供电子书、游戏、音乐、新闻、视频等内容服务的DECENT,为新闻记者提供服务的Po.et,提供音乐版权声明和授权经营服务的Ujo Music音乐区块链,以及为版权人提供包括版权确权、授权、监测、维权、交易等版权保护全链条服务的"版权家"平台等;三是力图建立独立的加密数字稳定货币及交易服务系统,例如,社交媒体巨头脸书(Facebook)力推的加密数字货币项目Libra(现已更名为Diem)等。

## 二、媒介产品生产要素资源的演进

媒介形态的变迁推动了媒介产品核心生产要素资源的创造与创新。所谓媒介产品生产要素资源，是指内容产品生产过程中所投入的各类资源总和。在不同的经济发展阶段，经济学家对核心要素资源的看法是不同的。迄今为止，人类经历了数次信息技术革命，媒介产品生产的核心要素资源范畴和价值功能也因此发生了深刻的变化。

文字的产生，为创造书籍提供了基本条件。但早期的书籍，最初主要不是为了传播信息，而是为上层社会服务，即所谓的"学在官府"。槐市的出现，使古代意义上的书籍渐渐进入流通领域，具有了商品的性质，"学术下移"开始出现。而造纸术和雕版印刷术的发明使图书以同一版本的形式在短时间内大量复制，加速了"学术下移"。自宋代以后，图书出版业形成了较为完备的工价和图书定价制度，但作为一种手工业体系，其图书生产和流通的经济功能微乎其微，更多的则是传播内容的功能。

活字印刷技术、机械印刷术的发明与应用和造纸技术的改进，使图书制作成本大为降低，开始产生内容创作者、出版者、印刷者、售卖者的分工。与工业社会相适应，欧洲出版业进入了现代大出版工业阶段。16世纪后，出版业开始繁荣，并形成了若干图书出版中心，如意大利的威尼斯、米兰、佛罗伦萨，法国的巴黎，英国的伦敦，德国的莱比锡，奥地利的维也纳以及荷兰的安特卫普，等等。为了更好、更快地传播科学知识与新兴的资本主义价值观，一批印刷报纸媒体也相继诞生，例如荷兰安特卫普《新闻报》（*Nieuwe Tijdinghen*，创建于1609年）、德国《通告报》（*Relationoder Zeitung*，创建于1609年）、英国《每周新闻》（*Weekly News*，其全名为《来自意大利、德意志、匈牙利、波希米亚、莱茵河西岸地区、法兰西与荷兰的每周新闻》，创建于1621年），以及法国《公报》（*La Gazette*，创建于1631年），并在这一时期得以迅速发展。以1776年瓦特发明蒸汽机为标志，工业革命以不可逆转的气势，改变了人们的传统习俗、价值取向。随着大学师生对书籍的广泛需要，书籍生产内容越来越非宗教化，与科学相关的教科书以及学术著作开始涌现，传播科学知识成为其主要任务。而美国大众报纸（廉价"便士报"）和杂志的出现，更使出版在知识传播和舆论功能之外，开始有了信息传递和娱乐的功能。蒸汽机、机械植字和排版等技术的运用，极大地促进了出版工艺的改进和出版效率的提高；同时，工业技术使造纸成本迅速下降。出版业迅猛发展，一批真正意义上的具有一定规模经济的大型出版公司开始涌现，如英国的 William Blackwood & Sons（1804）、William Collins & Sons（1819），法国的 Garbuer（1833），等等。至此，以印刷技术为特征的新闻出版业与现代大工业紧密地结合在一起。随着现代企业制度的兴起和发展，尤其是在第二次世界大战之后，这类新闻出版业成为成长最快的产业，吸引了大批投资者和冒险资本家，并因此涌现了一批足以和大工业公司规模相当的大型新闻出版公司，其中很多进入世界500强的行列。这样，新闻出版业的功能也发生了变化，它不仅具有信息传播功能，而且成为现代经济的有机组成部分，具有产业的功能。在工业社会，技术和资本，尤其是资本已经内生于媒介产业经济系统。但作为生产性知识主要来源的技术研发还未成为生产的一个环节，人们还只能通过知识的中介功能在生产中发挥作用，它既外在于生产过程，也外在于媒介经济系统，知识的生产、传播只是作为消费品进入媒介产业经济活动。

以爱迪生发明电灯为标志，人类社会进入"电气时代"，媒介生产技术再次出现质的飞跃，并进入电子媒体时代。这一时期相继出现的广播、电视、电影媒介，为人们带来了新的媒介形态与传播方式，使得信息表现形式和传播方式、传播速度、传播空间有了质的飞跃。随之也带来了媒介产业业态的升级，使媒介形态从纸媒走向电媒、从平面走向立体、从静态走向动态。这种变化使媒介组织在资本和技术上形成了"护城河"：一方面，内容生产、传播规模的扩大需要更多的资本；另一方面，通信技术的复杂性和系统性也不是一般企业能够逾越的。20世纪以来，电子媒介产业规模的迅速扩张也致使行业垄断苗头初现，电子媒介在社会经济生活中的地位与影响力迅速提高。但总体看，技术的复杂性和系统性使电子媒介技术主要依靠外部技术公司提供，媒介组织内部的自主技术研发未得到明显改善。

从20世纪80年代末开始，数字技术、网络技术和人工智能技术被广泛运用。至90年代末，数字技术及互联网进入大规模商业化运用阶段，人类迈入信息和知识经济社会。2016年前后，人工智能技术进入商业化运用，数据成为新的要素资源，人类进入智能、智慧社会阶段。与此相适应，媒介产业经济也进入数字化、网络化、数据化、平台化、智能化的智媒阶段。在这一阶段，一批具有强大自我研发能力和技术服务能力的科技型媒介组织强势崛起，表明技术、数据作为一种生产要素资源，不仅内生于微观媒介组织，也内生于媒介产业经济系统中，而且是诸多资源中最重要的资源之一，成为媒介产业发展与媒介产业经济增长最重要的动力之源。

## 三、媒介组织变革引发媒介产业变革

媒介组织是媒介产业经济的细胞和基石，是内容产品的生产者、传播者以及技术服务的提供者，也是核心要素资源的创造者与创新者。进入数字化、网络化、数据化、平台化、智能化的智媒阶段后，以互联网媒体及社交平台等为表征的科技型媒介组织成为媒介产业经济的核心组织。

### （一）科技型媒介组织的特征

有别于传统媒体公司，科技型媒介组织通常具有以下五个特征。

一是轻实体资产，重技术研发。科技型媒介组织对土地、建筑、工业设备等实体资产的要求很低,重视技术投入,尤其重视研发中人力资本的投入,即使投资建立网络基础设施,依然属于轻资产公司,固定成本占据总成本的比例很高,这就意味着其具有较强的规模经济效应和一定的自然垄断特征,同时,其实体净资产占商业估值的比例也较低。

二是具有较低的可变成本。科技型媒介组织拥有可扩张的虚拟模式,无须多少成本便可在短时间内实现大规模扩张。因此,这些科技型媒介组织无须耗费太多资金便可获得额外的营收。例如,复制一个内容产品,下载安装一个应用程序,或者增加一个用户,均不需要多少成本,而且产出的都是数字化产品,没有沉没成本,因此,只要经营得当,通常营业利润率会很高。

三是拥有海量用户数据。科技型媒介组织可利用自身的互联网媒体平台收集、储存、整理、分析和挖掘用户数据,既可以实现定向广告以及定制化内容产品销售,也可以利用数据训练人工智能算法模型,形成算法学习飞轮机制。

四是形成了网络效应。海量的用户规模必然带来网络效应,而网络媒体平台的价值也随用户规模扩大呈指数级增长。新用户即便身在偏远地区,也能为现有的用户和网络媒体平台创造价值,因此,科技型媒介组织的商业模式发生了颠覆性变革。

五是能以极低的成本扩张生态系统。多样性、合作、共生共赢是开放生态的本质特征。科技型媒介组织之间的竞争本质上是生态竞争,而非价格和单一内容产品的竞争。科技型媒介组织利用技术、数据和分发平台优势为各类合作伙伴赋能,形成扩张成本极低的生态系统,从而实现生态效应,巩固竞争优势。

因此,媒介产业经济有了全新的内涵,其功能也发生了质的飞跃。科技型媒介组织作为生产性知识尤其是技术的创造者和创新者,使媒介产业本身也成为一种新知识、新技术产业,并最终使自己从知识信息产业延伸到知识、信息产业内,从而形成具有新技术研发、技术运用与技术服务能力的媒介产业。

(二) 媒介产业的内涵和功能

媒介产业的内涵和功能具体体现在以下四个方面。

一是媒介产业具备了自我进化、自我发展的能力,不再是生产性新知识、新技术的被动运用者,而是新知识、新技术的引领者。媒介产业的本质变成了用新知识、新技术来生产和传播新知识、新信息。

二是消费性新知识、新信息不再以单一的媒介形式存在,而是以数字内容和技术功能体验体系存在。即新闻、资讯、搜索、文学、音乐、游戏、影视、直播、社交等可以很容易地共存于一种媒介内。而技术的人性化也使用户体验可以得到不同程度的增强,例如,用户可以通过 Kindle 数字阅读器,从海量图书中挑选感兴趣的章节进行阅读;通过知识链接,可以从一本书跳跃到维基百科或者其他图书,也可以欣赏音乐、电影,只要有需要,就可以自由切换。

三是改变了媒介的价值生态，使新知识、新技术以及数据的服务价值得到体现。科技型媒介组织广泛提供大数据、云技术和人工智能（AI）算法技术等服务，而这种技术和数据服务带来的商业价值甚至超出媒介自身的价值范畴。

四是改变了内容的生产生态、传播生态和商业生态。大部分媒介组织的商业实质就是知识、信息传播的中间商，它们并不生产内容或只生产少部分内容，更多的是将优秀内容进行筛选、包装并分发给用户。但在数字化、网络化、平台化、数据化、智能化的技术环境下，科技型媒介组织通过互联网媒介将用户、内容生产者和内容提供者、程序开发者连接在一起，无论是用户或机构生产内容，还是机器生成内容，互联网媒体平台都能对内容进行个性化算法推荐。在广泛的网络效应下，内容、流量（广告）和数据都能实现自己的商业价值。由此，媒介产业经济发展到了一个新的阶段，达到了一个新的高度——媒介创造了自身的内容生态、传播生态和商业生态。

## 第二节　经济学视野：创新与增长理论

以创新与演化增长为主题的媒介经济学范式，其思想与理论渊源主要来自熊彼特（Schumpeter）创新思想形成的内生增长理论和演化增长理论两大经济学说，因此，有必要对上述思想和理论做简要的回顾和比较。鉴于本书的研究目的和研究主题，这里仅简述上述理论的开创性文献，不涉及其他衍生文献。

### 一、熊彼特创新思想的核心论点

熊彼特是首次明确提出系统化"创新"思想的经济学家。体现熊彼特创新思想的论著《经济发展理论》（1912）和《资本主义、社会主义与民主》（1942）先后出版。熊彼特的创新思想主要有三个观点。

首先，对创新概念进行了梳理和定义。熊彼特认为，所谓创新，就是建立一种新的生产函数，也就是说，把一种从来没有过的关于生产要素和生产条件的"新组合"引入生产体系。这种新组合包括五种情形：一是采用一种新产品或产品新特性，而这种新产品或产品新特性是不为消费者所熟悉的；二是采用一种新的生产方法，这种新方法绝不需要建立在科学新发现的基础上，而是存在于商业上处理一种产品的新方式之中；三是开辟一个新市场，不管这个市场以前是否存在过；四是掠取或控制原材料或半制成品的一种新供应来源，不管这种来源是已经存在的，还是第一次创造出来的；五是实现任何一种工业新组织。①

其次，明确了创新主体是企业家。在《经济发展理论》第二章中，熊彼特认为，企业家的职能就是实现创新，引进新组合。企业是将这些新的组合加以推行的组织，企业家是实现新组合的人。他还认为，创新是一个内在的因素，所谓经济发展也是就整个社会不断实现这种新组合而言的，即经济发展是来自内部自身创造性的关于经济生活的一种变动。

最后，阐明了经济发展的实质是结构性再构。"熊彼特一开始就宣称，经济学的中心问题不是均衡而是结构性变化。创新是创造性的破坏，只有当经济吸收了变化的结果、永远改变了它的结构时，经济才能发展，这种变化破坏旧的均衡，创造新的均衡条件。发展就是在新旧均衡之间发生的事件。"②

## 二、内生增长理论的主要思想

1956 年，索洛（Solow）在《经济学季刊》上发表了《对经济增长理论的一个贡献》，创立了所谓的"新古典增长模型"（以下称"索洛模型"）。内生增长理论是在索洛模型基础上对经济增长理论的进一步优化和反思。索洛模型有两个核心假设：技术外生与规模收益不变或递减，劳动和资本是经济增长的基本要素。但资本、土地、劳动等要素受收益递减规律的制约，索洛模型最终无法避免出现零增长的稳定均衡状态，因此，基本要素资源之外的新增价值即"余值"被认为是外生技术所导致的，即长期经济增长完全由技术进步等外生因素所决定。内生增长理论则认为这两个假设都不符合现实。从社会角度来看，技术是经济系统的内生变量，是追求利润极大化的行为主体投资决策的结果；从历史上看，生产表现为规模收益递增而非不变。内生增长理论认为，知识、技术与资本和劳动一样，都是生产要素，并且是"内生的"。

内生增长理论的创立者保罗·罗默（1986）认为，知识的非竞争性决定了知识具有外溢效应，即一个人对知识的运用并不妨碍其他人对这种知识的运用，而且这种运用的成本相对较低。知识的外溢效应和知识产生的递增生产力不仅使知识自身形成递增收益，而且使物质资本、劳动等其他要素也具有递增收益，从而会导致无约束的长期经济增长。③ 罗伯特·卢卡斯（Robert Lucas，1988）认为，

---

① [美] 熊彼特：《经济发展理论》，邹建平译，商务印书馆 2000 年版，第 73～74 页。
② 那国毅：《创新：从熊彼特到德鲁克》，《IT 经理世界》2007 年第 21 期，第 95 页。
③ Paul M. Romer, "Increasing Returns and Long-Run Growth", *Journal of Political Economy*, 1986, 94 (5).

资本可以分为物质资本和人力资本,而且人力资本具有内在效应和外部效应。[1]罗默(1990)将经济系统分为三个部门:研发部门、中间产品生产部门和最终产品生产部门。知识由研发部门生产,由研究与开发活动(Research and Development,R&D)的产出水平所决定,这样,知识就成为由部门产出所决定的内生变量。这种新知识以两种方式进入生产:一方面,技术会用于中间产品的生产,并通过中间产品数量和种类的增长提高最终产品的产出;另一方面,技术变化会增加总的知识量,通过外溢效应提高研发部门的人力资本生产率,实现经济的长期增长。[2]

罗默(1994)把研发(R&D)部门的增长模型称为Ideal-Based Model。[3] 强调创新和知识积累在技术进步和经济增长中起突出作用的内生增长理论也被称为以思想为基础的增长理论,这一理论包括两个主要的经济模型:基于非竞争性知识和垄断竞争条件下的罗默(1987)的水平创新模型[4],以及阿吉翁和豪威特(1992)的垂直创新模型。[5] 在垂直创新框架下,创新过程是一个熊彼特式"创造性毁灭"过程,即新产品将旧产品挤出市场;而在罗默的水平创新框架下,新旧两类产品可以同时存在于市场。

内生增长理论认为,作为生产要素的知识具有递增的边际生产力,知识具有外溢性,人力资本具有累积性,内生的研发产生新知识,研发和创新是促进技术进步和经济增长的决定性因素,而企业投入研发和创新是为了获取垄断利润。也就是说,企业为获得垄断利润不断增加研发支出,这同时又增加了知识存量,从而推动了技术创新,技术创新又进一步推动了新产品和新方法的实现,进而促进了经济的长期增长。

以思想为基础的内生增长理论赋予了知识一种完全内生化的解释,即知识不再是外生的、无法控制的东西,而是人类出于自利而进行投资的产物。所以,知识在内生增长模型中是有目的地开展研发活动的结果,知识创新是经济增长的源泉。政府可以通过实施某些有利于新思想形成的经济政策,如通过实施主动的研

---

[1] Rober Lucas, "On the Mechanics of Economic Development", *Journal of Monetary Economic*, 1988, 22 (July): 3 – 42.

[2] Paul M. Romer, "Endogenous Technological Change", *Journal of Political Economy*, 1990, 98 (5): 71 – 102.

[3] Paul M. Romer, "The Origins of Endogenous Growth", *Journal of Economic Perspective*, 1994.

[4] Paul M. Romer, "Crazy Explanations for the Productivity Slowdown", *NBER: Macroeconomics Annual 1987*, Cambridge MIT Press, 1987.

[5] P. Aghion, P. Howitt, "A Model of Growth Through Creative Destruction", *Econometrica*, 1992, 60: 323 – 351.

发投资、支持教育、刺激资本积累、保护知识产权等，实现各要素收益递增，最终实现经济长期增长。但内生增长理论与索洛模型一样，都将经济制度、个人偏好等看作外生给定不变的；都将总量生产函数作为理解经济增长的核心分析工具，都坚持将一般均衡作为基本分析框架，把经济增长看作均衡的移动过程。因此，内生增长理论与索洛模型一样，在实质上都属于新古典经济学的范畴。

## 三、演化增长理论的主要思想

纳尔逊和温特于1982年出版了论战性著作《经济变迁的演化理论》，标志着演化增长理论的复兴和崛起，后经霍奇逊（Hodgson）、梅特卡夫等人的进一步发展，形成了较为系统的演化经济学纲领，勾勒了演化经济学的宏微观体系。演化增长是指将增长视为经济演化过程，即在数量变化的过程中伴随着质量或结构性的变化，它也是一种知识增长过程，即知识如何被创造和运用的过程。因此，演化增长理论认为，经济学的研究对象必须转化到思想和生成上，关注作为生产者的人类在知识扩展下的无限潜能。演化增长理论所涉及的各个方面在其后得到进一步深化、发展，但其主要方法和观点仍体现在《经济变迁的演化理论》一书中。

借用达尔文生物进化论的基本思想——"自然选择"思想，纳尔逊和温特认为，在经济体系中也有"自然选择"，企业在市场中互相竞争，想要赢得竞争或盈利，就必须不断创新，扩大自己的优势和在行业中所占的份额。而经济行为者，特别是企业，它们的目标是追求利润，但不是利润最大化。纳尔逊和温特接受西蒙（Simon）等人的行为主义理论，该理论认为人的理性是有限的，企业的目标不是利润最大化，而是获得满意利润。纳尔逊和温特也反对均衡分析，认为经济均衡只能是暂时的，不是长期的。"经济增长是一种纯粹的选择过程"[①]，演化增长关注的是动态过程，企业行为和市场情况都随着时间的推移而由动态过程决定，并受到随机因素的干扰，因此，经济发展过程是一个马尔可夫过程（Markov process）。另外，纳尔逊和温特不赞成用生产函数来解释经济增长。

纳尔逊和温特认为，企业有固定的做事方式，称之为"惯例"。生产、管理、销售、投资和研究与开发等方面各有一定的惯例，整个企业的运转都离不开这些惯例。企业的惯例通常是持久不变的，企业的惯例可以"遗传"，也可以包括后天获得的特性。企业的惯例犹如生物的遗传基因，在经济变迁过程中起作用。当企业在市场竞争中处于不利地位时，就需要搜寻新的生产技术和惯例。创

---

① ［美］理查德·R. 纳尔逊、悉尼·G. 温特：《经济变迁的演化理论》，胡世凯译，商务印书馆1997年版，第258页。

新则是通过研究与开发去寻找原来没有的技术和惯例。熊彼特式竞争是通过创新进行的竞争，创新意味着改变原有的惯例。当有几种可供选择的方案时，企业要进行选择；选择的环境包括外部环境和内部环境，选择环境变化对企业的成败兴衰有很大影响。

演化增长理论主张经济增长过程的特征是结构变革。纳尔逊和温特认为，一个行业内企业数量少，生产集中在少数大企业手中，就是集中的结构；一个行业内企业数目众多，生产分散在许多中小企业手中，就是分散的结构。一些企业致力于创新，但研究与开发的支出较大。一些企业注意模仿成功的创新者，研究与开发的支出较少。成功的模仿者，由于成本较低，则有可能超越第一名。另外，在熊彼特式竞争下，潜在生产率增长率高、难以模仿、投资政策有侵略性、研究与开发成果优异的企业比其他企业更有优势，因而生产有集中的趋势。

在政策方面，纳尔逊和温特在《经济变迁的演化理论》一书的第 16 章 "公共政策的演化和分析作用"中，认为研发从发明到扩散、从基础研究到技术应用等科技政策应该具有渐进性。此外，政策不能单纯考虑技术的经济性质，需要深刻挖掘技术及其背后的社会文化背景差异，后者是决定技术渐进演化的关键。

20 世纪 90 年代以后，协同增长的思想得到了较为广泛的认同，协同增长思想认为经济增长是技术、制度和偏好协同演化的结果。在经济演化增长过程中，技术演化与制度演化会相互作用、彼此影响，两种演化力量交织在一起共同影响经济增长的速度和方向。技术演化是供给结构的演变，偏好演化是需求结构的演变。因此，技术、制度和偏好的演变才是经济增长的深层次原因。三者的共同演化机制是解释长期经济增长中伴随着知识增长和结构变迁的重要理论机制，是演化增长理论的核心命题，并构成了演化增长理论的基本分析框架。

## 第三节　创新与演化增长主题的媒介经济学研究范式

任何规范的理论都有其自身的研究范式和分析框架，以创新与演化增长为研究主题的媒介经济学也不例外。"范式"（paradigm）一词由托马斯·库恩（Thomas Samuel Kuhn）于 1962 年在其《科学革命的结构》一书中首次提出，后被各个学科广泛使用，虽然并没有一致而确切的定义，但大体上是指在某一具体科学研究领域并在某一特定时期里比较占优势和主导地位的研究者群体所大致认同并经常使用的（科学）观念、理论基础、理论出发点（假定）、概念、研究思路、研究方法等的综合,尤其侧重于一系列常用的概念、研究思路和研究方法。①

## 一、创新与演化增长主题的媒介经济学研究的哲学基础

媒介是人的媒介,媒介经济归根结底是人的经济活动,既受物理规律的约束,也受生物规律的约束。人本思想、物理学理论和生物进化理论都对媒介经济学理论的形成和演化具有哲学上和方法论上的指导意义。

首先,媒介经济学应体现人本哲学观:媒介是人的媒介,媒介进化的过程也是不断满足人的需求的过程。媒介进化是指整个媒介系统中各种媒介孕育、产生、发展、融合、消亡的动态序列历程以及不同媒介间竞争、融合、共生等关联结构状态。如前所述,媒介形态、媒介产品生产要素、媒介组织都在随时间而变化,这种变化与自然选择的最大区别是人类有意识的选择,是人工选择。从本质上讲,人类对媒介的每一次创生、选择、使用都是为了满足自身的需求,对人类文明发展有利的媒介才能保留下来,并继续进化,即媒介是人的媒介。

媒介是人的媒介的思想由来已久。马歇尔·麦克卢汉(Marshall McLuhan,1964)在《理解媒介:论人的延伸》中提出了"媒介是人体的延伸"思想,他认为,媒介是人的感觉能力的延伸或扩展。在保罗·莱文森(Paul Levinson,1979)看来,媒介是不断发展的,是按照人的需要而不断进化的,人的理性决定媒介能否满足人的需求,人的生存发展决定着媒介的使用和发展。人类社会中发明的产生、影响和保存不仅仅遵循发明人的意志,社会环境对媒介的进化同样起着重要作用。媒介技术也不再是冷冰冰的,而是浸透着人性的光辉,"媒介技术的每一次进步都浸透着人类渴望突破自身交流困境的努力,而每一种新的媒介技术的使用和普及都在其特殊的社会文化背景之中形成一种全新的交流构型"②。史蒂夫·乔布斯(Steve Jobs)也认为,光是技术本身还不足以成事,真正激荡人心的,是与文艺、人性相联姻的技术。③ 苹果公司首席执行官蒂姆·库克(Tim Cook,2017)在第四届世界互联网大会上发表演讲时也提出,"我们都必须

---

① 李健:《再论现代经济学的研究范畴与研究范式》,发布日期:2006-03-27,http://finance.sina.com.cn/review/zlhd/20060327/10432449693.shtml,访问日期:2010-02-21。
② 杨陶玉:《媒介进化论——从保罗·莱文森说起》,《东南传播》2009年第3期,第28~29页。
③ 转引自《蒂姆·库克MIT毕业典礼演讲:立足技术与人性的交界面》,发布日期:2017-06-11,https://www.sohu.com/a/147972035_163476,访问日期:2020-05-10。

努力向科技灌输人性,以及我们的价值观"①,以实现对社会、对家庭更美好的承诺。

以莱文森等为代表的媒介进化论者秉承达尔文的思想,从历史、宏观的角度对媒介发展的四个阶段进行了梳理和论述,提出了媒介进化的观点,并认为人性和社会环境是推动媒介进化的根本要素。虽然仅限于从人性、人文和泛泛的技术的角度考察媒介进化的动因,带有强烈的主观色彩,难以形成理论体系,但这种探索无疑是非常有益的。

其次,媒介经济学应体现自然科学的最新发展成果,尤其是生物进化及遗传学、人工智能、量子力学等学科的成果,以自然科学为指导,吸收经济学的合理成果,结合媒介经济的具体语境,构建媒介经济学的理论研究出发点(假定)、概念、研究思路、研究方法,并形成理论观念和理论体系等。

达尔文生物进化论是研究生命起源、进化的学说,证明了地球生命进化进程不支持长期均衡的存在,而拉马克遗传基因理论也强调了"不确定性"。研究宇宙起源、结构和变化的宏观物理学虽强调均衡和确定性,但并不否认结构变化;而以研究原子、电子、粒子等微观量子的构成、运动及其相互影响的量子力学既强调结构与变化的事实,也证实了量子的存在方式和运动方向具有随机性。也就是说,从长期看,在复杂的物理世界和生物世界中,均衡只是短暂的瞬间,结构性变化和不确定性才是物理世界和生物世界的常态。因此,借鉴生物进化及遗传学,以及宏观、微观物理学等自然科学的最新学说成果,是构建以创新与演化增长为主题的媒介经济学本体论的科学基础。简言之,以创新与演化增长为主题的媒介经济学是研究媒介产业经济中的媒介创生、构成及变化趋势的学说。在媒介产业经济中,创新具有不确定性,增长是结构式变动,均衡只存在于极其短暂的瞬间。

## 二、创新与演化增长主题的媒介经济学研究方法论

以创新与演化增长为研究主题的媒介经济学运用相关经济学理论来研究媒介产业经济的运行规律,要符合四个基本原则:假设事实性、理论规范性、理论适用性和理论指导性。假设事实性是指对构成媒介经济理论分析的概念应符合人性,材料应来已发生的经济事实;理论规范性是指媒介经济学范式应符合经济学的基本理论和研究范式;理论适用性是指媒介经济学理论能合理解释媒介产业经济运行的基本事实;理论指导性是指媒介经济理论和政策主张能为媒介产业经济

---

① 《库克现身乌镇发表演讲:为科技注入人性》,发布日期:2017-12-04,https://m.sohu.com/a/208279945_114835,访问日期:2020-05-10。

运行提供从企业到产业、从微观到宏观、从市场行为到政策规制的多层次、多视角的系统化实践指导和指引。在理论上，创新是产出增长和生产率增长的核心动力的观点已被经济学界和经济组织广泛接受，但在创新增长理论的方法论上迄今仍未达成共识，因此，媒介创新与演化增长理论这一核心问题同样值得讨论。

### （一）关于行为假设

新古典主义坚持理性预期、完全信息和利润最大化的预设，构建了清晰、严密的数学模型，但忽略了真实世界里人的复杂性、多样性以及经济的随机性，尤其是制度和交易费用对经济的影响。演化增长理论以生物进化论为出发点，以真实世界的人为前提，主张有限理性和满意利润说，在复杂性和随机性环境下研究经济增长，更符合人类现实经济状况。媒介经济行为终究是人的现实行为，人们在进行选择时，多少都会受不完全信息和数据的制约，以及专业知识、情感、身体状况等因素的影响，因而在一个复杂和充满不确定性的经济世界，难以达到完全理性和精确计算的完美状态。

### （二）多样性和企业差异

生物世界的本质是多样性，无论是种群还是个体，都存在一定的差异。企业在技术和行为方面存在明显的差异性，而差异性是产生新奇性的关键。企业差异主要表现为：企业具有复杂的各不相同的产权性质和组织结构；企业家是具有个性的人；企业所拥有的知识既包括技术知识和属性知识，也包括显性知识和隐性知识；企业具有不同的发展战略、产品结构及市场核心竞争能力；等等。秉承新古典主义的内生增长理论坚持企业和个人均具有单一性，在数学表达和经济模型构建和分析上虽有好处，但依然不符合现实世界的情况。演化经济学坚持生物多样性是现实生命世界的本质特征，企业是人的企业，是具体社会制度下的企业，企业的性质、愿景、决策与选择都要受外部环境和内部环境的制约，其差异性真实存在。从这点看，演化经济学主张的多样性和差异性更符合媒介经济现实，也更为合理。从创新的角度看，差异性和多样性互为因果；从增长的角度看，由创新导致的多样性结构表现即为媒介经济增长。

### （三）增长机制和增长源泉

内生增长理论明确提出了人力资本持续增长以及研发增加知识积累的经济增长机制。人力资本与知识积累的外部性与知识溢出产生递增收益，从而实现总的规模收益递增。演化增长理论也提出了搜寻新技术的创新机制和选择机制，两种机制下所产生的新技术运用与扩散成为经济增长的驱动力。但演化增长理论未能很好地解决研发的机制问题，而内生增长理论提出应关注研发与物质资本和人力资本的统一性，技术创新是一定人力资本在一定投资下进行的创新行为，揭示了新知识产生的内在机制。从这一点上看，内生增长理论更为合理和实用。因此，媒介经济增长的机制来源于技术等知识积累与创新，而新知识则直接来源于物质资本与人力资本对研发活动的投入，即主要来源于媒介组织对知识的创造和创新。

内生增长理论将技术进步、资本积累作为经济增长的源泉。新熊彼特主义内生增长理论虽然认为两者之间存在很强的互补性，但通常将它们作为分离的要素单独加以研究。演化增长理论认同技术与资本积累是增长的源泉，但同时认为各种增长因素均具有互补性，因此作为一个整体，对增长的分析既要考虑影响增长的因素，也要考虑影响增长因素的经济环境、政治与社会制度，考虑技术与制度的协同演化。简言之，技术、制度和偏好的协同演化是媒介经济增长的动力。

**（四）增长函数和经济结构**

内生增长理论以生产总函数来表示经济总量的变化，这是一种简单加总的做法。而演化增长理论以个体群思维方法，认为经济增长是结构的变化，不同技术水平的个体、子群在经济体系中以自组织的方式竞争、合作、共生，当经济结构向更高一级变化时，经济系统的质态和量能都会得到提升。在分析对象具有一定关联性和确定性时，数学是一种有效的推理、分析工具，对经济现象和逻辑的表述简洁、有效。但经济的运行与发展是非均衡性的，充满了不确定性，如果将复杂的经济关系完全简化为确定的数学函数，则与现实经济世界不符。物理学和生物学已经证明了结构性变化的存在，媒介进化的过程造就了媒介多样性与结构性共存的关系，当媒介经济结构向更加人性化、精准化、智能化、智慧化发展时，媒介经济系统就会实现质态和量能上的跃迁。

**（五）创新政策**

内生增长理论主张政府应通过补贴研发投资，建立和完善专利保护制度等措施，激励新知识的创造和创新。演化增长理论则主张政府应在考虑技术的经济性质的同时，还需要深刻挖掘技术及其背后的社会文化背景差异。内生增长理论和演化经济理论在政策主张上各有侧重，前者直接具体，后者间接渐进。进入21世纪后，科技型媒介组织在研发投入上越来越大，成为新知识的自主创造者和创新者，这种努力理应受到政府和社会的鼓励和保护，但因此而形成的技术鸿沟和数据鸿沟以及垄断弊端也日渐显现。因此，政府应考虑和限制垄断对技术扩散和社会文化的不利影响，以充分发挥技术和数据推动媒介经济增长的关键作用，以及技术促进社会文明进步的作用。

## 三、从微观到宏观的媒介经济演进过程

达尔文在《物种起源》中阐述了遗传、变异和选择的生物进化机制。借助生物学隐喻，赋予经济学语言，遗传对应惯例，变异对应创新，选择对应竞争，可以形成以创新与演化增长为研究主题的媒介经济学的基本分析框架。源于达尔文生物进化论思想，有关媒介经济演进的完整分析过程也由三种机制构成，即惯

例、创新和竞争，但其解释必须考虑媒介经济活动在本质上是人的社会活动的特质，因此，媒介的创新演化与媒介经济增长过程也远比生物演化过程复杂。

### （一）新奇创生或创新机制

凡勃伦（Veblen）在1899年出版的《有闲阶级论：关于制度的经济研究》一书中认为，新奇创造是有闲阶级好奇心驱动的结果。威特（Witt，1993）则认为有两个因素起着重要作用，一是追求新奇的快乐和刺激，二是对新奇或变异的搜寻。[1] 在奥地利学派和老制度学派看来，新奇创造分别取决于两个因素：认知模式差异和社会鼓励创新的制度。在纳尔逊和温特模式下，知识是惯例的核心要素。在内生增长模型中，新奇来源于人力资本积累、干中学以及有意识的研发活动，其结论还是最为符合驱动现实媒介经济增长的内在逻辑的。

### （二）遗传与惯例或惯例遗传机制

媒介制度、习惯、惯例和组织结构等是媒介进化历史的载体，在媒介经济系统的现实环境下，构成媒介经济有机体的基因组织，是社会选择的基本单位。在凡勃伦看来，社会结构的演进实际上是制度上一个自然淘汰过程，媒介经济结构也是一样。在纳尔逊和温特看来，类似基因的企业惯例是企业的组织记忆，执行着传递技能和信息的功能，惯例的突变（创新）是有目的的，后天获得的新惯例同样可以遗传。无论是达尔文所说的细微变化，还是变异导致的突变，只要是有利于人的发展的变化都会被媒介组织保留，经过社会选择，成为新的惯例，这是在"媒介是人的媒介"的思想下媒介进化区别于其他生物体进化的本质所在。

### （三）选择、扩散与竞争机制

创新是新思想和新的做事方式的出现，它在媒介经济系统中是如何扩散的？个体对创新者是模仿还是反对，依赖于群体中有多少成员已经做了这种选择，依赖于个体对报酬递增效应的理解。媒介创新一旦产生，市场竞争过程将对其进行选择。在创新扩散的初始阶段，旧的思维和行为有可能将创新扼杀在摇篮之中，但如果系统是开放和远离均衡的，由于自增强的作用，创新就会通过系统的涨落被放大，越过某个不稳定的阈值而进入一种新的组织结构，新结构形成后，自增强机制将使新思想和新的做事方式进入快速扩散阶段，之后演变成社会流行的状态。[2]

### （四）结构变化即增长

与传统的微观经济学认为的将微观个体简单加总就是宏观经济的看法不同，吸收演化经济学思想的媒介经济增长理念更注重结构性变化，如果相互联系的媒介经济规则和相互联结的媒介群体呈现出某种结构特征，就可以被看成是媒介经

---

[1] 贾根良：《演化经济学》，山西人民出版社2004年版，第7页。
[2] 贾根良：《演化经济学》，山西人民出版社2004年版，第8页。

济的宏观领域。规则是无形的，体现的是经济结构的定性特征；群体结构是有形的，可以被观测并使用统计方法来描述。以创新与演化增长为主题研究的媒介经济学依靠这种无形的和有形的结构性关系的变化，来考察媒介经济增长的核心事实，即结构转换就是媒介经济增长的体现。

## 四、创新：媒介演化与经济增长的动力之源

基于创新与演化增长的媒介经济学认为，媒介演化的动力来自个体的差异，这种差异是基础性实在的本身，而不是对不变的基础性实在的偏离。新奇在媒介经济变化中起关键作用，在持久的媒介进化及媒介经济增长过程中，生产要素的投入只是必要条件，而充分条件则来自人的新偏好的形成、技术和制度的创新、新商业模式和新市场的出现，以及新要素资源的创造，换言之，它关键性地取决于"新奇的创生"[①]。因此，内生化的新奇创生才是媒介永无休止演化和媒介经济增长的最根本动因，其直接来源于新知识的研发与创新。

### （一）以研发内生为核心的新知识创造与创新机制

新知识作为一种要素资源，以技术形态被投入到媒介经济系统中，这类知识被称为生产性知识。知识包括公共知识和私人知识，公共知识是社会创造的总知识量，私人知识则来自媒介组织内部的研发或与高校、其他关联企业间的合作研发；知识还可以被区分为生产性知识和消费性知识，前者主要表现为技术，后者主要表现为媒体内容。资本可以细分为物质资本和人力资本。这样，媒介经济系统就构成了知识（技术）、人力资本、资本、劳动四要素生产资源，再加上数据这一新创造的核心要素资源，形成五要素资源，在企业家的指挥下，共同对媒介经济产出发生影响（如图1-1所示）。

从生产性知识（技术）创造和创新的角度看，媒介经济系统可以划分为三个部门：知识研发部门、知识创新部门和最终媒介产品部门。知识研发部门由媒介组织投入人力资本 Ha（专门技术人员）、物质资本，运用现有知识存量和技术人员的创造性进行新知识创造；知识创新部门对新知识成果进行场景化设计，形成中间产品（主要是用于内容生成或辅助生成的工具、应用程序、操作系统以及生产流程等），并全面服务于内容创作者、内容提供商、应用开发者以及用户群体；最终媒介产品部门进行新知识产品的商业化运行，将作为中间产品的技术与同样作为中间产品的消费性原创内容相结合，形成新的媒体形态、媒体平台、媒体产品，以及具体的内容生产、传播、交易、互动流程等。

---

① U. Witt, "Evolutionary Economics: An Interpretative Survey", In K. Dopfer (ed.), *Evolutionary Economics: Program and Scope*, Kluwer Academic Publishers, 2001, p. 49.

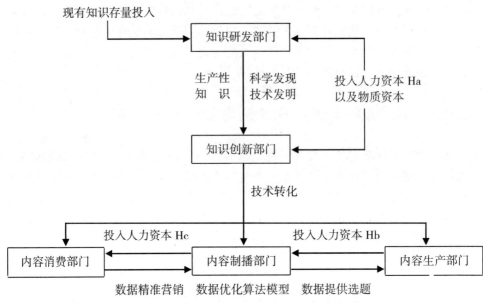

图 1-1　知识创造和创新型媒介经济系统构成及增长模式

从消费性知识（即媒体内容）创造与创新角度看，媒介组织商业化业务系统也可以划分为三个部门：内容生产部门、内容制播部门和内容消费部门。内容生产部门投入人力资本 Hb（编辑人员）运用数据进行新内容产品的策划，运用新技术对新内容成果进行审核编辑加工，形成中间产品；内容制播部门投入人力资本 Ha 和 Hc（营销人员）以及一般劳动，将同为中间产品的内容和技术进行组合，形成最终内容产品后，利用数据通过分发平台进行有效传播和营销，同时，制播部门利用应用平台的海量数据优化算法模型，使应用平台更加人性化、智能化、智慧化；内容消费部门则对内容产品或服务进行购买和消费。在这一内容产品或服务的生产、传播、消费商业循环中，技术广泛地与各业务环节相结合，而尤为重要的是，具有互联网媒体平台特质的内容制播部门通过应用平台提供的数据和连接，能产生正向反馈的机制。这样，就形成了基于知识（技术、内容）创造和创新的媒介产品或服务的生产、传播、消费机制与模式。

在由知识创造、创新驱动的媒介经济运行机制和模式下，媒介组织，尤其是具有新知识研发能力的科技型媒介组织，其生产、传播活动不再完全依赖于外部给定的技术条件和技术水平，媒介组织内部的自主研发使技术具有完全的内生性，即便是合作研发也同样具有较强的内生性。这样，就产生了两个后果：一是技术和建立在技术基础之上的数据在媒介组织的生产、传播活动中不再是完全由外生给定的，媒介组织因而具有了科技公司的性质；二是媒介经济系统因此建立在新知识（技术）内生基础之上，并在内容经济的基础上，媒介经济也具备了技术型经济的特征，媒介产业成为高科技创新型产业经济。

因此，新知识是媒介经济系统中最主要的投入要素。专门知识可以产生内在效应，如特殊的生产技术知识、某项技术专利等，既给单个创新型媒介组织带来垄断利润，又为媒介组织提供研究开发资金。公共知识产生外在经济效应，使所有媒介组织都能获得规模效益；同时，其知识表达构成学术成果，为媒介组织提供高质量的内容来源。两种知识的结合不仅使技术和人力资本本身产生递增的收益，而且使资本与劳动等其他投入要素的收益产生递增。由于研究开发部门的产品（技术、专利等）具有收益递增和正外部性等特征，研发部门的人力资本越多，生产部门的劳动效率就会提高得越快。因此，无论是单个媒介组织还是整个媒介产业，要提高媒介经济产出率，要实现媒介经济长期增长，都必须充分利用研发部门这一特殊资源。

知识创造、创新内生于媒介组织进而内生于整个媒介经济系统后，就形成了媒介经济新体系，这一新体系揭示了以下媒介经济学新思想。

第一，新知识的研发是媒介组织自身有意识的、有目的的活动，新知识研发的资本积累来源于利润的转化，研发资本既是知识创新的源泉，也是创新的结果。媒介经济增长率与经济规模保持一致，具有水平收入效应，这一点已为媒介经济实践所证实。

第二，人力资本是区别于一般劳动的具有高智力水平的复杂劳动，具有报酬递增效应，符合越来越高技术化、高智能、智慧化的媒介产业经济的客观现实。

第三，媒介经济规模收益递增是由内生知识（技术及数据等）的增长引起的。对于研究与开发部门而言，知识（技术及数据等）具有正外部性；对于中间产品部门而言，新知识（技术及数据等）引起分工深化。两种效应都造成最终产品生产、传播的规模收益递增。

第四，拥有足够人力资本的研究开发主体，由于受到技术机会和市场需求的双重驱动，在自身发展利益的激励下，利用已有的知识存量和技术基础进行有效的技术开发活动，并在水平创新模式下，为作为中间产品的技术实现数量上的增长提供可能，从而形成新的媒介形态、媒介产品和生产流程，促使最终媒介经济产出增加。这种新知识研发活动，无论是创新还是模仿，都能够达到增加中间产品种类的目的，也是媒介产业经济增长与繁荣的主要标志之一。

第五，新知识（技术）的水平创新模式会造就媒介产品和媒介形态多样化的格局，但垂直创新模式在形成全新的媒介产品及内容产品生产流程的同时，可能会对其他可替代性媒介组织、媒介产品甚至某细分媒介产业产生熊彼特式的毁灭性破坏。

第六，基于知识（技术、数据）创新的内容制播部门的应用平台（包括交易平台）成为媒介产业经济的连接点，对整个产业产生前所未有的影响：一是媒介产业经济进入平台经济模式,互联网媒体及社交平台型经济成为媒介产业经济的主要表现形态;二是科技型媒介组织的崛起使媒介产业微观组织的商业模式发生变革,网络效应成为媒介组织竞争力的最强表征;三是媒介产业微观组织的战略思维发生变革,价值共创、共生共赢、合作、利他的生态思维将成为主流;四是数据和人工智能算法在促进媒介产业经济进入智能经济的同时,也带来了前所未有的问题,对互联网媒体及社交平台的数据治理和算法规制将是未来相当长一段时间内各国政府在制定创新政策时面临的主要问题。

第七,源于内生化的新知识创造和创新增长具有长期政策效应,因此,作为研发活动的利益保证,对研发的直接激励和相关制度应该成为媒介创新政策的重要构成部分。

### (二) 技术与市场、制度协同创新体系

创新是一个体系,可以从创新投入、创新的组织与管理和创新产出三个维度来构建媒介组织以及整个媒介经济系统的创新理论框架。创新三维度理论框架是一个线性模式,创新投入是前提,创新的组织与管理是过程,创新产出是结果。这一创新体系符合微观媒介组织和宏观媒介产业的基本事实和实际特征。创新理论框架的三维度逻辑过程可以用图1-2来描述。

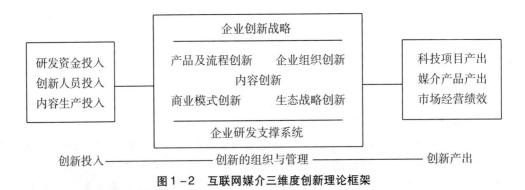

图1-2 互联网媒介三维度创新理论框架

**1. 创新投入**

创新投入反映媒介组织创新资源的丰富程度和对创新活动的重视程度,主要强调技术的研发、引进与运用,人员素质,选题,营销等要素的投入,与媒介组织是从事知识、信息、娱乐等内容生产与传播的组织性质相吻合。

**2. 创新的组织与管理**

创新的组织与管理主要揭示媒介组织在创新过程中的创新类型及其与创新战略、研发体系之间的关联性。位于顶端的是企业创新战略,规定媒介组织的创新发展思路和实施路线。中间是媒介组织具体的业务创新类型,是创新战略的具体化。根据影响最大、运用最广的三个版本的《奥斯陆手册:创新数据的采集和解

释指南》（1992、1997、2005）对创新的解释，创新包括研发活动和非研发活动。其中，基于研发活动的技术创新包括产品创新和流程创新。产品创新指在技术上发生了变化的产品的商业化，流程创新指某项生产技术发生了明显的变化，包括已执行的技术上全新的产品与流程，以及有显著技术改良的产品或流程。非研发活动的创新则包括商业模式创新（或营销创新）和组织创新。组织创新指明显改进过的组织结构，采用更进步的管理与经营技术，以及新的（或有过重大修改的）企业策略方向。媒介组织是从事知识、信息、娱乐等内容产品生产与传播的经济组织，在数字化、网络化、平台化和智能化语境下，从其经营过程看，存在着以下创新类型。

第一，以互联网平台或产品为中心展开，平台或产品生产及其制作流程与技术密切关联，存在技术创新活动，也就是说，媒介技术创新包括产品及流程创新。

第二，媒介产品的传播与交易以市场销售方式进行，存在商业模式创新。

第三，媒介组织的管理效率依赖于企业的组织结构和管理机制的调整，存在企业组织创新。

第四，内容创新。在媒介产品创新上，媒介产品有异于一般产品的特殊含义和功能，基于技术发展或改良的产品创新改变的只是知识、信息、娱乐等内容的呈现和消费方式，丰富内容的展示功能，但内容本身的功能并没有发生变化，而知识信息恰恰是媒介组织内容生产加工的对象，是媒介产品的核心功能。因此，仅以技术的发展或变更论及媒介产品创新是不完整的。经济合作与发展组织（以下简称"经合组织"，Organization for Economic Co-operation and Development，OECD，2005）从知识生产的角度，将创新分为研发活动和非研发活动的思想，为完善媒介产品创新的定义提供了思路，即媒介产品创新由两部分构成：一是以知识信息选择与加工为核心的媒介产品内容创新，包括选题创新、编辑加工创新等；二是以技术研发或引进为核心的媒介产品技术创新。

第五，在互联网媒体及社交平台所主导的媒介经济体系中，出现了不同于以往媒介经济的生态特征，非零和博弈的价值共创生态思维取代了你死我活的丛林法则竞争思维，生态战略创新被提升到了前所未有的高度。

位于底端的是企业研发支撑系统，为媒介组织的技术创新提供动力和解决方案。

### 3. 创新产出

创新产出是媒介组织运用创新资源通过创新过程转化而成的最终成果，包括科技项目产出、媒介产品产出和市场经营绩效，可以用经济效益衡量，可综合反映单个媒介组织创新的绩效水平，并最终反映出媒介产业经济的质能、量能和效能。媒介组织无止境的创新推动了媒介产业结构的变化，从而推动媒介产业经济的长期增长。

# 第二章　科技型媒介组织是生产性知识的创造者

出于对抽象性、一般性理论分析的需要，新古典经济学用生产等可能、生产函数和边际生产率三个相互连接的概念处理企业生产理论，去除企业生产的具体特征和经验性、数据性描述，使生产理论抽象为具有最一般性的数学表达式。在生产函数的数学表达式中，根植于生产活动的多种知识创造过程被简化成一种数学工具——可以扩展和补充的乘数因子。在正式理论中，生产集合概念代表了经典的"技术水平"或"存在技术知识状态"的概念，知识状态被描述成企业所具有的有关转化产品的可能性。简言之，企业生产的技术水平或技术知识状态是一个"黑箱"。

数学化、工具化的新古典生产理论确实带来了分析上的便利性，但也偏离了经济现实。从事知识、信息、娱乐等内容生产传播活动的媒介组织是真实的经济细胞，是在具体技术水平或技术知识状态下进行内容生产、技术服务活动的企业。正如温特（1982）所认为的那样，企业（媒介组织）是生产性知识的储藏室或者企业（媒介组织）是如何做事的组织。因此，要揭开媒介组织内部的"技术黑箱"，必须在对媒介组织的经济活动进行细致观察的同时，也要和具体、细致的媒介经济活动保持一定的距离，在理论上做粗线条的描述，从生产性知识入手，对生产性知识的特征、创造机制、扩散机制等进行研究和探讨。这也是本章试图要解决的问题。

## 第一节　生产性知识及其本质

对于生产性知识的认知，首先要将生产性知识同其他知识领域区分开来，或者将其从泛知识论中抽离出来。如同温特（2005）所言，"仅将知识的焦点局限于人的头脑可能会严重妨碍我们理解组织生产产品时所发生的事情，……术语'生产性知识'的范围就被看作可以根据需要扩展的，可以涵盖需要被理解的所有东西"[①]。

---

[①] ［美］温特：《走向演化生产理论》，见《经济学的演化基础》，北京大学出版社2011年版，第201页。

## 一、不同角度的生产性知识

**（一）认知知识**

认知知识的代表人物——弗里茨·马克卢普（Fritz Machlup，1962）认为，知识可以区分为已知状态的知识和认知状态的知识，两种知识在意义和逻辑上既有区别又有联系。认知状态的知识产生于两种不同的活动：第一种活动是知识传播，即知识的已知者向未知者传播已经被生产出来的关于某些事物或思想的知识；第二种活动是发现、发明、直觉，这种认知状态所产生的知识，可能是别人不知道的事物或思想。"已知"意义上的知识只要一个人通过上述第二种活动——发现、发明等——已经"获得"这一知识，就已存在了。如果只是某个人拥有某些特定知识而并未与人分享，那就没有其他人"知道它"。马克卢普进而认为，在知识生产过程中，只有将已知知识进行传播，并获得人们认可，某种知识才是"社会意义上的新知识"。这意味着新知识的生产——在认知的意义上或传播意义上——在知识不再只是一个人的知识而传送给其他人以前，还没有完成。因此，在马克卢普看来，新知识的生产由认知和传播两个关联过程构成。在1962年出版的《美国的知识生产与分配》一书中，马克卢普还区分了五种类型的知识，它们分别是：实用知识、学术知识、闲谈与消遣知识、精神知识以及不需要的知识。其中，实用知识是指对一个人的工作、决策和行动有用的知识，可以细分为专业知识、商业知识、劳动知识、政治知识、家庭知识以及其他实用知识；学术知识是能够满足一个人在学术方面的好奇心的那部分知识，是教育自由主义、人文主义和科学知识，以及一般文化的一部分。

**（二）显性知识和隐性知识**

1996年，经合组织在题为《以知识为基础的经济》（*Knowledge-based Economy*）的报告中，将对经济有重要作用的知识分为四种类型：①事实知识（Know-what），指人类对某些事物的基本认识和所掌握的基本情况；②原理和规律知识（Know-why），对产生某些事情和发生的事件的原因和规律的认识，此类知识在多数产业中支撑着技术的发展及产品和工艺的进步；③技能知识（Know-how），指知道实现某项计划和制造某个产品的方法、技术和诀窍等；④知道产生源头的知识（Know-who），涉及谁知道和谁知道如何做某些事情的信息。经合组织的报告将第一类和第二类知识称为"可编撰"的知识，将第三类和第四类知识归结为"可意会"的知识或"不可编撰"的知识。可编撰的知识又称显性知识、明确知识，即能用文字、语言、图形等表现出来的知识。它是指那些能够以正式的语言，通过书面记录、数字描述、技术文件、手册、报告等方式明确表达和交流的知识，是对隐性知识一定程度上的抽象和概括，可上升为公式、规律、理论，并以文字形式表达出来,易于表达和交流。"可意会"的知识或"不可编撰"的知识又称隐性知识、默认知识,是指存在于个体中的私有性特殊知识,通常来自实践并依赖于体验、直觉和洞察力,包括个体思维模式、信仰、观点、价值体系、具体技能和技术等。它难以规范化和明晰化,只能通过从干中学以不断积累经验,因而具有一定的独占性和排他性,难以交流、模仿和共享。

**(三) 技术知识和属性知识**

一个更广为人知的划分知识类型的观点是,知识就其性质可以分为关于技术的知识和关于属性的知识。技术知识,可以等同于技术诀窍,与生产过程直接联系,是知道产品和服务如何生产的知识,例如软件工程、产品设计、生产工艺等,技术诀窍的差异可称为技术差距。属性知识,与技术诀窍相比,更难以确定,它既存在于产品和服务的生产过程中,例如产品质量控制、工人熟练程度的训练等,也存在于企业的管理组织方式中,例如制度、惯例等。属性知识对企业生产和市场运行效率都是非常重要的,属性知识的差异可称为信息问题,而本身属于属性知识的制度则通常被认为是解决由信息问题导致的企业效率低下和市场失灵的有效手段。

## 二、生产性知识的本质

生产性知识具有宽泛意义上的知识的所有特征,例如科学性与真理性、经济性、资本性、进化性、竞争性和排他性等。但生产性知识也是关于企业如何做事的知识,有其独特的本质特征,例如前沿创新性、实用有效性等。事实上,与媒介组织相关联的生产性知识的本质相当复杂。

**(一) 前沿创新性**

温特(2005)在《走向演化生产理论》一文中认为,在企业知识版图中,靠近前沿的那部分知识具有特殊的重要性,而且具有特殊的特征,因此需要特别的单独关注。因为这些前沿知识在经济竞争和历史变化现实中具有特殊的重要性地位。如同没有明确界定生产性知识的概念一样,温特也没有明确指出所谓"前沿性知识"的含义。但温特继续说道,"竞争,无论其目的是营利还是生存,都会推动组织去寻求新的、更好的做事方法。竞争的成败通常在于各自在增量创新上所付出的努力"[①]。因此,前沿性知识实际上是指创新性生产知识——不论这种知识是认知上的创新还是已经显性化的创新,也不论它是技术知识还是属性知识。温特指出,整个生产问题领域可以明显地分为两个部分:事前可以明确解决

---

① [美]温特:《走向演化生产理论》,见《经济学的演化基础》,北京大学出版社2011年版,第205页。

方式的问题和事前无法明确解决方式的问题。用已知的实践性知识,以及旧有的技巧去解决企业前所未有的生产问题,或者在知识边界附近做生产经营决策,既无优势,也无可能。因此,解决的方法只有一个:进行新知识的创造与创新。

**(二)实用有效性**

新知识必须具有实用有效性。一个常见的现象是:当一种新的生产性知识被创造出来后,知识原创企业将其运用于生产实践,于是,生产率提高,新产品供不应求,产出增长,示范性效应很强。为此,温特认为,"工程师、生产管理者和公司战略家对知识的有效性问题认识高度一致,即生产性知识是否可以在时间和空间上转移"[①]。在规模经济效应和知识扩散性原理的驱动下,这一生产性知识就可能会被原有企业复制到另一个地区或另一个领域,或者通过技术转让转移到别的地区或别的行业,有时候运行得比较好,有时候则面临失败的风险。这既与当地的消费习惯有关,也与当地人力资本或员工的个人技巧有关;既涉及技术知识的个性化改良,也涉及属性知识的提高和改善。因此,衡量生产性知识的实用有效性的标准是直接的经济回报——产出与利润,而不是理解生产性知识的深度。

**(三)商品价值性**

生产性知识也可以被理解为一种知识商品——一种能带来商业价值的商品。早在1896年,查尔斯·桑德斯·皮尔斯(Charles Sanders Peirce)就指出,就科学的目的而言,一方面,知识的价值是绝对的,人们可以用金钱来谈论它,但无法用金钱来度量它;另一方面,知识是真实的,能够通达另一种知识的知识价值更高。美国学者尼考拉斯·莱斯切尔(Nicholas Rescher,1994)在《认识经济论:知识理论的经济问题》一书的第一章中很直接地表述了一个观点:知识是一种商品——人们可以给它打上价签,像其他商品那样买卖——只是获得知识的价格不仅包括金钱,还包括其他资源,如时间、精力、创造性等。[②] 根据经济学理论,在商品中扣除生产资料和劳动者的体力变动的剩余价值都是知识的价值(脑力劳动价值)。知识既然有价值,就必然能带来收益,大量知识型企业通过实践证明,知识的收益是递增的。同时,知识也被认为是一种资本,尤其是掌握一定技术知识和属性知识的人力资本。1982年,约翰·奈斯比特(John Naisbitt)在《大趋势:改变我们生活的十个新方向》一书中表达了这样一个观点:在知识信息密集型社会中,真正起决定作用的生产要素不是资本,而是信息知识;价值的

---

① 温特:《走向演化生产理论》,见《经济学的演化基础》,北京大学出版社2011年版,第202页。

② [美]尼考拉斯·莱斯切尔:《认识经济论:知识理论的经济问题》,王晓秦译,江西教育出版社1999年版。

增长主要通过知识,以及通过知识的转化,而不再是通过简单的劳动。

**(四) 非竞争性和排他性**

保罗·罗默(1986)认为,各种知识(包括生产性知识在内)均有一个基本的特征:非竞争性。[①] 知识的这一基本特征的直接含义是:知识的生产和配置不能完全由竞争性市场的力量来决定。一旦知识被生产出来,多供给一份知识的边际成本为零,即知识在一个竞争性市场的租用价格为零。在这种情况下,知识的创造就不可能完全由获取私人经济利益的欲望来驱动。

如果有可能阻止其他人使用某种产品,那么这种产品就是具有可排他性的。而知识通过所有权的制度安排能具有可排他性。因此,知识的可排他性同时决定于两个因素:知识自身的性质和产品所处的经济制度。经济制度影响了知识的可排他性程度,例如,保护发明人权益的知识产权制度安排。但在某些情况下,可排他性对知识的性质的依赖性强一些,例如,某种程度上属于隐性知识范畴的选题技巧等;而对法律制度的依赖性弱一些,例如,将视频剪辑制作上传到互联网上的技术可能太简单,从而使原制作者无法阻止他人翻拍这些视频,即使法律规定这种行为不合法,情况也不会有太大的改变。因此,如果一种知识完全不具有排他性,开发者就不会有私人收益。但如果一种知识具有排他性,新知识的生产者就可以从其研究和开发的结果中获得正收益。

## 第二节 科技型媒介组织的生产性知识研发

创新经济学理论研究已经清楚地表明,技术是包括媒介经济在内的经济长期增长的一个最重要的决定因素。作为大多数技术被开发出来的过程和标志——研究与开发,对推动媒介进化、促进媒介经济增长和提升媒介组织优势的作用越来越大。

### 一、从创新链条理解研发

在整个创新过程中,研究与开发是两个既相关联而又有区别的概念。如果以简单的线性过程来描述创新,在整个促进媒介进化及媒介经济增长的创新链条上,研究与开发又构成了创新的前提条件,从创新的简单线性模式可以看出两者的密切关联和区别。(如图 2-1 所示)

---

① Paul M. Romer, "Increasing Returns and Long-Run Growth", *Journal of Political Economy*, 1986, 94: 1002-1037.

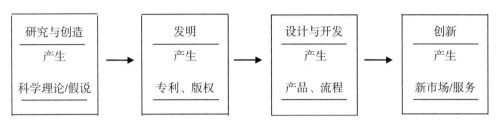

图2-1 创新的简单线性模式

科学家们通过幸运而有创造性的研究,产生科学发现,同时形成新的科学理论或假说;技术专家们在新的科学知识基础上,形成一种新思想,即发明,其在技术上的成果表现主要是专利、著作权软件等,当然,也有非技术的管理方法等文化、社会方面的新思想;技术人员将专利或著作权软件与生产场景、商业场景相结合,从而形成技术性产品、技术性生产流程等;但这些并不意味着创新的完成,只有在首次将产品或服务推向市场,或首次将其实际运用于现实商业化场景时,一个经济学意义上的创新才算完成。

经济学者们习惯上将研发分为三个阶段:首先是旨在取得基本知识的基础研究阶段;其次是与工程有关的应用研究阶段;最后是旨在把产品和工艺带入商业化使用的开发研究阶段。基础研究是指不带任何专门的或者特定的应用目的而进行的实验性或理论性研究,是"从0到1"的原始创造,研究周期较长,研究费用较高,其成果以科学论文和科学著作为主要形式,反映的是知识的原始创新能力。应用研究是"从1到N"的创新,主要是针对某一特定的目标,为了确定基础研究成果可能的用途,或是为了达到预定的目标,探索新方法(原理性)或新途径而进行的创造性研究,其成果形式以原理性模型或发明专利为主。开发研究则是利用从基础研究、应用研究和实际经验所获得的知识,为生产新产品、新装置,建立新流程、新系统和新服务,以及对已产生和建立的上述各项工作做实质性改进而进行的系统性工作。

研发产生的新理论、新思想、新方法,从本质上讲,是一种新知识创造和有目的的新知识运用。各种关于研发的定义也反映了这一本质。经合组织在发布的《弗拉斯卡蒂手册》(*Frascati Manual*,2003)中认为,研发是在一个系统基础上的创造性工作,其目的在于丰富有关人类、文化和社会的知识库,并利用这一知识进行新的发明。国家税务总局在《企业研究开发费用税前扣除管理办法(试行)》(国税发〔2008〕116号)中所称的研究开发活动是企业为获得科学与技术(不包括人文、社会科学活动)新知识,创造性运用科学技术新知识或实质性改进技术、工艺、产品(服务)而持续进行的具有明确目标的研究开发活动。国家统计局在2019年发布的《研究与试验发展(R&D)投入统计规范(试行)》

中指出，参照经合组织《弗拉斯卡蒂手册》的相关标准，"R&D 指为增加知识存量（也包括有关人类、文化和社会的知识）以及设计已有知识的新应用而进行的创造性、系统性工作，包括基础研究、应用研究和试验发展三种类型。基础研究和应用研究统称为科学研究"[①]。显然，对微观媒介组织而言，研发是一种科学性、创造性、新颖性和有目的性的经济活动。

## 二、水平创新与垂直创新研发模型

### （一）罗默的水平创新模型

在罗默的水平创新模型中，研发部门在知识生产过程中使用四种投入：有形资本 $K$、非技术劳动 $L$、人力资本 $H$ 和技术 $A$。人力资本为 $H(t)$，它可以分解为两个部分：$H(t) = HA(t) + Hy(t)$，其中，$HA(t)$ 部分投入到研发部门，产生生产性技术 $A$，$Hy(t)$ 用于最终产品部门中的生产。研发部门投入人力资本与现有的知识存量，产出新产品的设计思想 $A(t)$。它可以由以下方程描述：$A(t+dt) - A(t) = \delta HA(t)A(t)d(t)$；或者：$dA(t)/d(t) = \delta HA(t)A(t)$，其中，$\delta$ 为研究与开发活动生产效率的参数。上式表明，分配于研发的人力资本越多，设计的知识存量越大，研发部门的劳动生产率增长越快，产出水平越高。知识由于其非竞争性的特点，每个研发人员都可以获得现在及过去的发现。当知识溢出的效应足够强时，它可以直接参与新知识的生产，并且使用这些知识存量的经济成本是很低的；也可以增加知识存量，提高研发部门的生产率。$A(t)$ 能够无限地增大，从而通过研究与开发活动使发现新的中间产品成为可能，并且通过增加中间产品的数目，用之于生产最终产品，增加产出。

对于知识生产的经济性质和社会作用，罗默（1990）在《政治经济学杂志》上发表的《内生技术变迁》一文中认为，知识生产存在递增报酬：其一，知识生产的边际生产率随着知识的积累而递增；其二，知识的生产与所投入的人力资本呈线性关系；其三，知识生产与社会所积累的知识也呈线性关系，即原有知识在新知识生产过段中具有完全的外部性。[②] 在罗默看来，新知识与原有知识之间既非互补关系，也非互相替代关系，可以看作是共生关系。

---

[①] 国家统计局：《研究与试验发展（R&D）投入统计规范（试行）》，发布日期：2019 - 05 - 07，http://www.stats.gov.cn/tjgz/tzgb/201905/t20190507_1663326.html，访问日期：2021 - 04 - 10。

[②] Paul M. Romer, "Endogenous Technological Change", *Journal of Political Economy*, 1990, 98 (5): 71 - 102.

### (二) 阿格奥和豪威特的垂直创新模型

阿格奥和豪威特 (2000) 认为,技术进步的一个最主要的来源是新知识创造与创新。将新的产品、新的生产过程、新的管理方法和新的生产活动组织引入到经济中是企业的自利行为,企业可以获得创新成功后的垄断租。一般而言,垄断租是持续消散的,因为创新会因新的技术创新的出现而过时,这就是熊彼特的创造性破坏——新知识产品将使老知识产品过时。因此,知识创新有着消极和积极两方面的作用。一方面,创新增加知识的存量,提高了生产新知识的效率,这是正的外部性;另一方面,新知识的出现使原有的知识过时,对现有的知识所有者具有负的外部性。熊彼特的"创造性破坏"驱动企业不断进行新知识创造和创新,从而增加社会的新知识来源。[1]

总体上看,研究与开发活动创造出的新设计、新发明等新知识以三种方式进入生产:一是技术用于中间产品,并进而通过新的中间产品数量和种类的增长提高最终产品的产出,或使得原有资本品升级,甚至被新的最终产品替代;二是提高了生产中所使用的资本品的技术水平及生产效率,形成技术进步推动经济增长的内在机制;三是技术变化增加总的知识量,并通过外溢效应提高研发部门的人力资本生产率,从而实现经济的长期增长。

### (三) 研发活动的效益外溢性和不确定性

20 世纪 80 年代,许多经济学家开始从经济理论上研究溢出效应问题,通常而言,具有外溢现象的外部经济效应是指当生产或消费对其他人产生的附带的成本或效益。约翰和威廉姆斯 (Jones & Williams, 1998) 的一项研究结果也证实,研发能产生三种溢出效应:研发人员流动使竞争对手获益;"创造性破坏"活动导致原有产品过时;研发活动具有跨时溢出效应。他们的实证研究结果表明,在均衡增长路径上,研发投资的社会收益是私人收益的 2～4 倍。

研发的不确定性的概念首先是由肯尼斯·阿罗 (Kenneth J. Arrow) 在 1962 年提出来的,他认为研发过程具有三个突出的特征:不确定性、不可分割性以及创新利润的非独占性。不确定性存在于研发过程的每一个环节,是研发的核心特征。事实上,媒介组织研发的不确定性不仅表现在技术上,也表现在市场开拓和一般商业活动上。研发的不确定性与技术创新的强度有关,创新的技术强度越大,研发的不确定性也越大。

---

[1] P. Aghion, P. Howitt, "Knowledge and Development: A Schumpeterian Approch", World Bank, 2000.

### 三、科技型媒介组织的技术基因

英国学者弗里曼（C. Freeman，1982）列举了创新型企业的十大特征：①企业研发能力强；②利用专利进行保护自己与竞争对手议价；③从事基础研究或相近研究；④研制周期比竞争对手短；⑤企业规模较大，且长期资助研发；⑥愿冒高风险；⑦较早且富于想象地确定一个潜在市场；⑧关注潜在市场，努力培养、帮助用户；⑨有使研发、生产与销售相互协调的企业家精神；⑩保持与客户、科学界的联系。

通过考察短短 20 多年的媒介演化历史，可以观察到一个基本的经验事实：随着通信等基础设施的完善和发展，以及互联网的大规模商业化运用，基于某项技术来满足人们生活、学习、娱乐、工作需求的具体场景应用的互联网社交、搜索、电商、流视频、流音乐、云游戏、直播等媒介组织先后出现。如果将这些媒介组织从具体、复杂的媒介环境中抽离出来，仅从新知识的核心——技术要素来考察，可以发现它们的兴起与壮大有着共同的路径：依托互联网这个公共技术平台，发明某种专有技术，开发具体的商业场景应用，以技术提供内容、内容服务或技术服务。概言之，科技型媒介组织因技术发明和技术开发而生，因技术服务而壮大——通过技术的复制、学习和模仿进行扩展。因此，技术始终内生于科技型媒介组织，技术基因是它们的生命特质，以技术研发为核心的新知识创造和创新是其最原始的生命体征。一旦某个科技型媒介组织的技术特质和研发体征落后于整个行业，或者停滞不前，就会面临被超越甚至被淘汰的局面。

一些历史悠久的内容型媒体公司专注于消费内容的创造，在企业惯例上，是典型的内容基因。因此，这些媒体公司的技术是外生的，是成熟技术知识的主要运用者，几乎没有技术研发或者不以新知识创造为目标，由于技术研发投入不多，因而其利润虽然不高，但经营稳定。除迪士尼等少数超大型企业外，大多数媒体公司都缺乏想象力。媒介产业越来越具有科技产业的性质，这一现象导致大多数内容型媒体公司面临困境。科技型媒介组织与内容型媒体公司正相反，在企业惯例上，是典型的技术基因，每一年都持续投入巨额研发资金，在新知识前沿不断推陈出新，技术完全是内生的。由于新知识研发的不确定性，研发活动存在着失败的巨大风险，而巨额的研发投入则可能成为沉没成本。但是，一旦研发成功并占领市场，企业将脱胎换骨。因此，以互联网媒体及社交平台为表征的科技型媒介组织存在较大的想象空间，即便短期亏损，市场认可度依然比传统内容型媒体公司大得多，美国的这类公司即是其中的代表（见表 2-1）。

表2-1 2018年美国部分科技型媒体公司经营数据

(总市值截至2019年10月11日;单位:亿美元)

| 名称 | 总市值 | 营收 | 毛利 | 净利 | 研发 | 报告期 |
|---|---|---|---|---|---|---|
| 苹果 | 11000.00 | 2656.00 | 1018.00 | 595.30 | 142.40 | 2019年9月 |
| 谷歌 | 3647.00 | 1368.00 | 772.70 | 307.40 | 214.20 | 2018年12月 |
| 亚马逊 | 8567.00 | 2329.00 | 937.30 | 100.70 | 288.40 | 2018年12月 |
| 脸书 | 5255.00 | 558.40 | 464.80 | 221.10 | 102.70 | 2018年12月 |
| 奈飞 | 1239.00 | 157.90 | 58.29 | 12.11 | 12.22 | 2018年12月 |
| 推特 | 312.00 | 30.42 | 20.77 | 12.06 | 5.54 | 2018年12月 |
| 声田 | 207.60 | 52.59 | 13.53 | -0.78 | 4.93 | 2018年12月 |
| 动视暴雪 | 420.50 | 75.00 | 67.81 | 18.13 | 11.01 | 2018年12月 |
| 色拉布-A | 195.30 | 11.80 | 3.82 | -12.56 | 7.72 | 2018年12月 |

资料来源:各公司发布的年度财务报告。

## 四、科技型媒介组织生产性知识研发的核心要素

### (一)研发主体

按研发的经费来源划分,研发的主体可以区分为公共部门和私人部门,主要包括企业、政府、大学等,也有个人完全凭兴趣爱好进行的研发。

政府部门在研发中并不承担具体的研发任务,而主要是以国家科学基金形式和一些其他基金形式提供研发资金,或以直接补贴的方式组织、管理、协助、鼓励重大工程、重大项目和常规科学项目的研发。一是对从事基础研究的大学或专门的研究机构予以扶持。基础研究是一种可以产生更广泛应用的基础性探索,这方面的研究一般持续周期长、不确定性因素多、风险大,需要长期的、大规模的投入作为保证,所以私人企业不愿意也无力从事。基础研究的成果多数具有基础意义或者在某一领域中的普遍实用性,构成基本科学原理或自然界事实等知识,是完全非竞争性的,当他人自由获取基础性研究的成果并加以应用时,会产生巨大的社会效益。基础研究的产品无论从性质还是法律上来说都是非排他性的,具有明显的公共物品的性质。因此,从整个社会的知识结构与创新的科学基础来看,政府部门支持研究与开发活动是具有导向性的,对于国家和企业都是不可或缺的。二是对部分应用研究和开发研究进行补贴。很多应用研究和开发研究所生产的知识,虽然具有一定程度的"可排他性",但由于其知识产品具有较强的技术进步性和正的外部性,因此,需要对此类研发给予一定补贴。以下以中国为

例，了解 2018 年三类主体研发的投入总量及结构（见表 2-2）。

表 2-2 2018 年中国三类主体研发投入总量及结构

| 主体类型 | 资金（亿元） | 占比（%） | 比上年增速（%） |
| --- | --- | --- | --- |
| 企业 | 15233.70 | 78.59 | 11.50 |
| 政府所属研究机构 | 2691.70 | 13.89 | 10.50 |
| 高等院校 | 1457.90 | 7.52 | 15.20 |
| 三项合计 | 19383.30 | 100.00 | |

资料来源：国家统计局、科学技术部、财政部《2018 年全国科技经费投入统计公报》。

在现代知识、信息和智能经济背景下，新知识尤其是生产性新知识的研发主体主要来自私人企业。私人部门中进行的研究与开发有其明确的目的和具体的指向性，是在获取垄断利润、提高市场占有份额和取得市场竞争优势的自我激励机制下进行的有意识的、主动的知识生产活动。私人部门的研究与开发因私人经济激励而产生，因此，这种研发所创造的新知识必然有一定的可排他性。在重视技术进步的所有企业中，研究与开发活动已经成为成功企业经营中的基本组成部分，拥有技术研究与开发机构是在技术进步迅速的互联网科技产业中得以生存的先决条件。但企业的某些知识产出也具有较大的外部性，个别企业所属的技术研究与开发机构，既是该企业新技术的来源，也是带动该企业所在行业技术发展的动力。当研发具有外部性时，一个企业的生产流程或产品研发的努力也会给其他企业带来部分的利益，甚至增加竞争对手的实力，这是企业所不愿意看到的。因此，需要政府完善知识产权保护措施，或者予以适当的财政补贴或税收优惠加以支持。此外，在很多高科技产业部门中，其研究与开发机构进行的工作，有一部分并不是直接投入到某一种新产品中，而是用来探寻行业的技术发展，追踪供应者、客户和竞争者的技术动向，是许多研究开发项目的重要部分。

如前所述，科技型媒介组织的崛起使技术内生于媒介产业经济系统内，使媒介产业具有了科技产业的性质。因此，新知识的研究与开发已成为科技型媒介组织的 DNA，几乎每一家比较成功的科技型媒介组织都有研发机构的支撑。事实上，大型科技型媒介组织几乎一直在引领诸如大数据、云计算和边缘计算、人工智能、区块链，甚至量子计算、卫星互联网络等前沿技术的研发。例如，谷歌旗下的 Google X 实验室，是机器人、物联网等最前沿科学技术创意的引领者；脸书设立了名为 Building 8 的研究机构，从事人工智能和虚拟现实等领域的研究；亚马逊的核心研发机构 Lab126，以研发了电子书阅读器 Kindle、智能音箱 Echo 等技术闻名于世。中国的科技型媒介组织在人工智能和区块链等前沿技术的研发力度同样引人注目。例如，百度研究院聚焦人工智能前瞻基础研究，致力长期创新突破和与业务部门互补协同。百度研究院隶属于百度 AI 技术平台体系（AIG），下设深度学习实验室（IDL）、大数据实验室（BDL）、硅谷人工智能实验室（SVAIL）、商业智能实验室（BIL）、机器人与自动驾驶实验室（RAL）、认知计算实验室（CCL）、量子计算研究所（IQC）等九个研发部门。腾讯的技术研发同样引人注目。腾讯的技术研发都在各个事业群。以人工智能为例，目前腾讯有三个人工智能业务团队：第一个是优图实验室，专注于图像处理、深度学习、模式识别；第二个是微信中的 AI 团队，是一个主攻语音识别、模式识别的工作室，最核心应用是提供微信中语音输入转文字的方式；第三个则是 2016 年 4 月正式成立的腾讯人工智能实验室（AI Lab），主要围绕图像识别、语音识别、自然语言处理和机器学习四个方向进行研究。腾讯还在美国西雅图设立 AI 实验室，专注于基础和前沿研究。而腾讯深圳总部的团队除了基础研究外，还需兼顾应用研究。而网易伏羲实验室则是国内首家专业游戏 AI 研究机构。

**（二）人力资本**

阿罗（1962）在《经济研究评论》上发表的《干中学的经济含义》一文中提出了知识与生产率的增长来自投资和生产的思想。[①] 卢卡斯（Lucas，1988）在《论经济发展机制》一文中引入人力资本的概念，认为人力资本是劳动者的技能水平，这种技能水平会提高劳动者自身的生产率。卢卡斯还区别了人力资本的两种效应，即内部效应和外部效应。人力资本的外部效应会从一个人扩散到另一个人身上，从旧产品传送到新产品，从家庭的旧成员传递给新成员，因而会对所有生产要素的生产率都有贡献，进而使产出生产具有递增收益。卢卡斯认为，对人力资本投资，通过人力资本的内外部效应，使生产具有递增收益，从而使人力资本成为经济增长的"发动机"。[②] 这种对科学家的人力资本投入在科技型媒介组织的研发中表现尤甚。例如，根据腾讯公布的 2017 年财报，腾讯在当年支付研发雇员的福利开支 147.66 亿元，投入持续数年保持增长，腾讯 AI Lab 目前已拥有 70 余位世界级的 AI 科学家以及 300 多位工程师。

**（三）研发投入**

持续的资金投入是企业研究与开发活动的重要推动力。任何研究与开发都需要人力资源与物质资源的结合，如专业人才的培养和引进，研究开发中心、专业实验室、中间试验基地和信息平台的建设，尖端实验设备的购置，等等，都需要庞大的资金投入。企业的研究与开发活动不是一朝一夕的事情，也不可能一劳永

---

① K. J. Arrow, "The Economic Implications of Learning by Doing", *Review of Economic Studies*, 1962, 29 (2): 155 – 173.

② Robert E. Lucas, "On the Mechanics of Economics Development", *Journal of Monetary Economics*, 1988, 22 (7): 3 – 42.

逸，企业只有不断地进行研究与开发活动，不断地开发新流程、新产品，才能在市场竞争中保持优势，这就要求企业有充足的研发资金，持续不断地对研发进行投资，不断追加研发资金。另外，研究与开发活动的风险性也要求企业必须有足够的研发资金来支撑。研究与开发活动是对一种未知事物的探索，具有高度的不确定性和风险性，为防止因研究与开发活动失败而使整个企业陷入困境，客观上需要企业有雄厚的研发资金支持，以应付其不确定性和风险性。

以下分别以美国和中国部分科技型媒介组织为例，了解两国2015—2017年的研发费用的差异（见表2-3、表2-4）。

表2-3 美国部分科技型媒介组织研发费用

（单位：亿美元）

| 公司名称 | 2017年 | 2016年 | 2015年 |
| --- | --- | --- | --- |
| 亚马逊 | 226.20 | 160.85 | 125.40 |
| 谷歌 | 166.25 | 139.48 | 122.82 |
| 脸书 | 77.54 | 59.19 | 48.16 |
| 奈飞 | 10.52 | 8.52 | 6.50 |
| 色拉布 | 15.34 | 1.83 | 0.82 |
| 推特 | 5.42 | 7.13 | 8.06 |

资料来源：各公司发布的年度财务报告。

表2-4 中国部分科技型媒介组织研发费用

（单位：亿元）

| 公司名称 | 2017年 | 2016年 | 2015年 |
| --- | --- | --- | --- |
| 腾讯 | 118.45 | 90.39 | 75.81 |
| 阿里巴巴 | 170.60 | 137.88 | 106.58 |
| 百度 | 129.28 | 101.50 | 101.75 |
| 网易 | 43.71 | 30.46 | 21.58 |
| 微博 | 1.93 | 1.54 | 1.43 |

注：阿里巴巴年度数据为次年3月底至本年3月底。

资料来源：各公司发布的年度财务报告。

研发投入强度尤其是企业的研究与开发强度（企业研究与开发经费支出占销售收入的比重）已经成为衡量企业竞争力与经济发展潜力的重要指标。媒介组织用于研究与开发的资金来源通常包括外部筹资与内部筹资。外部筹资方式有银行信贷资金、债券和股票筹资。内部筹资则取决于企业的经营实力，主要是企业留成利润和销售收入提成。媒介组织的留成利润和销售收入提成通常取决于企业的经营状况,只有经营状况良好的企业才有能力形成研发的内部筹资。一些科技型媒介组织用于研究与开发的销售收入提成比例高达5%甚至10%以上。

(四)研发成果(中间产品:专利、著作权软件)

基础研究是"从0到1"的原始创造,其成果以科学论文和科学著作为主要的表现形式。应用研究是"从1到N"的创新,其成果多以原理性模型或发明专利为主,有些不涉及保密的成果也以科学论文、论著的形式表现。软件领域的研发成果则以软件著作权的形式表现。如表2-5中的中国科技型媒介组织的发明专利排名。

表2-5 中国科技型媒介组织发明专利数排名

| 名称 | 历年发明授权专利数 | 历年专利总量 | 2017年发明授权专利 |
|---|---|---|---|
| 腾讯 | 4933 | 23723 | 863 |
| 百度 | 1790 | 11334 | 722 |
| 阿里巴巴 | 1566 | 18666 | 444 |
| 京东 | 216 | 3010 | 91 |
| 新浪 | 107 | 315 | 37 |
| 网易 | 76 | 1200 | 37 |
| 酷狗 | 60 | 845 | 42 |
| 美图 | 59 | 388 | 32 |
| 搜狐 | 45 | 152 | 12 |
| 斗鱼 | 11 | 1363 | 7 |
| 央视国际网络 | 10 | 24 | 0 |
| 人民网 | 6 | 23 | 1 |
| 昆仑万维 | 4 | 9 | 0 |
| 新华网 | 3 | 30 | 0 |
| 今日头条 | 1 | 20 | 0 |
| 咪咕 | 0 | 243 | 0 |
| 游族网络 | 0 | 12 | 0 |

资料来源:incoPat创新指数研究中心《中国互联网100强企业发明专利排行榜》(数据截至2018年4月10日)。

有数据表明,在2017年前的10年中,苹果公司总共获得了来自5232位发明者的10975项专利,而谷歌则获得了来自8888人的12386项专利。苹果每项专利的平均发明人数是 4.2，而谷歌是 2.8。① 中国的一些科技型媒介组织的研发成果同样令人瞩目（见表 2-6）。例如，截至 2019 年 9 月，阿里达摩院在自然语言处理、智能语音、视觉计算等领域算法共夺得 40 多项世界第一；达摩院区块链实验室已申请专利 500 余项，连续 3 年蝉联全球区块链企业专利申请数量排行榜第一。

表 2-6　2019—2020 年中国人工智能申请人专利申请数量

| 企业名 | 2019 年 | 2020 年 |
| --- | --- | --- |
| 百度 | 5712 | 9364 |
| 腾讯 | 4115 | 8450 |
| 阿里巴巴 | 3079 | 5256 |
| 微软 | 3978 | 4506 |

资料来源：国家工业信息安全发展研究中心。

根据国家工业信息安全发展研究中心发布的《2019 年人工智能中国专利技术分析报告》相关数据，百度、腾讯和阿里巴巴等科技型媒介组织成为人工智能技术研发的"领头雁"。其中，百度的表现十分亮眼，其专利申请数量以 5712 件位列第一，是 2018 年的 2.4 倍，并包揽了深度学习技术、语音识别、自然语言处理、智能驾驶等多个人工智能核心领域的第一。例如，在深度学习技术领域，百度分别以 1429 件专利申请量占据了第一的位置；在语音识别和自然语言处理两大领域，百度以 933 件和 938 件的专利申请量在排名榜中遥遥领先。而国家工业信息安全发展研究中心发布的《2020 年人工智能中国专利技术分析报告》显示，与 2019 年相比，百度、腾讯等互联网科技公司作为人工智能技术研发的"领头雁"的地位不仅没有被削弱，反而继续得到强化。例如，2020 年，在人工智能专利申请量和授权量方面，百度分别以 9364 件专利申请和 2682 件专利授权处于第一位，百度 AI 专利在深度学习、自动驾驶、知识图谱等 7 个领域排名第一。这些再次数据表明，科技型媒介组织已然成为最前沿生产性知识的创造者和创新者。

---

① Mark Wilson：《苹果 VS 谷歌，可视化两厂所有专利后看创新模式差异》，发布日期：2017-03-14，Jennifer Zhu、李亚楠编译，https://www.huxiu.com/article/185368.html，访问日期：2020-05-10。

## 第三节 科技型媒介组织的研发机制

### 一、科技型媒介组织的三种主要研发机制

**(一) 臭鼬工厂研发机制**

臭鼬工厂 (Skunk Works) 研发机制诞生于1943年的洛马公司,其基本特征是集中、独立、内部创意、外部保密。臭鼬工厂之父——凯利·约翰逊 (Kelly Johnson) 将自己的工厂定义为:集中一些优秀的人,以最少的开支,尽可能用最简单、最直接的方法来研发和生产新产品。凯利·约翰逊认为,在创新者和其他组织之间拥有独立的实体和机构是关键。臭鼬工厂有着高度自治的管理模式,它跳出体制、精简内部结构、内部高度自治化,可以避免组织内部的创意被官僚主义限制。

臭鼬研发机制的精神是打破条条框框、摒弃墨守成规,其核心理念有三:第一,企业内部对创新的激励。每年臭鼬工厂都会让员工定期写下自己的创意并进行评估和筛选,其中10%的创意有机会获得资金支持,创意持有者可将自己绝大部分时间用于该项目。定期向员工征求创意是臭鼬工厂重要的创新举措,极大地激发了员工创造力。第二,在项目中对创意的培育。臭鼬工厂善于从先进的研发项目中提炼出创新的方案,再将这些方案融入其他产品中。第三,积极寻求与外部的合作。虽然项目密级普遍很高,但这不妨碍臭鼬工厂与大学和小型公司的互动,进而获取和发展创意。

在研发的具体组织模式上,臭鼬工厂的研发机制有两大特点:一是研发项目围绕项目经理展开。由于项目往往以产品为导向,所以团队中不需要非常精明的管理人才,但需要每个人都足够优秀,对产品足够了解和专注,特别是项目经理,他们对需要着手的产品非常了解,并倾其全力参与产品制作。二是组织结构呈小团队、扁平化特征。臭鼬工厂项目的研发团队讲求小而精,小规模一方面能够避免烦琐的流程和无益的官僚层级带来的障碍,另一方面可以激发团队成员的创造力,使团队成员的思维和创造力在更小的空间里得到最大的开发,在失败中无畏地试探,最终获得成功。

凯利·约翰逊影响了美国科技型媒介组织在 Skunk Works 上的努力,许多大公司都在各自的公司内部设立了类似的部门,例如,谷歌的 Google X 实验室、脸书的 Building 8、亚马逊的 Lab126、微软的主机游戏 Xbox 等。

以苹果 (Apple) 研发 (硬件研发的臭鼬模式) 为例。一是产品始自设计。

生产、财务部门都要听从设计部门，没有成本和制造可行性方面的限制。二是鼓励内部创业式研发。在确定开始研发某个新产品后，就立刻组建团队，并通过签署保密协议与公司其他部门隔离，这实际上是在公司内部创建了一个创业团队，只对高层负责，独立于层级汇报组织体系之外。三是确定苹果新产品流程（Apple New Product Process，ANPP）。产品开始设计后，就启动 ANPP。ANPP 是一个详细设定新产品开发过程中各个步骤的文档，它详细制定了开发的各个阶段，谁负责完成；在每个阶段，谁负责什么内容，什么时候完成；等等。四是周一产品审查制。公司的高层团队（Executive Team，ET）每周一开会对每个在研发和生产过程中的产品进行审查。这样，任何产品的关键决策都会在两周内做出。五是工程项目经理绝对控制生产。产品的生产过程，由一个工程项目经理（Engineering Program Manager，EPM）和一个全球采购经理（Global Supply Manager，GSM）负责。这两个职位一般都由公司高层担任，二者是合作关系。六是对产品进行反复设计、生产和测试。苹果的产品初次完成后，会再次进入设计和生产过程，工程项目经理带着工程机回总部接受测试和评估，之后再回工厂监督产品的下一个迭代。

**（二）敏捷开发机制（开放平台式的敏捷研发模式）**

敏捷软件开发又称敏捷开发（Agile Development），是一种从 20 世纪 90 年代开始逐渐引起广泛关注的新型软件开发方法，是一种应对快速变化的需求的软件开发能力。敏捷开发强调程序员团队与业务专家之间的紧密协作、面对面的沟通、频繁交付新的软件版本、紧凑而自我组织型的团队、能够很好地适应需求变化的代码编写和团队组织方法，也更注重软件开发中人的作用。

2001 年，17 位世界级软件实践大师提出，新的时代应遵循彼得·德鲁克（Peter F. Drucker）的人性化管理，正式提出了《敏捷宣言》，并在《敏捷宣言》中强调了敏捷研发的四种价值观：①个人与互动胜于过程与工具。过程与工具固然重要，但人与人之间的互动比过程与工具还重要。②可用的软件胜于复杂的文档。可用的软件比复杂的文档重要，文档够用就好。③与客户协作胜于合同谈判。开发团机制队与客户是一个团队，彼此协作比凡事都只通过合同谈判重要。④响应变更胜于遵循计划。根据客户的需求响应变更，比遵循原计划重要，这样才能为客户创造最高价值。

从全球敏捷开发管理的方法和实践模式看，主要包含 Scrum、XP、Lean、Kanban 类型。根据 VersionOne 2015 年的调查报告，在被调查的样本单位中，采用纯 Scrum 者占 56%，采用 Scrum 和 XP 混合者占 10%，采用客户定制化混合者占 8%，采用 Scrum 和 Kanban 者占 6%，采用纯 Kanban 者占 5%，采用纯 Lean 者占 2%，采用纯 XP 者小于 1%。

**1. 争球**

争球（Scrum）由美国学者萨瑟兰和施瓦布（Jeff Sutherland & Ken Schwaber）

提出，意指开发团队在进行项目开发时，每个成员像"争球"一样迅速、富有激情地完成任务。争球的基本价值观主要有：专注、尊重、承诺、勇气、公开。争球主要有四个项目工作定义：①争球是一个可以在最短时间内交付最高商业价值产品的框架；②这个框架可以快速并持续检验真正可用的软件；③开发方式根据商业价值来调整工作顺序，是团队自我组织决定能交付最高价值功能、最为有效的工作方式；④每两周到一个月，任何一个人都能看到真正可用的软件而非文档。简言之，争球是用于开发与持续支持复杂性产品的管理框架，在这个框架中，研发人员可以解决复杂的适应性问题，同时以高效生产力与创造性的方式，交付最高价值的产品。

### 2．极限编程

极限编程（Extreme Programming，XP）是由肯特·贝克（Kent Beck）、罗恩·杰弗里斯（Ron Jeffries）和沃德·坎宁安（Ward Cunningham）共同开发的一种敏捷开发方法，意指开发团队将软件开发中被证明行之有效的原理和实践运用到极限。极限编程的主要价值观是推动研发团队成员与客户保持高度互动，其核心可概括为 13 种实践：①全队。客户代表及开发团队都是 XP 团队成员，并且客户代表要与开发团队在一起工作。客户代表有两个主要职责：编写用户故事和确认功能验收测试。②规划游戏。规划游戏由全队共同参与，共同规划在特定的迭代的用户故事，并有效估算所需的工作量。③最小发布。快速将功能交付到客户手中，并聚焦于最小可售功能或称为最小可行产品 MVP，让客户可以更频繁地进行调整和应对变化。④客户测试。软件产品需要经过彻底的测试，最好在交给客户之前就已经有自动化的验收测试。⑤编程标准。同一个团队要遵循相同的编程标准，做到程序代码共同拥有。⑥程序代码共同拥有。所有程序是 XP 所有团队成员共同拥有的。⑦持续集成团队。工作的成果要每天集成到系统。⑧隐喻。用隐喻的共同愿景来描述团队工作，激发创意思考。⑨持续步伐。维持一个可走得远的持续步伐以便更有规律地完成增量成果。⑩测试驱动。在编程之前，团队已经写好测试用例，以确保通过的程序就是客户所需要的。⑪结对编程。两个人一起编程。⑫简单设计。编程的方法越简单越好。⑬重构。改善程序代码设计的过程通常是改为比较有效率或以后比较好修改的程序。

### 3．精益

精益（Lean）软件开发源于日本丰田汽车生产制造过程，其主要价值观是以客户为主，所有的工作及产出都应该是为客户创造最高价值。精益的七个基本原则也适用于软件开发，其核心价值与敏捷开发不谋而合。①消除浪费。研发过程应该通过价值流图方式分析每项活动，从而辨识出浪费的地方，并消除浪费。②强化学习。追求持续的学习和改善，无论团队表现多好，总还有值得改进的地方。③尽可能晚做决策。等到真正需要做决策的时候再做决策，这时的判断会比较正确。④尽快交付。尽快交付意味着更快地让客户获得满意感。⑤授权团队。精益项目是授权团队做决策,让团队自我管理,从而在工作上获得最佳的效益。⑥建构完整性。持续把客户的价值观转换成细节设计,稳定内聚且能发挥整体的作用。⑦着眼整体。开发团队要考虑组织整体利益,而不能只考虑团队局部利益。

### 4. 看板

看板（Kanban）是由大卫·安德森（David Andersen）发明的一种敏捷研发方法,其用意在于及时交付客户所需要的产品,同时做到所有的工作可视化。看板的主要原则包括:①从过程开始,变革成功的关键是变化越少越好,从既有的过程开始反省、检讨,而不是变革。②同意增量渐进改变。变革式的改变通常会导致失败,看板奉行的是渐进式的改变。③尊重当前角色的头衔和职责,目的是能顺利推行看板方法。④鼓励各层级的领导行为,鼓励成员自动担任领导角色,使全员都能自我约束、自我管理。

敏捷研发的方法和模型既可以单独使用,也可以混合使用。下面以腾讯的敏捷研发机制为例予以简要说明。腾讯的敏捷研发模型有三种:迭代模型、极速模型和大象模型。

(1) 迭代模型。该模型是以争球管理实践+极限编程工程实践+腾讯特色的研发实践。迭代式开发也被称作迭代增量式开发或迭代进化式开发,每次只设计和实现某个产品的一部分,逐步完成开发。每一次迭代都包括需求分析、设计、实现与测试。迭代式开发的优点包括:①降低风险;②可以得到早期用户的反馈;③持续的测试和集成;④使用变更;⑤提高复用性。概言之,腾讯的迭代式开发,不要求每一个阶段的任务做得都是最完美的,而是以先把主要功能建起来为目标,以最短的时间、最少的损失先完成一个不完美的成果直至提交,再通过客户或用户的反馈信息,在这个不完美的成果上逐步进行完善。

(2) 极速模型。所谓极速模型,是鼓励团队聚焦高用户价值需求、优先满足高用户价值需求的一种研发模型。该模型主要针对互联网的 Web 运营,将需求明确的运营活动作为独立的需求在腾讯敏捷产品研发（Tencent Agile Product Development, TAPD）上建立独立的版本进行跟踪和交付。每一个需求都会经历需求规划、需求设计和需求实现,最后到测试交付的过程,而完成时间往往只有一天。

(3) 大象模型。大象模型通常针对比较大型的项目,研发团队往往超过百人,采用实体的功能团队/特性团队方式运作,研发业务需要跨部门、跨地域协作,交付周期大于两个月。复杂项目研发团队在腾讯内部属于不同的部门,因此需要协作。首先在 TAPD 上建立统一的迭代计划,通过 TAPD 建立统一的目标让整个迭代计划在所有业务团队面前都是透明的,做到项目计划一致。同时,在 TAPD 上建立需求评审流程,使所有的业务需求变更都经历统一的需求评审过程,之后才能够实施。这样,通过 TAPD 就能帮助团队做到进一步透明和精细化的管理,从而提高研发效率。

### (三) 围绕专项内容产品的技术研发机制

以网易伏羲实验室为例，作为国内首家专业游戏 AI 研究机构，其目前有六大研究方向，分别是五个人工智能的前沿研究：强化学习，自然语言处理，图像动画，用户画像，虚拟人，以及一个支持所有研究的大数据与人工智能计算平台。

实验室运用人工智能尖端技术为玩家营造新世代的游戏体验，同时借助游戏平台的海量数据和仿真环境，推动人工智能技术的发展。每一款游戏都可以和人工智能技术相结合，判断的标准是玩家的需求和开发者的需求，最直观的影响就是更好的游戏体验，以及 AI 带来的制作效率的提升。围绕 AI 技术，实现现实虚拟化和虚拟现实化，智能的 AI 游戏引擎可以让角色外貌、行为、语言、游戏场景等自动生成，让美国科幻片《西部世界》系列描绘的游戏世界成为可能。

## 二、科技型媒介组织研发中应平衡的几个问题

### (一) 前沿性与实用性

前沿性研究是着眼于未来的竞争优势，暂时无法带来收益及现金流；实用性则是着重于技术的当前运用和市场扩展，能满足当前的经营和收益需求，两者关联紧密。作为最具创新的公司之一，谷歌也有自己的臭鼬工厂——Google X。Google X 团队从事与产品不直接相关的研究，包含语音处理、机器智能、量子 AI 等几乎所有极具挑战性的领域。Google X 实验室有一份罗列了 100 项未来高科技创意的清单，其中甚至包括太空电梯。尽管这 100 个震撼世界的创意大多还只是概念，但谷歌眼镜、量子计算机等项目均出自这里。脸书的核心文化是 Hack。Hack 的意思是快速完成并发布项目，而不是做到完美之后才发布。发布项目之后，再根据其他人的反馈进行快速迭代，使项目变得越来越好。腾讯对所有的基础科学研究团队，都提出了一个同样的目标，即"学术有影响、工业有产出"。因此，在腾讯人工智能实验室（AI Lab）内部，如前文所述，其在中国和美国两地的研发团队有不同的分工。根据腾讯的官方数据，人工智能实验室的研发成果已被应用在微信、QQ 及天天快报等上百种腾讯产品中。

### (二) 中心化与扁平化

为了获得科技型媒介公司关于研发组织形式上的真实情况，一家位于美国波特兰的数据可视化工作室潜望镜（Periscopic）利用可视化图表比较了过去 10 年苹果和谷歌在专利申请中的"创新特征"。[①] 研究表明，苹果的创新特征图看起

---

[①] Mark Wilson：《苹果 VS 谷歌，可视化两厂所有专利后看创新模式差异》，发布日期：2017 – 03 – 14，Jennifer Zhu、李亚楠编译，https://www.huxiu.com/article/185368.html，访问日期：2020 – 05 – 10。

来像一个拼接玩具组成的大球，而谷歌则更像一个单调的蜂窝状结构。由这些图像能够得到对科技型媒介公司研发组织结构的清晰阐述。例如，苹果、谷歌两家公司的专利数对人数的比例非常相似。而两者最显著的差异是，与谷歌中更平均分散的创新结构相比，在苹果的核心结构中存在着一群高度关联、经验丰富的"超级发明家"，这表明苹果公司拥有自上而下、更集中的组织系统。实际上，苹果的顶级秘密设计实验室在乔纳森·伊夫（Jonathan Ive）的长期领导下诞生了苹果为数不多却超级赚钱的产品；而谷歌则具有相对扁平的组织结构，有着许多由顶级人才组成的小团队。

脸书的组织架构则是去中心化。例如，一个团队负责某个项目，那么该项目整个技术栈都是团队负责的，组织中没有关键节点，每个人或者小团队都是独立而平等的。但去中心化也有弊端，它可能导致代码难以复用。另外，去中心化和公司的规模也有关系，脸书经历了从初期的50人到现在几千人的研发团队的变化。脸书在初期只有50人左右的时候，它不给软件工程师布置任务，而是让他们自己找事情做，这也是Hack文化的来源之一。由于工程师有各自擅长的领域，于是渐渐地有了区分。发展到200人左右时，有了管理者；当团队规模更大的时候，研发团队才正式有了不同领域的划分，开始确立管理的权威。

（三）开源开放

不同于媒介硬件产品研发的高度保密性做法，对外开放平台和开放源代码是软件行业的通行做法，例如谷歌的安卓系统。但由于软件源代码的可复制性，出于方便管理等原因，也有相当数量的软件研发是闭源的，例如苹果的IOS系统。

开源开放的目的是建立更为强大的企业生态系统，一方面可以利用外部力量和智慧共同完善、提升产品，另一方面也能为行业其他企业或开发者赋能。谷歌、脸书、亚马逊等都是开源的，源程序都放在GitHub平台上。GitHub原来是其基金会管理下的托管平台，后来被微软收购，成为微软的托管平台。目前，国内很多互联网科技媒介巨头，例如百度、腾讯等，都在推行开源开放的平台模式。以百度为例，百度AI开放平台致力于为开发者和合作伙伴提供先进的AI场景化能力和解决方案，开发者和日均调用量持续稳定增长。同时，百度在多年深度学习和人工智能技术研究积累和业务应用的基础上，研发了"飞桨"产业级深度学习开源开放平台，自2016年正式开源以来，"飞桨"已经成长为集核心框架、模型库、开发套件、工具组件和服务平台为一体，功能完备、全面开源开放的产业级深度学习平台，为开发者和企业用户提供个性化服务。

# 第三章　偏向数据的媒介技术创新

演化经济学的代表人物理查德·R.纳尔逊（Richard. R. Nelson）认为，"经济增长需要理解为我们经历的一系列时代。每个时代都以一种技术集群为标志，这些技术集群的进步和发展推动经济增长"①。但是，"基于核心技术取得的进步迟早会进入报酬递减阶段，进而建立在这种技术基础之上的经济进步必然会减慢。经济再次迅猛增长需要新一套核心技术的推动"②。技术是生产性知识的最主要形态，媒介技术创新是常态。同时，生产要素资源创新也是最重要的创新任务之一。媒介的数字化、网络化、平台化创造了海量数据，数据推动云计算、人工智能技术发展，云计算、人工智能技术反哺数据分析技术的发展，数据成为媒介经济的核心要素资源之一。如今，决定媒体形态和内容生产传播的技术集群已发生了剧烈变化，这种新的技术集群可以简单概括为人工智能技术、区块链技术、云边技术、数据技术以及物联网技术，新技术集群形成了以"数据+算力+算法"为核心的媒介技术语境、技术框架和媒介产品集群，这也意味着智媒时代正式来临。

## 第一节　偏向数据的媒介技术进步

### 一、既是要素也是技术的数据

什么是数据？数据是人类分析和解构世界的基本角度和元素。从功能和价值的角度来看，数据是对客观世界的测量和记录，是对人类社会的一种描述、记录和表达。从表现形态的角度看，数据是指对客观事件进行记录并可以鉴别的符号，是对客观事物的性质、状态以及相互关系等进行记载的物理符号或这些物理符号的组合。也就是说，数据具有可识别性和抽象性的特征，不仅指狭义上的数

---

① ［哥伦比亚］理查德·R.纳尔逊：《序》，见［英］弗里曼、卢桑：《光阴似箭：从工业革命到信息革命》，沈宏亮等译，中国人民大学出版社2007年版，第3页。
② ［哥伦比亚］理查德·R.纳尔逊：《序》，见［英］弗里曼、卢桑：《光阴似箭：从工业革命到信息革命》，沈宏亮等译，中国人民大学出版社2007年版，第4页。

字，还包括具有一定意义的文字、字母、数字符号的组合，例如图文、图像、音频、互动游戏等构成媒体内容的要素符号。

互联网商业化后，数据的数量规模出现了雪崩式增长。IDC（Internet Data Center，互联网数据中心）将数据量或数据要素的规模称为创建、采集或是复制的所有数据的集合。据 IDC 测算，代表数据流量大小的全球互联网协议流量从 1992 年的约 100GB/天增长到 2017 年的 45000GB/秒，到 2022 年，全球 IP 流量预计将达到 150700GB/秒［联合国贸易和发展会议（United Nations Conference on Trade and Development，UNCTAD），2019］。数据在媒体和细分领域的分布呈现出明显的异质性特征，来自 Seagate（希捷）、IDC 和腾讯研究院的数据表明，2018 年，在按行业划分的全球企业数据的规模中，媒体与娱乐行业的数据规模分别为 1555EB、1296EB，所占比例分别为 9.05%、7.54%。来自 Cisco Systems（思科系统公司）、Statista（全球领先的研究型数据统计公司，2007 年成立于德国汉堡）和腾讯研究院的数据表明，数据在细分领域里呈现出不同的分配结构，到 2021 年，用户工作负载将占据数据中心总工作负载的 27.4%，这一数据在 2016 年为 24.14%，而用户工作负载的两大贡献者分别为占据 28.57% 的视频流和占据 25.39% 的社交网络，其中，增长最快的是视频数据流。Cisco Systems 和腾讯研究院对消费者的流量数据统计也显示，网络视频是数据消费的最大领域，2017—2022 年，在全球按细分领域划分的消费者互联网流量数据量中，预计网络视频由 2017 年的占比 72.72% 增长到 2022 年的 81.91%；在线游戏增长迅速，预计由 2017 年的每月 1EB 增长到 2022 年每月 15EB，超过文件共享。总之，以互联网为核心的数据规模已经出现了雪崩式增长，这一情形前所未有。人们对数据的认识正在发生变化，数据时代的来临可能标志着整套媒介经济学理论创新和发展的新篇章，因此，必须以非常规的思维来重新考虑这一新现象。

**（一）数据成为生产要素资源**

王建冬、童楠楠（2020）认为，经济发展的时代特征变化导致生产要素的概念范畴经历了从二元论到五元论的不同发展阶段，产业革命对经济增长的深远影响还在于使技术创新成为推动长期经济增长的关键要素。[①] 方兴东（2019）等将 20 世纪 60 年代至 21 世纪 20 年代全球互联网 70 年的发展历程以每 10 年为一个阶段，划分为基础技术、基础协议、学界全球互联网、Web 1.0、Web 2.0、移动互联、智能互联等七个阶段。在前六个阶段，数字技术主要应用于学术、商业与

---

① 王建冬、童楠楠：《数字经济背景下数据与其他生产要素的协同联动机制研究》，《电子政务》2020 年第 3 期，第 22～31 页。

消费等领域,属于数字经济的消费互联网阶段。① 马化腾(2020)认为,近年来,数字经济逐渐从消费互联网走向产业互联网这个高级阶段,数据要素越来越成为驱动数字经济发展的新"石油"。② 联合国贸易和发展会议(2019)指出,数据要素不仅是所有迅速出现的数字技术的核心,而且将赋予其他生产要素更多的能量。③ 李政、周希祯(2020)认为,数据要素对生产力发展所带来的影响在某种意义上将超过其他几个生产要素。④ 罗培、王善民(2020)认为数据要素是数字世界和数字经济的核心关键要素,其对经济社会发展的无限价值与潜能主要体现在物理空间和数字空间两个层面和新资源、新资产、新资本三个层次上。⑤

在这一技术背景下,2019 年 10 月,中共十九届四中全会通过的《中共中央关于坚持和完善中国特色社会主义制度 推进国家治理体系和治理能力现代化若干重大问题的决定》中明确指出"健全劳动、资本、土地、知识、技术、管理、数据等生产要素由市场评价贡献、按贡献决定报酬的机制",将数据正式确认为生产要素。

**(二)数据分析技术是一种生产性知识**

从经济学角度看,数据作为生产要素资源可以成为财富的来源,但必须以一定的技术手段对其进行分析与开发,才能在多种选择中产生现实的经济价值。与目前积累的数据量相比,大部分数据要素的价值尚未实现,仍有待深入挖掘。无论从宏观层面,还是从微观层面看,庞杂的数据都面临有效技术开发的难题。

从宏观层面看,联合国贸易和发展会议(2019)和世界银行(2020)都一致认为,作为财富之源,数据要素可以被用于发展的目的。但前提是数据要素资源必须和大数据技术与人工智能技术相结合形成新型的数据技术,并融入各生产要素资源以及生产、交易各环节。从这一角度看,源于海量数据转化和利用需求的数据技术是一种新的生产性知识,并且能全面提升经济效率和质量。首先,数据要素在大数据分析技术和人工智能技术的加持下,可以与现有生产要素之间形成密切的交互关系,推动产业由信息经济向数字经济、智能经济进化和发展。其次,在大数据技术和人工智能技术的加持下,数据要素通过互联网平台的互通互

---

① 方兴东、钟祥铭、彭筱军:《全球互联网 50 年(1969—2019):发展阶段与演进逻辑(上)》,《互联网天地》2019 年第 10 期,第 12~23 页。
② 马化腾:《推动上"云"用"数"建设产业互联网》,《人民日报》2020 年 5 月 7 日。
③ UNCTAD, "Digital Economy Report 2019—Value Creation and Capture: Implications for Developing Countries", UNCTAD, 2019-09-04.
④ 李政、周希祯:《数据作为生产要素参与分配的政治经济学分析》,《学习与探索》2020 年第 1 期,第 109~115 页。
⑤ 罗培、王善民:《数据作为生产要素的作用和价值》,清华大学互联网产业研究院公众号,2020 年 6 月 4 日。

联,成为推动技术创新和生产力增长的动力:一是通过建立数据平台,促进数据交易及数据交换,实现数据要素资产化,从而提升数据的价值,全面促进媒介经济向数字化、智能化转型;二是通过数据共享实现所有产业部门和市场的数字化转型,广泛提高内容生产、传播、交易的效率,以更低的生产、传播和交易成本为消费者提供价格更低、质量更高的产品和服务,从而提高经济效率;三是海量的原始数据经过清洗和处理能为人工智能算法模型的研发提供更充足的学习、训练等养料来源,成为新一轮智媒技术创新的源泉。

从实操性的微观层面看,在学术领域,数据科学的概念早在50多年前就有了,数据科学团队也早就存在于一些科技型媒介公司中。随着互联网媒体的发展,数据对每家科技型媒介公司的重要性也是只增不减,数据科学团队更加专业化和工程化。数据科学团队的主要职责转向使用数据科学和工程将数据价值最大化,多数互联网科技媒体公司的数据科学团队规模在近几年飞速增长。例如,领英(LinkedIn)在全球服务的对象包括超过6.9亿的用户和5000万家企业,随着数据量的积累,从事数据开发的团队扩张了近1倍,2019—2020年间,从150人增加到300多人。领英的数据科学团队根据员工不同的专业领域设立了三个工作方向:一是工程专家可以有效地建立起数据管道和数据流;二是算法专家可以在预测、算法领域构建新的算法模型;三是业务专家将数据见解和公司战略结合起来,具有很强的业务属性。领英数据团队之前最常被用到的部门是市场部和产品部,但基于领英本身的数据基因,近几年,对之前没有用到数据的业务也尝试数据驱动,通过将所有在领英平台发生的行为数据可视化,创造数字经济机会,打造全球业务的数据经济图谱。

### (三) 数据运营是一种价值创造和价值实现的商业活动

雷鲍特和斯维奥克拉(Rayport & Sviokla, 1995)提出了虚拟价值链(Vitual Value Chain, VVC)的一般概念,虚拟价值链的任何环节创造价值都要涉及搜集、组织、筛选、合成和分配信息五个步骤,从全过程的视角提供了数据创造价值链。媒介组织在利用大数据创造价值的时候,首先需要在数据和技术方面予以投入,经历一个"资产创造过程",将数据投资变为数据资产;而后通过"能力创造过程"发展与之相应的数据能力,包括有形的数据处理硬件、无形的数据分析算法、数据驱动的组织文化和能力,以及分析能力、创新能力和信息管理能力,等等;之后,媒介组织运用大数据技术能力,通过"转型过程",全面提升媒介组织的数据影响力,包括影响媒介组织的决策过程,提升媒介组织的运行效率,促进媒介产品和服务的创新,创造新的商业模式;最后,媒介组织通过行业竞争、市场监管等"竞争过程"提升自身经济绩效,将数据能力转化为商业价值。

### （四）数据要素创新的媒介经济学属性

在算力和 AI 算法的加持下，以数据为主要生产要素的新媒介经济活动主要发生在数字空间或数字空间与物理空间的融合中，从而产生了新的媒介经济属性。

**1. 数据要素具有资产属性，即数据具有资产性质**

数据产生经济价值，具有资产属性，兼有商品和服务的特征。一方面，数据可存储、转移或交易，类似于商品，同时数据可积累，在物理属性上不会消减或腐化。另一方面，数据是无形的，类似于服务。与生产性知识一样，数据作为资产，具有很多特殊性，需要在制度安排上予以明确，建立数据权属制度。只有在数据权属明晰的前提下，才能有效进行数据要素资源的配置，真正为经济主体及经济活动赋能。

**2. 数据要素具有配置属性**

数据具有公共性与私人性。萨缪尔森（Samuelson）在 1954 年发表于《经济学与统计学评论》的《公共支出的纯理论》一文中给公共产品下过这样一个定义：纯粹的公共产品是这样的物品，每个人消费这种产品不会导致其他任何人对该物品消费的减少。萨缪尔森同时认为公共产品具有两个特征，即使用上的非排他性和消费上的非竞争性。非排他性是指一个人在消费这类产品时，无法排除其他人同时消费这类产品。非竞争性指在某一物品的消费过程中，如果一个消费者由于增加一个单位的消费量而导致其他消费者减少一个单位，那么，这个物品的消费是竞争性的，这种物品就是私人产品；反之，如果消费者的消费量不受该消费者增加消费的行为影响，那么这种物品的消费就是非竞争性的，即公共产品。一般认为，公共产品除上述两个主要特征外，还有一个特征是消费具有社会文化价值。而私人产品的特征正好与公共产品相反。数据的非竞争性是指当一个人消费数据时，不会减少或限制其他人对该数据的消费。换言之，该数据每增加一个消费者，所带来的边际成本等于 0。大部分数据都可以被重复使用，重复使用不会降低数据质量或容量，并且可以被不同人在同一时间使用，因此数据具有非竞争性。数据的非排他性是指当某人在付费消费某种数据时，不能排除其他没有付费的人消费这一数据，或者排除的成本很高。

因此，数据存在不同的配置机制。在对数据资源进行配置时，可以将数据区分为三种类型：公共数据、准公共数据和平台数据。数据作为公共产品时，由私人部门提供会出现投资不足和供给不足的问题，因此，一般由政府部门提供，政府部门的数据开放和共享项目可以在这个框架下进行理解。作为准公共产品的数据如果在所有权上较为清晰，并且具有排他性，可以采取付费订购模式、数据信托模式交易。根据剑桥大学研究报告《数据的价值》（BIPP，2020）的介绍，数据信托可以采取不同形式，比如法律信托、契约、公司以及公共和社区信托等。

在互联网经济中，如果个人数据不是由用户对外提供，而是来自互联网媒体平台对用户特征和行为的观察、记录、提取和分析，那么所有权就很难界定清楚，为此产生很多现实纠纷。在互联网媒体及社交平台的实践中，互联网媒体平台经常通过协议为用户提供免费的新闻资讯、娱乐和社交服务，并获得用户的注意力和个人数据。在这个实践模式中，可以大致认为双方是一种数据授权与交易行为，用户用自己的注意力和个人数据，以换取互联网媒体平台的新闻资讯、娱乐和社交服务，因此，这种模式被称为 PIK（Pay-in-Kind）模式。但在信息和权利不对称的情况下，PIK 模式存在许多弊端，主要表现在：一是互联网媒体平台很容易在未经用户授权或用户不知情的情况下收集用户数据，或过度收集用户数据；二是互联网媒体平台运用个人数据进行业务嫁接，造成隐私侵犯和数据滥用；三是互联网媒体平台通过数据垄断，数据控制者（互联网媒体平台）相对数据主体（用户）处于主导地位，并且数据控制者往往也是数据使用者，而数据主体对自己数据缺乏控制，在数据产权上有很多模糊不清之处。

### 3. 数据具有外部性和内生性

数据价值既取决于制度安排，也取决于技术研发。首先，数据会产生外部性，数据对个人的价值称为私人价值，数据对社会的价值称为公共价值。数据如果具有非排他性或非竞争性，就会产生外部性，并造成私人价值与公共价值之间的差异。其次，数据与数据相结合产生的价值，可以不同于它们各自的价值之和，这是数据的另一种外部性。数据的这种外部性既可能是正的，也可能是负的。一方面，数据可能存在规模报酬递增情形，比如更多数据可以更好地揭示媒体内容、技术、市场等隐含的规律和趋势。另一方面，数据可能存在规模报酬递减情形，比如更多数据可能引入更多噪声。总的来说，数据容量越大，数据价值不一定越高，因为数据的内容和质量也很重要，由此就引发了数据的内生性。数据本身的价值，以及数据聚合形成的新增加价值，取决于数据的分析能力与运用能力，这种能力在本质上表现为技术研发能力和创新能力，即辨析数据的价值以及增加数据的聚合价值，取决于数据分析、处理和运用的技术能力。数据分析技术的内生性产生了规模报酬递增，拉大了处于不同技术水平的媒体间的竞争力差距，产生、加剧了不同媒体之间的数据鸿沟效应。

### 4. 数据具有评价经济效率的属性

在评估一种经济机制和制度安排时，经济学通常所采用的一个最重要的评估标志是效率。所谓"效率"，就是用最小的成本达到最佳效果。经济学中所用的帕累托最优（有效）或称之为最佳，意味着在现有资源约束条件下，不存在改进的余地，即不存在不让任何参与人或企业受损的情况下让一部分人或企业的福利有所改进的资源配置方案，即不是"零和游戏"，而是出现了新质。世界银行（2020）认为，数据要素的制度安排和配置机制可以用于检验和评估政府的政策效应。一是由各国政府和国际组织产生或储存的数据,可以用于支持基于证据的公共决策;二是私人企业产生的数据,是促进增长的生产要素,但也可以被重新利用,以支持发展目标;三是通过向社会提供数据,以更好地监测政府政策的效果,并向个人提供数据,以获得符合其需求的公共和商业服务;四是通过促进数据在公共部门、私人企业和社会渠道之间的流动,以产生更广泛的发展影响。

## 二、偏向数据的媒介技术

根据《大不列颠百科全书》的解释,技术(technology)一词源于古希腊文,是由希腊文 techne(工艺、技能)与 logos(系统的论述、学问)演化而来。世界知识产权组织(World Intellectual Property Organization,WIPO)在 1977 年版的《供发展中国家使用的许可证贸易手册》中认为,技术是制造一种产品的系统知识所采用的一种工艺或提供的一种服务,不论这种知识是否反映在一项发明、一项外观设计、一项实用新型或者一种植物新品种,或者反映在技术情报或技能中,或者反映在专家为设计、安装、开办或维修一个工厂或为管理一个工商企业或其他活动而提供的服务或协助等方面。经合组织 1996 年在《以知识为基础的经济》一书中认为,技术是从产品的研究开发到销售整个过程应用的知识。在增长和发展经济学的理论体系里,技术则被抽象为生产过程中将投入转化为产出的方式。

媒介技术,是与媒介相关联的技术,一个通常意义上的描述是媒介是技术的载体,同时又与内容的生产、传播、营销过程相联系;前者可理解为物理技术,后者可理解为软件技术。从媒介形态和产品形态看,由于底层技术和应用技术不同,媒介形态及产品形态也会不同,如同纸质媒介与互联网媒介的区别一样,底层技术和应用技术的革新会导致新媒介形态和产品形态的产生。从生产传播流程看,技术在各个环节上都会发生相应的作用和影响。

数据成为要素资源,使媒介技术有了数据偏向性。大数据分析技术、云计算技术、人工智能算法技术的基础都指向了数据,媒介成为数据、算力、算法的结合体。具体来讲,媒介组织在生产内容前,会进行数据收集和分析,刻画受众或用户"画像",即所谓的数据分析技术;内容的策划、生成、审编等都会依据数据,运用一定的软件技术或技术辅助完成,即所谓的内容生产服务技术;新闻、音乐、游戏、影视等内容要制成数字化媒体产品,必须进行应用编程,制作 App,即所谓的内容产品制作服务技术;媒介产品要进入市场为用户所消费,就要通过互联网媒体平台进行分发或下载、传输、接收等环节,同时,在算法技术的支持下,可进行个性化推荐和广告精准投放,即所谓的传播服务技术。用户接收、阅读、体验数字化内容产品,需要借助物理设备等,即所谓的物理及工具技术。此外，媒介组织在经营管理过程中，也需要借助技术手段，提高管理效率，即所谓的管理技术。在这些技术中，有些是通用技术，有些则是媒介专用技术。因此，我们可以认为，媒介技术是指围绕内容生产、传播、销售或服务的提供而形成的知识体系。这一知识体系主要包括数据分析、内容及产品生产、传播技术，以技术形态表现出来的组织、管理方法，以及媒介物理技术等（如图3-1所示）。由于这一知识体系从始至终都以数据作为基础和结果，因此，它是一种偏数据的媒介技术体系。

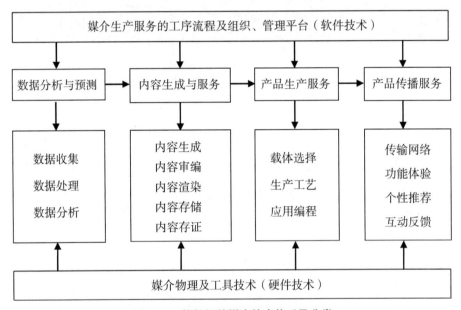

图3-1 偏数据的媒介技术体系及分类

## 三、数据、算力、算法技术的正向反馈机制

数据概念是从大数据的容量、速度、种类、准确性、价值等角度进行界定的。虽然大数据技术及系统只能进行简单问题的分析，但大数据系统体现的是数据的数量、质量、多样性，以及数据分析技术是机器学习的基础这一前提。深度学习技术运用数据能够自动学习更本质的特征，而不需要人来提取特征。数据挖掘从数据里面挖掘分析有用的信息，而挖掘和分析的过程可以使用机器学习、深度学习的方法，也可以使用其他的例如统计学相关的方法。一般来说，对数据的表征进行观察和分析的过程称为数据分析。对数据进行深入挖掘其规则的过程称为数据挖掘，数据挖掘对数据分析的程度要比数据分析更深入一些。

计算能力、存储能力、传输能力是决定算力的三个主要因素，其核心是 CPU、GPU 芯片等硬件设备。智能设备在获取用户数据并加以简单计算之后，将处理的数据传输到主服务器，主服务器通过强大的后端计算能力将这些数据进行分析计算之后，再回传指令告知智能设备该怎样去做。智能终端中的各种 App 应用，也都是这个原理。智能终端的算力目前来自云服务器，主要计算环节都在云端，这种模式可以让配置更低的终端实现更多的功能。因此，当前所说的算力主要是云计算算力以及边缘计算算力。与终端设备的算力类似，云计算同样也有三个决定算力的指标，即计算能力、存储和带宽。云计算具备分布式计算的特点，通过虚拟技术，理论上可以无限扩展足够多的服务器集群，同样，算力也可以无限增强。算力越强，处理数据的能力就越强，能够得到的有用数据也就越多、越精准。

算法泛指通过计算机（机器）实现人的头脑思维，使机器像人一样去决策。在算法系统中，数据输入、输出可以由人类或者机器来执行，同时算法可以由人创造或者在机器运行过程中通过自我修改而生成。该领域的研究包括语音识别、图像识别、机器人、自然语言处理、智能搜索和专家系统等。机器学习是人工智能算法的一个分支。机器学习最基本的做法是使用算法来解析数据，专门研究计算机怎样模拟或实现人类的学习行为，以获取新的知识或技能，重新组织已有的知识结构使之不断改善自身的性能。深度学习算法是比机器学习更细化的方法论，是一种以人工神经网络为架构，使用多层人工神经网络学习，然后对真实世界中的事件做出决策和预测的方法。与传统的为解决特定任务、硬编码的软件程序不同，机器学习是利用大量的数据来"训练"的，通过各种算法从数据中学习如何完成任务。深度学习则是在人工对象检测、语音识别、语言翻译等任务中构建可以直接从图像、视频、音频、文本等原始数据中学习的数学模型，形成对数据进行表征学习的算法，以模仿人脑的机制来解释并输出数据，例如人机交互、图像、声音和文本等，并能在提供更多数据训练时提高输出的准确性。深度学习算法促使智能媒体应用场景大规模落地与广泛运用。

从技术角度上看，数据、算力、算法三者之间的关系是：大量数据输入到大数据系统，通过算力，改善大数据系统里建立的机器学习模型。更为重要的是，这一技术逻辑关系反映了在处理媒体现实简单问题和复杂问题上的能力差异。例如，当互联网媒体平台发布了一个内容产品后，内容提供者和媒体平台都很在乎用户的反馈数据，这些反馈数据包括对内容产品的点赞数、评论数、收藏数、总阅读量等，对这些反馈数据的分析就是简单分析。但媒体或媒体平台的经营实际上是一个更为复杂的系统，进一步的内容产品经营需要更复杂的关系分析，例如对"你可能感兴趣的人"这样的分析，就是复杂分析。复杂分析需要通过机器学习算法来完成，这样，就可以进行内容的针对性推送。于是，就形成了数据、算力、算法技术的正向反馈机制（如图 3-2 所示）。

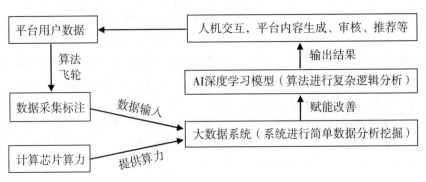

图 3-2　互联网智能媒介数据、算力、算法技术的正向反馈机制

算法效率提升可以定义为减少训练算法完成某项任务所需的算力。基于 GPU 或为 AI 计算定制的芯片，AI 算力以万倍的速度增长。2015 年，机器的识别能力超过了人类，5 年后的 2020 年，其识别能力提高了 100 万倍，超越人类能力 100 万倍，在识别能力即感知智能上又提高了 100 万倍。与此同时，机器本身用的模型大小、算法参数也增加了 1 万倍。跟大脑一样，机器神经元与过去的自己相比提升了 1 万倍；训练的时间、学习所用的能耗又再提高了 1 万倍。算力的提高和海量的数据训练加速了算法的进化。如果说第一代、第二代人工智能算法从本质而言是通过数据和算力去解决完全信息和结构化环境下的确定性问题，那么，正在到来的第三代人工智能算法，其目标是完全解决计算机的智能问题，解决不完全信息、不确定性和动态环境下的问题，达到真正的人工智能水平。

## 四、算法学习飞轮机制

当前的机器学习可以朝着以下两个方向发展。第一个方向是设计新的机器学习模型，在前人的模型上有所创新，改进算法模型效果。算法模型，是为了求解给定的问题而经过充分设计的计算过程和数学模型。它为机器注入感知力、洞察力、创造力，是人工智能从"单细胞"到"多细胞"、再到"高级智慧生物"演进过程的根本推动力。算法模型突破已成为下一阶段人工智能媒体的科技原动力：一是降低算法成本，虽然算力在不断突破"摩尔定律"，且数据规模日益庞大，但制造成本和训练成本依旧高昂，因此需要依靠算法模型来突破海量数据和硬件发展的瓶颈；二是提升算法学习能力的根本技术，它来源于更接近于人脑自主学习模型的深度学习算法突破和以此为基础的应用；三是实现智能决策，在智能化媒介空间内，利用算法模型全方位辅助人脑决策，必然会在媒体领域展示以深度学习、强化学习为代表的算法模型创新和广泛运用；四是利用机器学习算法模型集成媒体和用户动态信息数据，对媒体和用户行动进行充分预测；五是在网络攻击探测中利用机器学习算法模型，提升对恶意行为探测的精度，优化网络资源分配，增强网络安全保护。机器学习的第二个方向是使用已有的机器学习模型，利用前人所没有的数据量和云计算带来的计算能力来改进模型效果。谷歌公司的研究主管 Norvig（2015）曾经说过，"我们没有更好的算法，但是有更多的数据"。[1] 谷歌研究院的 F. Pereira、P. Norvig 和 A. Halevy 于 2009 年在《数据的奇效》一文中解释了如何通过大量数据提高机器学习模型的准确率。早在谷歌之前，微软研究院的 Michele Banko 和 Eric Brill 于 2001 年在其论文《扩展到非常非常大文本来去除自然语言歧义》中展示了使用海量数据后各个机器模型的准确率均有大幅度提高。这一结论为机器学习和人工智能算法的问题求解指出了一个新方向：用大量数据和大数据计算来提高人工智能。

  机器学习的第二个方向说明，现有算法模型通过增加训练数据量级，机器学习模型就可以取得很大程度的进步。也就是说，就算算法本身和以前比没有太大差异，仅使用更大的数据集对其进行训练，人工智能也能取得突破。机器学习算法的有效性不仅仅取决于算法模型，还取决于利用某些数据集训练过后的算法能力。TikTok（抖音短视频国际版）提供了一个可供参考的经典案例。基于自身数据集训练过的 TikTok FYP（For Your Page）算法，在将视频与认为该视频有趣的人进行匹配方面取得了非常准确、有效的成果。如果仅限于分析 TikTok App 摄像头工具和滤镜，具有版权的音乐剪辑，以及提供简单实用高质量的视频剪辑工具，TikTok 的算法所需要训练的那种视频就很难创建。TikTok 算法本身没什么不一样，For Your Page 算法只是让 TikTok 发挥作用的连接组织，TikTok 算法与其他媒体平台算法的不一样之处，在于它的 App 设计让算法"看到"视频、用户和用户首选项对 For Your Page 算法的清晰可见性。那么，TikTok 的 App 设计是如何让它的算法"看到"有效精确地执行匹配工作所需的所有细节，以及应用和服务在设计时最大限度地利用机器学习新模式的呢？

  首先，在设计 App 时，技术人员应最大限度地帮助算法去"看"（数据）。媒体平台要最大限度地服务好用户，必须先服务好算法。也就是说，App 或应用的 UI 设计要尽可能多地给算法提供有用信号，即所谓的算法友好型设计。源于这种思维，TikTok 的 UI 设计使得它的视频、用户和用户首选项对 FYP 算法清晰可见：像算法一样看东西。在视频通过 FYP 算法发送到用户手机之前，TikTok

---

[1] 转引自 Xavier Amatriain, "In Machine Learning, What Is Better: More Data or Better Algorithms", 发布日期：2015-06-20, https://www.kdnuggets.com/2015/06/machine-learning-more-data-better-algorithms.html, 2015, 访问日期：2020-05-02。

的运营团队已经看了这个视频,并添加了大量相关的标签或标记,所有这些标签都成为算法可以看到的功能。同时,通过运用视觉 AI 技术对视频进行处理,TikTok 的部分摄像头滤镜能够跟踪人脸、手或者手势,所以视觉 AI 往往在视频被创建出来之前就被调用过了。这个算法还可以看到 TikTok 所了解到的有关用户的信息:用户过去喜欢什么类型的视频?用户的人口统计学信息或心理学信息有哪些?用户是在哪里看这个视频的?用户使用的是什么类型的设备?还有哪些其他相似的用户?等等。

其次,应帮助算法关注用户情绪,既关注用户的正面信号,也关注用户的负面信号。从视频开始播放的那一刻起,用户所做的一切都是对该视频的感受信号:不仅包括正面情绪,也包括负面情绪。在对更精确的负面信号的读取上,TikTok 通过每次只提供一条视频,捕捉用户是不是在它还没播放完就滑向了下一个视频的数据反馈,如果是的话,就隐含用户对它不感兴趣。如果算法"看不到"用户不感兴趣的信号(数据),或者只能看到用户积极参与视频的信号(数据),那么,内容与用户兴趣的个性化推荐之间就难免会出现一定程度的分歧,因为在海量端视频的推荐和有效传播上,算法扮演了关键角色,起到了主要作用。

这就是 TikTok 算法设计的魔力所在:App 会激发和促进视频的创作与浏览,通过 FYP 算法把创作者、视频以及观看者连接成一个正向的反馈回环。其魔力的核心在于 TikTok 的设计和流程中的把每一个元素都互相关联到一起,从而创建出一个数据集,再通过这个数据集,将算法训练达到最佳性能——这是一个数据与算法的正向反馈回环。最终,TikTok 成为自己算法的训练数据源,通过这个庞大的、多样的、多层次的数据集,让自己的算法发挥最大的效用,这就是互联网媒体平台的算法学习飞轮效应机制。概言之,对算法友好的应用设计理念可以创造出一个学习飞轮,从而成为垂直领域的媒体平台在机器学习时代取得优势所采用的一种典范模式。

## 第二节 偏数据的媒介产品创新及生产流程创新

一、数据偏向性媒介技术创新

熊彼特将创新定义为"新组合"式的发展,技术创新经济学者循着熊彼特的思想,对技术创新进行了系统、深入的研究,提出了不同的技术创新概念。例如,弗里曼(1973,1982)认为,技术创新是新产品、新过程、新系统和新服务的首次商业化转化；厄特巴克（Utterback，1974）认为，与发明和技术样品相区别，创新是技术的实际采用或首次应用；迈耶斯和马奎斯（Myers and Marquis，1969）认为，创新是一个复杂的活动过程，从新思想和新概念开始，通过不断解决各种问题，最终使一个有经济价值和社会价值的新项目得到实际的成功运用；1997年，OECD在《奥斯陆手册》中指出，技术创新包括技术产品创新和技术工艺创新，指技术上的新产品和新工艺，以及技术上有重大改进的产品和工艺。缪塞尔（Musser）1985年所做的一项统计分析表明，在他收集的300余篇相关论文中，约有3/4的论文对技术创新的界定接近如下表述：当一种新思想和连续性的技术活动，经过一段时间后，发展到实际和成功应用的程序就是技术创新，即当一种产品或工艺过程达到商品化后，方可以被认为发生了技术创新。

因此，可以认为，媒介技术创新实际上是指媒介组织首次将发明的新技术进行商业化运用，以创造出具有经济价值和社会价值的媒介新产品或新的内容生产传播流程的过程；或者运用新技术对原有媒介产品或内容生产传播流程进行重大改进的过程。

技术创新往往是有偏向的。希克斯（Hicks）在其出版1932年的《工资理论》一书中假设只存在两种生产要素：资本和劳动。技术发明或创新可根据其最初的效果是增加、保持不变或减少资本边际产品对劳动边际产品之比而分成三类：一是节省劳动的技术创新。指相对劳动边际产品而言，增加了资本边际产品，即那种能使产品成本中活劳动所占比重有所减少的技术创新。二是节省资本的技术创新。指相对资本边际产品而言，增加了劳动边际产品，即那种能使产品成本中物化劳动所占比重有所减少的技术创新。三是中性的技术创新。指以同样的比例同时增加了资本和劳动边际产品，即既不偏重节约劳动，也不偏重于节约资本的技术创新。麻省理工学院教授阿西莫格鲁（Acemoglu，2002）从要素多用的正向角度重新定义了偏向性技术进步的概念，即相对于其他要素的边际产出的增长，如果技术变革使得某种要素的边际产出的幅长幅度较大，那么技术变革就是偏向该要素的。

与偏向性技术进步相联系，在数据成为新的媒介要素资源后，媒介技术创新就有了新的含义——数据偏向性媒介技术创新。以大数据、物联网、云计算和人工智能为核心的新一代信息技术族群正在加速融合，其中最核心的技术就是大数据、云计算和人工智能构成的新一代数智化技术。实际上，新兴的数智化技术都是建立在数据的生产与使用基础上的，随着数智化技术的广泛运用以及数据、算力、算法技术间正向反馈机制作用的发挥，数据要素也将产生规模报酬递增效应，这完全符合阿西莫格鲁的偏向性技术进步定义。因此，可以认为，在数智化技术下的媒介技术创新是特征明显的数据偏向性技术创新，即偏向数据的媒介产品创新和内容生产传播流程创新。

## 二、偏数据的媒介产品创新

### （一）媒介产品概念

对媒介产品概念的理解比较复杂，既可以是有形的产品，也可以是无形的服务，甚至可以是一种思想；既可以指物理介质，也可以是著作权软件，或者可以是交易的内容作品；既可以是一种具体的媒介形态，也可以是一个具体产品。除纯粹的物理介质媒介外，就媒介产品的形式来看，媒介形态是最高层次的，例如互联网媒体、区块链媒体等；其次则是在媒介形态基础上搭建的媒体平台，是与功能相结合的媒体场景的具体运用，例如社交媒体平台、短视频平台、流媒体音乐平台等；最后是以具体技术表现出来的单个内容产品，例如某一新闻、小说、电影、电视剧、游戏、歌曲、学术著作等。在数智化媒介时代，这种理解已经超出了媒介产品的传统意义。但无论是哪种表型，完整的媒介产品都应包括三个层次：功能层、形态层、交互层。

#### 1. 功能层

可分为定义功能和附属功能两部分。媒介产品的定义功能决定了媒介产品的特性和本质，传统意义上的媒介产品的定义功能通常指的是知识、信息、娱乐等内容作品，是媒介产品的第一属性。附属功能是依附于媒介产品本体、用户所需要的其他功能，例如纸质图书附加的光盘、教科书附加的课件等。同时，媒介产品还有传播介质的含义，因此，作为内容依附的介质或传播介质也属于媒介产品的范畴。此时，媒介产品的定义功能创新多依赖于技术进步，并将之转化为全新的媒介产品功能，而不仅仅是传统意义上的内容功能。

#### 2. 形态层

指媒介产品的核心功能要通过具体技术体现出来。从认知的角度看，人们通过文字、图片、语言、图像、互动游戏等视觉、听觉、触觉形式来感知内容作品以及使用体验。媒介产品的形态属性多通过技术创新和具体技术设计来表达：作品的记录、存储（介质或载体、服务器等）、编辑审核、合成与制作、渲染、传输、呈现、价值交易等技术。从更高的层面看，技术创新会形成新的媒介形态，或者新的媒体平台，或者新的媒体类型。

#### 3. 交互层

指"人—机"关系，或"人—人"关系。在表示"人—机"关系时通常称"交互"，而在讨论"人—人"的关系时，用"互动"则更合适，但也可以通用。交互是媒介产品第二重要的属性。好的产品，首先要在功能层面满足用户的需求；其次要简单使用，愉悦使用。交互设计要解决的是后者的问题。和形态层面一样，交互设计也通过技术创新和技术设计来解决。

## （二）媒介产品创新

媒介产品创新是指生产出新的媒介产品的技术创新活动，也称为媒介新产品开发。有时，媒介产品创新也被定义为技术上有变化的媒介产品的商业化。按照技术变化量的大小，媒介产品创新可分成重大（全新）的媒介产品创新和渐进（改进）的媒介产品创新。有显著变化的重大媒介产品创新往往与技术的重大突破有关系。重大创新是在技术推动或市场需求吸引下，或者是这两者的综合作用下进行技术研发的结果。这类媒介技术创新具有"间断平衡"的属性，即不是连续发生的，但其技术成果会导致媒介产品的性能或功能，或者是内容生产工艺发生质的变化、在技术上有根本性的突破，而这种突破可以产生新的媒介物种和媒体类型，从而改变整个媒体行业的技术和商业特征，历史上的印刷技术、广电技术、互联网技术等都属于这种类型。这类媒介技术创新的数量较少，但对媒介经济发展以及媒介产业组织结构的变化影响很大。渐进创新是一种累积性质的改进，它可以是媒介产品的变形，或者是内容生产工艺的改进，通俗地说，这种改进就是媒介技术迭代。这种媒介技术创新采取小步快跑的方式，对降低生产成本、提高内容质量、改进用户体验、提高媒体效率的作用很大。这种媒介技术创新从数量和频度上讲，是最多、最常见的一种创新，所需资源不是特别多，连续性也比较强，但对媒介产品的进化、发展和商业性的成功意义非凡。基于"数据+算力+算法"技术机制的媒介产品创新已成为当前的主流及未来的趋势，并出现了多种新的媒介产品或媒体形态，例如区块链媒体、智能音箱频等。

**1. 媒介产品创新之一：媒介形态创新——区块链媒体**

区块链是一种将数据区块以时间顺序相连的方式组合而成的、并以密码学方式保证不可篡改和不可伪造的分布式数据库。自中本聪 2008 年 11 月提出区块链概念后，区块链依次出现了比特网、以太坊、柚子（EOS）三大主流公链平台。这些公链平台自身或依托这些公链平台利用区块链技术及规则构建的 DApp（Decentralized Application，去中心化应用），可以进行游戏、新闻、音乐等内容的创造、传播和交易，于是，区块链媒体的概念产生了。

区块链媒体是一个新生的物种，从进化理论看，是技术基因进化产生了不同于以往媒体物种的某些性状。张首晟曾指出，区块链是数学、法律和经济行为的合体。首先，从技术上讲，与现有中心化网络技术架构不同，区块链是利用哈希函数、非对称加密算法和共识机制、智能合约构建的一种去中心化、分布式存储数据库。其次，区块链公链以被称为 Token 的代币/通证为系统连接工具，存在着颇具争议且身份不明的数字金融资产的价值特征。最后，区块链是交易数据与信息流的合体，两者都是对人的经济行为的记载。

那么，什么是区块链媒体？

首先，区块链媒体属于信息服务范畴，"是指基于区块链技术或者系统通过互联网站、应用程序等形式,向社会公众提供信息服务"[①]。这一解释至少明确了三点:一是底层技术是区块链,应用技术是结合行业场景的 DApp;二是属于互联网信息传播服务行为,具有较强的商业性质;三是信息传播服务的对象是社会公众,具有价值观导向功能。第一点符合区块链技术或系统的特征,后两点符合大众传播的特征。

其次,国家互联网信息办公室关于区块链信息服务的解释对于定义区块链媒体具有权威性。基于上述考量,并结合媒体的定义和国外代表性区块链内容服务平台的运行模式,所谓区块链媒体,是指创建或依托区块链网络平台,开发具体媒体场景应用程序,以 Token 或者金融管理机构认可的金融工具为数字资产价值,向公众提供原创性数字作品的发布、转载、交易和版权认证等服务,并能为参与各方带来财富价值的商业活动。

区块链媒体有哪些区别于现有媒体的创新特征呢?从区块链媒体的定义和特征看,区块链媒体系统是运用区块链技术或系统构建的一种新型的内容价值生态,整体由三个部分构成。第一个部分是基础设施,以区块链底层技术和辅助服务技术创建区块链网络平台,这个网络平台类似于一种操作系统。第二个部分是内容应用,区块链平台可以搭载各类 DApp 出版场景应用。区块链平台通过自身的技术自洽及安全性,完成文字、图片、游戏、音乐、视频等数字化内容作品的发布、转载、存储、交易和分享。第三个部分是数字资产——被称为通证/代币的Token。Token 既是节点记账的奖励凭证,也是作者、出版商、用户、广告商在区块链内容平台上完成内容、转载、交易及广告发布的奖励凭证和支付凭证,同时还是衡量参与方数字内容资产价值多寡的指标。简言之,区块链媒体系统利用其创造的生态,实现更多样化的内容价值创造与转移,并能形成一个商业闭环,实现商业逻辑自洽。这种运行机制使得区块链媒体具有区别于现有媒体的七大特征:①保密。利用非对称加密算法对用户信息和作品进行加密,赋予内容作品本身及整个交易过程(交易数据是公开的)极高的安全性。②去中心化。区块链媒体平台以分布式存储技术架构,服务器不保留数据,信息和数据保留在各计算机节点上,去中心化得以实现。③共识机制。最好的节点记账——无论是 POW(工作量证明)模式还是 POS(权益证明)、DPOS(授权股权证明)模式,每个区块账本都被打上时间戳,其他节点共同验证,信息不可篡改,解决了信息真实性和版权认证等问题,信任机制得以实现。④激励机制。记账者获得 Token 奖励。记账者是在多个节点竞争中的胜出者,意味着多节点共同参与维护网络运

---

[①] 国家互联网信息办公室:《区块链信息服务管理规定(征求意见稿)》,发布日期:2018 - 10 - 19,http://www.cac.gov.cn/2018 - 10/19/c_ 1123585598.htm,访问日期:2018 - 12 - 20。

行，平台低成本运行得以实现。⑤智能合约。智能合约是指参与各方均可读的以数字化程序代码表现的合同承诺。当某一事件或条件触发后，合约会立即执行，无须担保，整个交易过程无须具有一定信用保证的中介机构参与，节省或降低了高昂的交易成本，去中介化得以实现。⑥系统内金融工具。在公链模式下，整个区块链媒体系统的运行靠Token连接，Token充当了系统内参与各方的数字内容资产的计价工具和财富衡量标准。⑦内容价值。一方面是作者的财富价值，内容创新者能得到较高的报酬回报；另一方面是用户的精神价值，用户通过对作品的购买、阅读、共享来达到满足精神需求的目的。

区块链媒体具有广泛的运用场景，可以涵盖所有内容类型的媒体。区块链在平台方、开发者、内容创作者、内容提供者和用户的共同参与下，已形成一个庞大的内容生态系统，并产生了一定的经济意义。从国外的情况看，区块链媒体虽处于起步阶段，但发展趋势已露端倪。国外代表性区块链媒体平台见表3-1。

表3-1 国外代表性区块链媒体应用及类型

| 应用平台名称 | 媒体类型 | 模式及链型 | Token名 |
| --- | --- | --- | --- |
| Publica | 电子书（众筹）出版 | 针对C端的公链 | PBL |
| Engagement | 报纸出版 | 针对C端的公链 | EGT |
| Orvium | 学术出版 | 针对C端的公链 | ORV |
| DECENT | 电子书、音乐、游戏、视频、社交等综合内容发布 | 针对C端的公链 | DCT |
| Po.et | 版权声明 | 针对C端的公链 | POE |
| Authorship | 在线书城 | 针对C端的公链 | ATS |

以DECENT为例。DECENT是一个基于区块链技术进行创新型改造的可定制化的系统，拥有核心底层技术代码，并且开源。DECENT允许任何人根据需求定制新界面，允许各类应用接入。同时，DECENT也是一个完整的、可定制的基础架构，为区块链项目的开发人员提供基础设施。DECENT网络已作为基础网络被用于进行内容分发平台、新闻和文章共享等应用程序以及媒体广告平台的开发（各类App开发），具有技术多样性以及可定制化（加密性和安全性）的特性。内容发布、交易应用平台DECENT GO类似于Google Play的应用商店，用于上传、购买和销售各种形式数字内容——为创意人、作者、博主和出版商的原创性文电子书、图片、游戏、视频、音乐、社交等内容提供发布与分享服务。

其内容发布平台扮演着三个功能性角色：①作者——内容创作者、作者、音乐制作人等；②消费者——读者、听众等；③发行人——挖矿者（即最好算力的计算机—获得记账权—记账并形成区块）。首先，作者通过平台写作，对作品进行编辑或添加媒体文件发布,作者还可对作品内容进行定价、定义免费阅读部分,并添加元数据。每个人在其协议的基础上,利用独特的商业模型创建应用或客户端。作者发表的信息可包含各种形式的数字内容:视频或音频文件、文本(书籍、文章和新闻)或图片。如:类似 Medium 的博客和出版物,类似 Soundcloud 的音乐发布,类似 Amazon 的电子书、软件发布,类似 Shutterstock 的图片分享,类似 Netflix 的视频、电子报纸、免费学术论文发布。其次,平台对内容进行加密,查找发行人(与 DECENT 网络相连的独立计算机,运行发布软件,以维持平台网络运行,并因此受益)并计算发布费用。当发布费用得到确认后,DECENT 将发命令给发行人电脑,使其下载内容,并将相关元数据在区块链上进行传播。再次,消费者作为 DECENT 的另一部分用户,则可以寻找他们感兴趣的内容,用户既可接收到来自 DECENT 平台基于自身偏好的文章推送,也可浏览最新发布的内容。读者可选择下载和阅读文章的免费部分并决定是否可能支付小额费用(由作者定价),购买余下全文。DECENT 协议会对此次交易进行处理,作者将收到费用,而读者的应用上出现余下全文的解码秘钥。最后,交易。DECENT 平台大部分操作都是在区块链中创建一条新交易。随着事件逻辑链不断变长,每个网络节点都对其进行验证,并投入到整个平台的投票机制中。消费者决定购买某些已发布内容的过程通过采取合同的形式,以消费者的支付承诺开始,以确认发行人已分发内容且消费者向作者完成支付为止。支付完成后,交易过程伴随着挖矿和发行人奖励。挖矿指当发行人利用 POS 生成一个区块时,其他节点将会对所有交易进行验证并获得 DCT 加密数字 Token,同时,发行人也将因为存储发布内容而获得奖励,收到作者支付的一定比例的发布费用。

但区块链媒体目前主要面临两个问题。首先,从技术层面看,区块链的发展历程表明,区块链从来都没有真正实现去中心化。在 POW 模式下,记账节点日益往算力强大的矿池集中;在 POS、DPOS 模式下,都存在超级节点,记账节点数量有限,例如,EOS 一轮记账节点只有 21 个。这说明区块链也在朝着有限中心化发展,同时,也印证了区块链始终存在一个"不可能三角"定律——可拓展性(效率)、安全性和去中心化不能兼得,超级节点的存在本身就是牺牲了去中心化。其次,从数字代币看,Token 的金融合法性存疑。Token 之所以被认为是数字代币,是因为它建立起了与法币相连的通道。Token 本质上是一种数字编程程序,与智能合约相连,解决的是系统内参与方的互信问题。在区块链媒体生态中,作者、媒体、用户交互在一起,形成的是围绕作品展开的庞大的交易市场,需要根植于系统内的信任机制作为交易保障。同时,基于公链的区块链是价值互联网,内容都是付费的,客观上要求有一种价值衡量和支付工具。公链的运行需要多个节点参与记账,共同维护区块链网络的自运行,这就需要一个激励机制,以奖励节点的劳动和服务。因此,公链 Token 的意义在于创造了一个互信的价值链，为区块链系统的运行和优质内容的创新、变现服务。但 Token 所标记的金融属性，并不意味着 Token 具有充当一般等价物的货币属性。货币既要有广泛的信任，又要有价值支撑，此外，作为价值尺度，还应保持相对的稳定性。区块链 Token 最大的特点是"去中心化"，这与中央银行主导的"中心化"数字货币存在根本性冲突，其法律地位存疑。因此，从目前的主流趋势看，各区块链网络平台的 Token 暂不具备货币的功能，也不具备货币的法律地位。Token 的本质可看成一种源于计算、内容创造等劳动所获得的数字资产。Token 与数字化内容产品之间的交换是一种数字资产交换，使用范围只能暂限于区块链网络媒体内部。

## 2. 媒介产品创新之二：人机智能交互媒介产品——智能音箱

1950 年，艾伦·图灵（Alan Turing）发表了一篇划时代的论文，预言了创造出具有真正智能机器的可能性。通过著名的图灵测试，他提出了一个论断，如果一台机器能与人类展开对话而不被辨别出其机器身份，那么称这台机器具有智能。艾伦·图灵实际上定义了人机沟通方式就是自然的方式，即人与人对话的方式。随着 AI 时代的来临，5G、人脸识别等一系列新技术的加速运用，机器开始主动适应人的表达方式和生活方式，人机语音对话交互模式逐步成熟，并加速商业化。例如，2015 年 4 月 19 日，智能机器人索菲亚被激活。她以女演员奥黛丽·赫本为原型，与以前的各种型号机器人相比，她更具与人类相似的外观和行为方式。发明者汉森说："它的目标就是像任何人类那样，拥有同样的意识、创造性和其他能力。"① 将机器"人格"化的方向，不是赋予机器所谓独立的"人格"，而是让机器拥有更有情感、更人格化的设计，让人类和机器能够产生情感上的沟通交流甚至共鸣，能够更好地相互适应。

语音交互方式赋予机器情绪和性格只是人类和机器沟通的开始。现实的情况是：自然语言处理、知识图谱、图像识别、人脸识别等越来越多的细分技术早已被运用到不同的媒介产品中。人与机器沟通边界的探索与机器本身情绪的反应、分析模型的准确性是直接关联的。但在现有的技术中，AI 对情绪的情感分析还停留在封闭场景中的阶段。梅罗维茨（Meyrowitz）在《消失的地域：电子媒介对社会行为的影响》中曾提出"新媒介—新场景—新行为"的关系模型，认为新媒体的应用可能重建大范围的场景和行为，甚至连人类的社交角色与规则也将随之受到影响。

度晓晓（手机虚拟 AI 助手）与小度智能屏的诞生就是如此。基于语音、图像、语言等技术的支持赋能，度晓晓具备答疑解惑、情感陪伴等能力，可以帮用户解决生活中的各种问题；在沟通方式上，度晓晓也不再局限于语音的互动方

---

① 智电网：《人工智能具备自我意识机器人自曝愿望称毁灭人类》，发布日期：2016 - 03 - 21，https://www.sohu.com/a/64688034_ 112986，访问日期：2019 - 05 - 20。

式，还加入了视频聊天、触碰闲聊等功能。更重要的是，度晓晓还会随着用户的使用而形成不同的性格，是一个典型的养成型助理；并且随着使用数据的积累，最终能够实现千人千面的效果，每个人的度晓晓都会因各自使用者的不同而不一样。

借助于度晓晓，小度智能屏诞生了。小度智能屏虽然表面上看起来只是比其他音箱多了一个屏幕和摄像头，但实际上和智能音箱几乎是两个物种。首先，小度智能屏的屏幕下面集成的是智能音箱，可以全程通过人机语音识别交互来控制这块屏幕。全语音控制通过语音识别技术直接唤出小度语音助手，发出指令，智能屏就能呈现出指令内容。无论是视频倍速播放、前进或后退，还是切换，只需对小度语音助手发出语音指令就能执行。小度智能屏支持声纹识别，能根据声音辨别出是谁在说话，从而自动匹配相关的内容。其次，小度智能屏设置了极客模式和手势控制功能，这是一种动态视频感知和识别技术。前者一次唤醒语音助手后就能实现连续对话，而且它还能根据眼神适当延长连续对话时间。后者通过做出对应的手势，就能控制视频的播放和暂停。小度智能屏设置了摄像头，除了能视频通话，也可以当看护摄像头用，在安全看护模式下，摄像头识别到有人或物体移动时就会自动开始录制。最后，它内置儿童模式——实质上是一种算法审核模式，智能屏在进入儿童模式后，会主动过滤掉不适合儿童接触的内容。当然，小度智能屏是影音娱乐聚合媒介，后台聚合了电影、电视剧、音乐等内容资源。例如，长视频平台爱奇艺、腾讯视频、优酷以及芒果 TV，短视频平台抖音、快手，以及自有的好看视频，还有哔哩哔哩（以下简称"B 站"）、虎牙、斗鱼直播等。小度智能屏涵盖所有主流音视频 App，只要扫码同步账号，就能在不同设备之间实现无缝连接和播放。

## 三、偏数据的生产流程创新

### （一）生产流程创新

生产流程创新也称生产工艺创新或生产技术创新，指研究和采用新的或有重大改进的生产技术方法，从而改进现有内容产品的生产或提高内容产品生产效益的创新活动。也可定义为内容产品的生产技术的变革，包括新的内容生产工艺、新的媒体平台流程和新的组织管理方式。内容生产流程创新同样有重大和渐进之分，也可将内容生产流程创新分成独立的生产流程创新和伴随性生产流程创新两种。独立的内容生产流程创新就是内容生产过程的创新结果，并不改变产品的基本功能，它的变化只是降低生产、传播和交易成本，提高内容产品性能或提高劳动生产效率。伴随性过程创新是由于内容产品变化而导致的生产流程创新，是为配合内容产品创新活动而进行的，例如，由于纸质书刊出版产品或纸质新闻产品变革为数字出版或数字新闻，其生产流程则由印刷技术流程变革为数字网络流程。一般来说，技术创新的核心是媒介产品创新和内容生产流程创新。伴随着媒介产品生命周期的变化，媒介产品创新会向内容生产流程创新转移。当媒介产品处于新兴阶段时，如果媒体公司强调利用生产流程创新来应对拥有新媒介产品的媒体或媒体平台的竞争，这通常不是一种有效的竞争姿态；而当媒介产品进入成熟阶段之后，由于生产和成本越来越重要，内容生产流程创新又成为竞争成功的重要因素。但更为常见的情形是，媒介产品创新比内容生产流程创新更能为媒体或媒体平台带来显著的经济效益和更为强劲的发展动力。因为媒介产品创新能够率先进入市场，先入市场者先拥有流量入口，先获得网络效应，并借此保持一段时间的市场垄断优势，在其他媒体或媒体平台模仿、竞争之前，获得超额利润，这也从某种程度上道出了内容型媒体面对拥有技术和流量优势的互联网媒体与社交媒体平台时总是处于竞争劣势的原因。然而有时候两者是不可分的，尤其是在智媒时代，智能化媒介产品首先是建立在智能化生产流程基础上的，这一流程的核心就是基于海量数据资源的互联网智慧云平台。

**（二）基于"数据+算力+算法"的智化内容生产流程创新**

"数据+算力+算法"技术广泛运用于互联网媒体及社交媒体平台，标志着智能媒体时代的到来。在智能媒介时代，所有的智能终端产品都变成了端、网、云的概念。"端"代表一个媒介产品的物理入口或应用入口，可以完成数据沉淀。最常规的智能设备是手机、平板、智能音箱、可穿戴设备等。在万物皆媒的概念下，任何智能设备都能成为用户和信息的入口。与媒体相联系，人们对"端"的理解更倾向于应用软件，如网站、客户端、移动App等。"网"代表数据的连接和协同，这种连接可以是外部的，如API接口、传感器数据连接等，也可以是内部的，即通过算力、算法完成网络平台内数据和数据互动。"云"代表里面的算力和算法，通过"云"的算法重新回到"端"的层面，完成对用户、内容干预解决方案。由此产生了新的基于互联网智慧云平台的内容产品生产、分发、交易流程。

与传统的媒介内容产品的生产流程相比，在"数据+算力+算法"的生产流程下，数据分析被前置，算法深度嵌入整个生产传播过程中。智能创作、智能生产、智能标注、智能分发、智能呈现、智能变现、智能客服贯穿内容生产、分发、变现全过程——创作、流量预测、编辑审核、编码、剪辑、运营、搜索、推荐、宣发、热点预测、热点提取、广告投放、在线交互等环节都广泛依托"数据+算力+算法"技术。因而，在互联网媒体及社交媒体平台上，以用户内容需求和技术体验为中心，整个内容产品的生产、传播和交易过程都呈现出针对性、个性化、动态化的智能特征。（如图3-3所示）

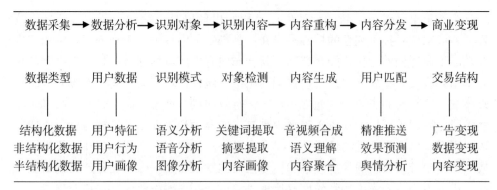

图3-3 互联网智能、智慧媒体平台（端）＝ 数据＋算力＋算法

## 1. 数据采集

互联网媒体及社交媒体平台将平台上所有用户属性与行为数据以及内容数据收集汇总，就形成了庞大的原始数据采集。平台内的数据包括结构化数据、半结构化数据和非结构化数据。结构化数据是机器可以识别的数据，是可以用关系型数据库中的一张表来存储的数据；半结构化数据主要是网络日志，非结构化数据是数据结构不规则或不完整的数据模型，包括文本、图片、图像和音视频信息等。半结构化和非结构化数据都必须转化为机器可以识别的结构化数据。数据经过"清洗"和过滤后，可供后续的数据分析和数据挖掘使用。

## 2. 数据标签或识别

对包含用户数据和内容数据在内的数据进行分类标签，标签的方式目前依然以人工标签为主，半机器标签和机器全标签为辅。通过对数据进行标签，使半结构化、非结构化的数据转化为机器能够识别的数据，是后续数据分析和数据挖掘，以及对内容和用户偏好进行初步匹配的基础。

## 3. 用户和内容数据分析

首先是用户数据分析，即运用数据分析技术对采集到的用户行为数据、用户属性数据和上下文数据进行归集、表征分析，以全方位地提取用户特征。用户行为数据指用户在网络平台上的各种操作行为，比如浏览、点击、播放、购买、搜索、收藏、发帖、点赞、转发、滑动、在某个位置的停留时长、快进快退等一切操作行为；通过分析用户行为数据，可以获得对用户的兴趣偏好的深刻洞察。用户属性数据也叫作用户人口统计学数据，就是用户自身所带的属性，比如年龄、性别、地域、学历、家庭组成、职业等；人类是一个社会化物种，用户的不同属性决定了用户所处的不同阶层或者生活圈，同一圈层用户的行为特征、生活方式、偏好具备一定的相似性，这种相似性为产品策划及个性化推荐提供了一定的保证。上下文数据是用户在进行网络操作时所处的环境特征及状态的总称，包括用户所在地理位置、时间、天气、心情、所在网络的路径等；上下文数据整合到算法中，可以精准、场景化地进行个性化推荐。

其次是内容数据分析，即对平台内或通过互联共享的文本数据、图片数据和音、视频数据的特征和属性进行提取和分析。例如，一部视频可以提取出以下特征和属性：视频类型，出品方，导演，主演，国别，年代，语言，是否获奖，主要剧情，海报，等等。内容数据绝大多数属于非结构化数据，文本数据是互联网中数量最多的、最普遍的一类数据，可借助自然语言技术进行处理。富媒体图片、音视频数据是互联网上的主流数据类型，图片数据可通过深度学习技术处理，音频数据可通过语音识别技术转换为文字，并最终归结为文本数据的处理，视频数据则可以通过图像识别技术抽帧转换为图片数据来处理。

#### 4. 形成用户画像和内容画像

用户画像又叫用户标签，是对用户在互联网上留下的行为数据通过数据分析技术产生的一个个标签。比如男性、"90后"、白领、喜欢购买游戏产品、月工资15000（元）等。只要是对用户的认知，都可以称为用户画像，包含对用户的人群属性、历史行为、兴趣内容和偏好倾向等多维度的数据分析。同样，内容画像也叫内容标签，是指将文字、图片、视频、音频等内容通过关键词标签的方式进行特征、特色等归类。

#### 5. 个性化推荐和算法生成内容推荐

运用算法将用户数据和内容数据进行匹配后再将内容推送给用户的过程，即所谓的个性化推荐，或算法推荐。算法能够从内容库中选出多样性内容，按照内容和用户偏好的匹配度进行个性化推荐。推荐的内容有些会被用户浏览，有些则会被用户忽略。召回算法是对推荐机制的结果进行统计分析，对已推荐但被用户的忽略的内容进行分析，找出原因，重新学习，进一步完善个性化推荐机制。比较成熟的算法能够根据用户环境实时合成或生成一部分内容，例如，把一部分资讯、短视频等信息流性质的内容再推荐给用户。

#### 6. 排序模型与效果预测模型

排序模型指算法模型对多个内容进行打分排序，兼顾推荐内容的多样性、新奇性等多个维度，选出最优的少量内容，以满足用户的个性化内容需求。效果预测模型指根据用户的属性、行为、习惯、偏好，内容的类别，人物，叙事，风格等变量的匹配结果，构建短期及中期的动态数学模型，对内容有效传播的数据进行模拟预测。

## 第三节 内容生产、传播方式的变革

### 一、内容生产决策数据化、理性化

完全信息和理性一直是传统经济学的前提假设,是现代经济学范式的基石。理性是指每个经济行为主体,无论是个人,还是企业,都会在充分占有信息和其他约束条件下争取自身的最大利益。读者、用户的理性行为就是用自己有限的收入最大限度地满足个人对知识、信息、娱乐等的欲望。企业的理性行为就是在给定的生产经营目标及生产技术条件下,选择最佳的投入产出组合以取得最大的利润或经济效益。理性假设以占有完全信息为前提,由于不符合现实情形,一直饱受诟病。因此,理性被有限理性假设所取代,后者是指经济行为主体在做出选择、取舍决策时,不可能完全充分地占有相关信息,同时受到学识、计算能力等的限制,甚至还受情感、病痛等的干扰,而不能总是真正地追求其最优目标。数据的完善将改善这一状况。首先,受到数据记录、采集、存储、传输和分析处理能力的限制,在所谓完全信息或者不完全信息下对经济环境的描述、刻画受到限制,而且计算能力和逻辑能力不足,经济决策就会受到影响。现在,海量数据资源和数据分析技术可以满足对大样本数据的需求,在某些情况下甚至可以采用全样本进行分析和研究,从而提升了经济活动的精准性。其次,在云计算、人工智能的加持下,可以对海量数据进行实时分析,甚至可以在预设环境中对经济数据进行智能分析,实时生成研究报告,实现精准预测,增强了经济活动的理性预期。例如,《纸牌屋》是奈飞基于用户信息挖掘来决定内容生产的成功尝试,奈飞拥有全球 1 亿多订阅用户,因而拥有用户收看习惯和口味偏好的强大数据库,这为策划、生产什么类型的影视内容提供了数据依据。再如,《大卫·贝克汉姆》是京东"杀入"出版业的首部作品,在这本 288 页的大开本书、148 元的定价、网上预售价也要 99 元的背后,隐藏着一个搅动出版市场的全新信息:撇开传统图书生产模式,直接策划、定制图书。与图书生产的传统模式完全不同,《大卫·贝克汉姆》这本书选题的确定首先来自京东 1700 万用户的大数据。前期,京东对用户搜索、浏览以及购买频次的庞大数据进行了分类和比较,发现京东用户对人物、文学、经管、生活类图书更有热度和购买力。对相关数据的进一步分析则表明,用户中接近六成的读者为男性,而且年龄构成以 22~40 岁为主,基于这些数据,京东决定为男性读者打造他们喜爱的图书。以大数据为支撑,选题的寻找也随之开始进行。与贝克汉姆有关的搜索数据和购买数据显示,贝克汉姆的传记在市场上一直热度不减。因此，当2013年12月贝克汉姆亲笔自传的英文版上市时，京东几乎在第一时间与该书版权运营方法国阿歇特出版公司接触，并谈妥了版权合作事宜。依据大数据，针对某个消费群体的定制，这是一个反向的操作，也是未来出版策划和供给的一个方向。而B站2020年新年晚会引起的巨大反响更是将数据化的内容策划、编排模式推向了高峰。根据节目导演介绍，在策划节目时，B站向策划方提供了数据，而策划方也完全依照了B站所提供的数据。数据在受众喜欢的方向和类型上做了很强的梳理，通过分析数据，了解了用户群体的文化属性，例如态度表达、鬼畜、爱国表达等，然后用晚会讲述这些故事，用晚会的叙事方式来承载这些故事。

## 二、内容生产方式走向IGC模式

海量数据、算法技术突破、算力提升和算力成本的降低使"算法+算力+数据"的内容生产技术模式得到广泛运用，并成为互联网媒体及社交媒体平台的基础技术架构。在这一技术语境下，内容生产方式发生了深刻变革，也改变了人们与有价值的信息联系的方式，包括文本、图像、音频、视频和互动游戏等。首先，内容生产者由传统精英变为普通用户，再变为机器和数据，最终形成人机协同生产内容的形式；其次，生产工具也由人脑学习变为算法学习；再次，内容生产方式由PGC（专业生产内容）转换为UGC（用户生产内容）、MGC（机器生产内容）和DGC（数据采集生产内容），在MGC和DGC模式下，以深度神经网络为支撑的系统每天都会发布数以千万计的最新文章和视频，并且可以根据用户的兴趣和口味量身定制内容。最后，媒介技术创新推动内容生产由UGC逐步转为MGC和DGC，并走向IGC（人机协作）之路，即智能化内容生产模式。

UGC是随着互联网2.0的兴起而诞生的一种用户原创生产内容模式，指用户能够通过PC端或者移动端的平台自行创作、编辑、上传并发布内容，比如微信、微博等社交平台上的图文等内容，知乎平台上的答文、豆瓣平台上的点评等内容，抖音、快手平台上等各类短视频等内容，喜马拉雅FM、荔枝FM平台上的有声音频等内容，网易云、酷狗等平台上的自创音乐等内容，由用户爆料的娱乐、社区新闻等内容，这些内容的生产与提供均属于UGC模式。UGC模式赋予了每一个普通大众参与媒介的权利，激发了大众内容创作的兴趣和热情。因此，UGC这种大众生产内容的模式能够以最低的成本提升用户活跃度以及转化率。同时，互联网媒体平台带来的网络效应使一部分精英人士投身于UGC怀抱，一些专业媒体机构也以诸如微信号、百度号、抖音号等形式入驻互联网媒体和社交媒体平台，平台内容质量也因而得到质的提高。

智媒时代，机器生产内容（Machine Generated Content，MGC）模式开始成为一种新型内容生产方式。机器和人一样开始生产内容，甚至在某些领域的创作质量要高于人类生产的内容水平，内容生产者角色的转变也导致内容生产工具由人脑转换为算法。计算机视觉与图像、语音识别、自然语言处理、机器学习等方面的技术积累是 MGC 生产模式下的重要工具。以新闻写作为例，内容理解、语言生成、知识推理、机器学习等技术是智能机器写作的基础。AI 技术能够通过处理大量数据来进行新闻写作，也能够对语音、文字、人脸、物体等进行多维度智能分析，输出内容标签，实现机器翻译、自动校轴、内容去重、封面推荐等，随时随地生产优质内容。其实，机器写作发端于 20 世纪 80 年代后期，耶鲁大学曾开发出人类第一个故事编写算法，此后这套算法被改进为了不同的自动化写作服务 Narrative Science 和 Automated Insights。直到 2014 年，世界最大的通讯社——美联社自动生成财经新闻，报道每季度上市公司发布的财报数据也是得益于 Automated Insights 公司的产品 Wordsmith Platform。2015 年 7 月，腾讯财经宣布通过一款名为 Dreamwriter 的机器人以算法生成稿件。直至今日，由 Dreamwriter 自动生成的大部门稿件在腾讯的相关网站上屡见不鲜，腾讯在自动化写作的尝试中实现了瞬时输出分析和研判，能够在 1 分钟内将重要资讯和解读送达给用户。2016 年 8 月，今日头条 AI 机器人张小明（xiaomingbot）自动生产的"奥运会女子羽毛球赛的新闻"又一次将 MGC 模式推向了高潮，该新闻很快便获得了 5 万阅读量，并且据报道称，xiaomingbot 曾在短短 6 天内生成了超过 200 篇简讯和资讯，工作效率远高于人类。在 2018 年 11 月开幕的首届中国国际进口博览会上，新华社首次将"现场云"与媒体大脑"智能生产平台"相结合进行新闻产品智能化生产，开幕不久便产出 390 多条短视频，仅在新华社客户端发布的视频浏览量就接近 2000 万。而今，算法每天生产的新闻咨询类稿件已不计其数，充斥着各个信息流平台。MGC 生产模式不仅在新闻写作方面颇有建树，人工智能在内容领域的生产能力还体现在诗歌小说创造、视频生成、音乐生成、学术著作、游戏生成等各个方面。此外，还涵盖了聊天助手机器人、智能剪辑等多个层面。比如，随着语音识别、自然语言处理技术的成熟而推出的腾讯叮当、苹果"Siri"、微软"小冰"和百度"小度"等。其中，微软"小冰"的内容生成领域非常广泛，包括文本创作，覆盖诗歌、金融摘要及研报等；语音创作，覆盖音乐、有声读物和电台电视台节目内容等；视觉创作，覆盖绘画及纺织服装面料设计等，而且"小冰"被塑造成 IP，以虚拟歌手、虚拟作家、虚拟画家的身份进行商业化运营。新华社也在 2018 年底与搜狗公司联合推出了"AI 合成主播"，截至 2019 年初，已发稿 3400 余条，累计时长达 10000 多分钟。而同样处于内容生产的风口的短视频，在"数据＋AI 算法"加持下而逐步成熟的视频快速剪辑、视频理解等技术有了更大的市场空间，形成了智能短视频产品，例如百度推出的根据网络文本内容链接直接生成短视频的"好看视频"等。

由于人工智能尚处于弱人工智能阶段，纯粹的机器算法写作面临很多问题，例如，无法在审核过程中识别黄色、暴力、仇恨等言论，创作的作品离真实的人类语境、语义还有相当长的距离，需要计算机科学、脑科学、认知科学、哲学、心理学、语言学、逻辑学等多学科的介入，才能完善算法模型，让机器更能理解人类的思维、心理、情感，创作出具有人性特征的作品。因此，人机协作式的IGC 智能化内容生产模式诞生，并被广泛运用于复杂内容的生产。

人和机器协同内容生产的模式状态可以归为两种方式。一是机器代替人类部分工作：将重复性、规范性写作和客观数据聚合类劳动用机器进行替代，致力于帮助内容创作者减少重复劳动，节省更多精力去撰写更加优质的有深度的内容。例如，德国 Springer Nature 出版集团利用 Beta Writer 算法出版了第一本完全由机器学习编写的教科书——《锂离子电池：机器生成的目前研究摘要》，该书共247 页，是锂离子电池领域超 150 篇突出研究成果的摘要，图文并茂。Beta Writer 算法能审阅给定主题的大量文献并自动挑选重要的细节呈现。Springer Nature 还利用该算法出版不同科研领域的书籍。二是机器服务人类生产内容，包括人机协同的内容审核和内容创作。在人机协同的内容审核领域，由于海量的内容上传到媒体平台上，仅靠传统人工审核几乎是无法完成的事情，机器算法审核虽然效率极高，但由于模型的不完善性和数据训练过程的偏见性，无法保证内容质量完全符合人类文明的要求，所以只能通过"算法审核+人工审核"的机制来保证内容质量。在人机协同内容创作领域，人工智能可以通过语料、素材与数据的搜集处理与高效率加工等完成内容生成工作，内容生产者在此基础上充分发挥人类的演绎、推理和联想能力，从而完成更深层次的内容处理工作。通过这两种模式能够将机器与人有机地结合起来，使得内容生产流程与组织结构更加灵活高效。例如，卫星地图数据技术已在媒体产品创新和商业化中得到广泛运用，除导航外，结合人工智能技术可以创造出近乎真实的虚拟空间，而串流技术解决了超大文件的存储难题，在传输带宽保证的状态下，指令延时也将得到解决。为此，用户在参与和互动中，对产品的沉浸式体验达到了前所未有的高度。最典型的例子是微软 2020 年推出的游戏产品《微软模拟飞行 2020》，该游戏产品以精彩绝伦的画面表现、实时呈现的天气情况、庞大的数据代码处理能力惊艳世界。这款游戏的落地，标志着微软已经拥有将地图数据、AI 运算、动态串流等技术融合交汇，创造出一个无限接近于现实的虚拟世界的能力，充分体现了人机协作创新内容产品的本质和卓越能力。这款游戏产品的人机协作特征包括：①Bing Maps（必应全球卫星地图），一个完整的地球。产品开发团队用微软自家的 Bing Maps 进行对地摄影测量，实现虚拟世界与真实地图的高度一致。游戏包含 400 座城市、200 万座人类聚落的完整道路与建筑、超过 4.8 万座机场、15 亿栋建筑、1.5 兆棵树木，全部都按照真实世界 1∶1 进行还原塑造。仅仅从 Bing Maps 上获得的地图数据就为 2PB，约等于 200 万 GB，游戏完全还原了一个真实的地球。②数据同步，网络连接实现同步数据与优化体验。在实时联网的情况下，玩家可以接收到完全同步的地表数据，同时，游戏还可以通过这些数据的同步对地表数据和机遇生成的地表样貌进行优化。③Azure AI 让代码拥有生命。Bing Maps 提供了全球卫星画面以及全球城市的建模数据库，而 Azure AI 引擎算法的加入则为玩家呈现一个无限接近于现实的世界。Bing Maps 生成各类不同建筑的分辨率等同 5～30 厘米的真实卫星画面，地图设计师则以此为基础作为贴图材质；接着通过 3D 建模补齐了所有地貌与建筑物的外观，最后如树木、草地、沙土等细节则由 AI 运算补齐。这一切都是依靠微软自家 Azure AI 强大的运算能力，Azure AI 允许数据科学家和人工智能开发者以非常简单的方式利用包括 GPU 在内的 Azure 云计算资源对人工智能模型进行训练。数据科学家只需明确任务需求，设定输入、存储、输出等设置，其他所有与基础设施管理、规模缩放、批量工作任务相关的繁杂的后台工作都能由 Azure Batch AI 自动完成。④云游戏 Project xCloud。整个游戏的总数据量达到了惊人的 70 PB，这样庞大的游戏容量在整个人类历史上都是绝无仅有的存在。微软采取了 Project xCloud 动态串流技术，网络带宽越大，画面细节就越完整。

## 三、内容分发方式走向个性化的 C2M 模式

进入数字化、网络化、平台化的互联网媒体及社交平台时代以来，内容生产模式的变革产生了一个难以回避的问题——网络内容平台充斥着大量庞杂且质量不高的内容，内容超载消耗着用户的精力和流量，传统的千人一面的内容或传播让人很难从大量的信息中快速找到自己想要的内容。对冗余内容的提取、分拣成为用户的一大痛点，而"数据+算力+算法"的智能技术创新能够让内容分发走向个性化的沟通之路。

进入"数据+算力+算法"的智媒时代，机器算法推荐能够基于用户行为习惯、特征和诉求，对海量的信息进行提取、分拣然后传递、推荐给用户。这一技术已广泛运用于新闻资讯、音乐、视频等内容领域，内容产业逐步进入 C2M（Customer to Manufactory，单用户沟通）模式分发革命，用户内容超载的痛点正逐步被消除。例如，奈飞（Netflix）对用户评分、观看记录和用户好友推荐等信息进行深度挖掘，甚至会收集观众按下暂停或快进的数据，从而找出用户喜欢的视频风格、导演或演员等信息。在知晓用户喜好的基础上，奈飞利用数据模型和复杂的算法对用户最可能观看或感兴趣的视频给予最高分数，并以此对视频进行推荐排序，帮助用户找到最感兴趣的视频内容，从而在激烈的市场竞争中赢得了极强的竞争力。

算法推荐的思路和应用，已经深入到很多互联网媒体的移动应用中，根据第三方监测机构"易观"发布的《中国移动资讯信息分发市场研究专题报告 2016》显示：2016 年，在资讯信息分发市场上，算法推送的内容将超过 50%。事实上，算法推荐分发模式几乎涵盖了所有内容类型的不同门类的各大媒体平台，例如新闻资讯分发平台（今日头条、百度浏览器、腾讯 QQ 浏览器等）、搜索引擎平台（谷歌、百度等）、流媒体视频网站平台（奈飞、油管、爱奇艺、抖音、快手等）、流媒体音乐平台（Spotify、网易云、腾讯音乐）、网络音频平台（喜马拉雅 FM、荔枝 FM 等）、社交网络平台（脸书、微博、豆瓣等），以及电商平台（亚马逊、淘宝等）等。

C2M 并不是在"数据＋算力＋算法"的智能时代才衍生出的新词，过去曾有许多不成功的技术方案都尝试通过分拣信息对用户进行个性化推荐。内容个性化推荐技术源头可以追溯到 20 世纪 90 年代初的协同过滤算法，中期的代表则是传统的机器学习算法，现在则是更加复杂的深度学习模型。从技术创新的角度看，协同过滤确实属于 AI 范畴，但协同过滤算法有很多无法规避的缺点和内容，无论是基于用户的协同过滤，还是基于内容的协同过滤，推荐效果总是差强人意。因此，如何通过一个成体系的方法论来引导推荐系统的不断优化成为又一关键问题。传统机器学习虽然也开始加速，但主要适用于小型系统，大体量、大内容平台对推荐系统提出了新的技术要求。深度学习所带来的内容个性化推荐技术是利用用户数据来"感知"用户喜好，其推荐系统基本可以分为数据层、触发层、融合过滤层和排序层，当数据层生成和存储的数据进入候选层后，也就触发了核心的推荐任务。在这种模式下，机器接管了内容平台。在深度学习的持续训练下，机器越来越聪明，"数据＋算力＋算法"技术的不断演进为内容个性化分发奠定了技术基础，真正将内容分发模式从大众传播走向单用户进行沟通。因此，能引领未来分发潮流的只有 C2M，能支撑 C2M 的技术也一定是"数据＋算力＋算法"的智化技术。

当然，这需要庞大的资金投入和人力资本投入。例如，奈飞在数据科学领域投入了大量资源。它是一家数据驱动的公司，几乎在每个级别上都使用数据分析进行决策。根据 Vanderbilt 的资料显示，奈飞公司的硅谷总部大约有 800 名工程师。奈飞还聘用了一些最聪明的人才，其数据科学家的平均薪水很高。公司拥有很多在数据工程、深度学习、机器学习、人工智能和视频流工程方面具有专业知识的工程师。投入终究会有产出回报，在数据科学技术领域的投资已使奈飞成为视频流媒体行业中的翘楚。在推荐系统的帮助下，用户与奈飞的总体互动率有所提高。这进一步降低了订阅取消率，增加了流媒体平均观看时间。订户的每月客户流失率非常低，客户取消订阅大部分是由于支付网关交易失败所致，而不是由于客户主动选择取消服务。个性化和推荐系统每年为奈飞节省超过 10 亿美元。

人们今天观看的内容中有75%是由其推荐系统提供的，并且成员满意度随着推荐系统的发展而增加。

## 四、智媒形态下几类典型的内容生产与分发场景

### （一）新闻生产与分发

智能新闻应用场景是物理端+应用端的综合。以腾讯新闻为例，腾讯通过研发的算法工具 Dreamwriter 辅助新闻内容运营，以提高工作质量和效率。第一，自动写稿。Dreamwriter 根据原始的数据抓取或者采买一些实时数据，经过逻辑的判断，再根据信息的类型、类别选择相应的模板生成短文和长文稿件后，直接发稿或人工编辑根据判断准则审核后再发布。第二，自动配图。有些文章是没有图片的，但通过算法可以根据文章意境配图。第三，自动提取摘要。一种是全文摘要，一种是分段摘要，以确保用户在 1 分钟之内可以读完。第四，自动生成短视频。基于摘要配图，再综合文本，就能自动生成短视频，即图文转视频。其技术原理是，先生成摘要，接着将句子分散，把每个句子配到每一张图片上，然后通过人工录播或合成人声形成声音，再运用图像之间的渲染和背景音乐的选择，最后生成视频。第五，自动纠错。对输入的文本加入规则系统，例如成语、谚语等，文字错误就直接纠正；模型还可以纠正中高频词，通过自创方法纠正低频词。第六，生成简报。算法根据用户反馈的信息，综合好几篇文章，形成候选的文章集合，再从每篇文章里抽取摘要，配图和选图，形成由标题、摘要和图片组成的一篇综合性的短内容。第七，热点监控。通过微信和微博等社交媒体发现热点，或者根据用户的消费情况找到热点，又或者通过库存网站发现热点，例如通过算法从自媒体文章的热度中得到潜在热点。

### （二）图书出版与分发

随着各种人工智能技术及数据分析工具的相继问世，这些技术可以贯穿文学出版环节的始终，形成一种智能化内容生产、传播流程，并提高文学作品的质量和分发效率。

整个流程可以初步分为八个步骤。第一，自动文本分析。自动文本分析还可监测第三方发布平台的版权侵权行为。第二，用户数据分析。出版商、自助出版者可借助人工智能数据平台的 API 接口从相关网站中提取数据；基于读者给书籍的打分情况和愿望清单来发掘潜在受众；通过搜索平台搜索关键字，纵览全网数据集；通过对用户数据分析，锁定最优目标市场。第三，合同、权利及版税管理。AI 系统可使用版税管理系统（RMS）连接 API 平台，确定销售额并自动计算出版公司各部门与作者之间的版税分配情况。第四，自动文本标记。AI 文本分析让机器代替人去自动扫描文档并生成各种文本长度的标签。第五，自动排

版。借助一些网络平台的电子书发布界面等工具，自动把文本版式调整为电子阅读器和传统格式。第六，预测分析。AI 分析可识别消费者搜书趋势，然后通过相应调整，进而勾勒出"下一本畅销书"的轮廓，作者可根据预测数据，调整书籍的故事内容、篇幅、封面和简介。第七，内容营销更具个性化。电子阅读器可以运用内容个性化的推荐方法。第八，自动进行内容翻译。通过平台方开发的翻译工具和编辑的润色，生成真实的翻译文本。①

### （三）视频生产与分发

在麦克卢汉眼里，视频是一种热媒介，受众参与度极高，成为科技型媒介公司争霸的重点。视频内容平台油管在谷歌 AI 战略支持下，"数据 + 智能"贯穿于视频生产的整个流程，竞争优势十分明显。

一是通过"数据 + 算法"确定用户画像。油管的算法模型可通过分析用户的个人数据、设备数据、活动数据以及位置数据，让机器自动形成用户画像，这种模式下的用户画像包括基础信息、兴趣爱好、行为习惯等在内超过 60 个标签，从而实现对用户的基本洞察；也可开放一定的权限给用户，让用户进行对自身标签与画像的修改，从而影响机器学习对用户画像的刻画，使油管算法能够更加准确地理解用户。

二是通过"文本分析 + 视频理解"确定内容画像。与其他视频平台类似，油管可以通过机器学习技术对海量的视频基本数据进行理解，主要包括视频内容数据以及视频表现数据两种类型。其中，视频内容数据主要包括创作者上传视频时所提供的视频标题、类型、说明等基本信息，以及经过人工审核或机器学习技术给视频自动标注的类型标签；视频表现数据主要包括视频观看量、评论量、转发量等数据。

三是构建人机协同的内容审核机制。2016 年以前，油管主要依靠"超级标记者"项目鼓励用户举报不当内容，编辑再依平台规则进行审核、移除等处理。2016 年，油管研发上线了内容审核系统，该系统可以初步筛选出敏感内容、含有不当语言等违规问题的视频标题和视频缩略图。2019 年，油管上线"垃圾视频分类器"审核系统，实现了在无人协助下分析视频片段，屏蔽令人不适的视频或视频剪辑，减少了人工审核的成本。最终，油管形成了"人工审核 + AI 审核"的双重审核机制。

四是通过算法推荐提升用户使用体验。油管将用户分为"观众"及"创作者"，进行有针对性的个性化服务。针对观众型用户的个性化推荐，油管解决了

---

① 读芯术：《为图书出版带来第二春的，正是 AI!》，发布日期：2019 - 10 - 15，http://baijiahao.baidu.com/s?id = 1647430370405953723&wfr = spider&for = pc，访问日期：2020 - 10 - 15。

两个核心问题：一是相似视频关联问题；二是视频推荐排序问题。油管的算法推荐系统由两个神经网络组成：候选集生成（candidate generation）和排序过滤（ranking）。利用内容过滤和协同过滤技术，油管先从百万级别的视频库中初步筛选出百级别的数据，再使用算法模型根据每个用户的特征为每个视频进行打分，计算出候选视频优先级别，然后依次推荐给用户。

## 第四节　偏数据的媒介技术创新效率分析

偏数据的媒介产品创新提高了产品的功能和品质，偏数据的生产流程创新则降低了内容生产、分发、交易的成本，使媒介产品的平均总成本降低，产生了明显的规模经济效应和范围经济效应，同时改善、提高了媒介产品和企业的市场份额和竞争力。但精准的个性化内容定制和分发也产生了去规模化效应，使偏数据的媒介技术创新加剧了媒体间的数据鸿沟效应。

### 一、媒介产品创新和生产流程创新的市场竞争意义

假定市场中有三个相互竞争的媒介产品A、B、C，A产品低价低品质，C产品高价高品质，B产品位于中间位置。如果B产品根据用户的需求和体验的数据集同时对生产流程和产品质量进行技术改进，就会产生两个效应：实施了节约成本的生产流程创新后，意味着B产品可以降低市场价格，即出现了价格效应；实施了产品创新后，则意味着B产品的品质提高，即出现了质量效应。（如图3-4所示）

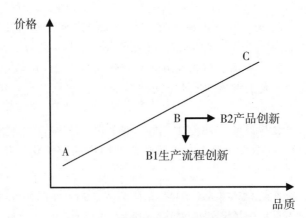

图3-4　媒介产品与生产流程创新

这时，B 产品就会在价格上挤压 A 产品的市场空间，在品质上挤压 C 产品的市场空间。与创新之前相比，两种创新都使 B 产品获得了更大的市场份额。但获取方式存在一定的差别，生产流程创新使 B 产品从 A 和 C 上获得一定的市场份额，产品 B 范围的扩大在两个方向上大约是相同的；相反，产品创新则使产品 B 更多地从 C、较少地从 A 获取市场份额。（如图 3-5 所示）

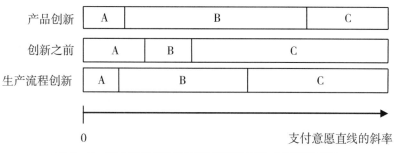

图 3-5　媒介产品创新与流程创新前后的市场范畴对比

进一步假设，如果所有用户都有大致相似斜率的支付意愿，B 产品在实施创新之前，不是很有竞争力，大部分用户会倾向于低价的 C 或者高品质的 A，只有很少一部分人可能由于个人偏好选择 B。实施创新后，产品 B 随着品质的提高，价格不升反降，这样的创新变化必然提高产品和企业的市场竞争力。

## 二、规模经济分析

### （一）规模经济

媒介组织在生产经营过程中，常常发现媒介产品或媒体平台的平均成本在某个阶段存在随着生产规模的增加而下降的情形。这种平均成本随媒介产品或媒体平台规模的增加而逐渐下降的状态，就表示存在规模经济。反之，平均成本随媒介产品或媒体平台规模的增加而逐步上升的状态，就是规模不经济。

媒介产品或媒体平台规模经济的度量，可以用平均成本和边际成本的关系来表示。只要边际成本低于平均成本，平均成本就呈下降趋势，而边际成本高于平均成本时，平均成本止降转升。因此，平均成本与边际成本的比率就成为一种度量媒介产品或媒体平台规模经济的天然尺度。具体地说，如果用 $S$ 表示规模经济，则当 $S = AC/MC > 1$，即 $S > 1$ 时，就存在规模经济；当 $S < 1$ 时，则存在规模不经济；当 $S = 1$ 时，则平均成本与规模的增加水平同步增长。

### （二）物理媒介产品的规模经济

媒介产业中，在单个物理媒介产品的生产上，规模经济特征十分明显。由于媒介生产技术的特点,纸介媒介产品多为一次性印刷,多次销售,随着媒介产品印刷量的增加,分摊在单个媒介产品上的固定成本呈下降趋势,即单个产品的平均总成本呈下降趋势。这种下降趋势或达到规模经济的过程,既表现在初版时也可以表现在重印过程中。当某种媒介产品的初版印数超过 5 万册甚至达到 10 万册时,则其生产成本中的固定成本基本可以忽略不计,这时,媒介产品的平均总成本(即长期平均成本)基本不再变化,生产达到规模经济效果。媒介产品的这种长期规模经济效应在多次重印媒介的纸介媒介产品中表现得也很明显。短期看,媒介产品初版时,可能达不到最小保本规模产量,即由于数量少、平均成本高而导致亏损。最小保本规模产量,实际上是指媒介组织在决定媒介某一作品时,在市场能够接受的价格水平下(即能够销售出去)的最低保本印数。当某一媒介产品的印数达不到最小保本规模产量而又没有重印的可能时,成本就会高于定价,一般情况下,理性的媒介组织是不会介入的。

媒介组织规模经济的变化是以媒介产品总平均成本变化来衡量的,在媒介组织的运行过程中,可能媒介组织的部分环节具有规模经济的特征,而其他环节却不具备规模经济的特征。所以,在整体上是否存在规模经济,取决于各环节的规模经济和规模不经济因素对总成本的合力。以纸质图书为例,一般而言,图书印制(或直接生产成本)环节具有明显的规模经济优势,印制的数量越大,生产的平均成本越低。但如果以此为依据,认为图书的印数越多越好,甚至做出不断扩大印数规模的决策,则是不明智的。这种决策行为忽略了其他环节的成本,如增加的发行人员费用、运输费用、利息以及沉没成本等。

## (三)规模经济效应

相对于传统媒介经济,数智化的互联网媒体及社交媒体平台经济提供了新的成本解决方案和新的竞争力源泉。杰里米·里夫金在其著作《零边际成本社会》中开创性地探讨了零边际成本、协同共享主导人类未来的经济模式,为探讨数智化的互联网媒体及社交媒体平台经济的效率本质提供了一些思路。

由于内容产品的生产、分发和交易都在网络平台上进行,在零边际成本的作用下,生产、分发、交易都存在平均成本明显下降的状态和趋势。因此,供给侧和需求侧的规模经济效应都比较明显。

**1. 供给侧规模经济效应明显**

首先,规模经济效应源于原生数字化作品的边际生产成本趋近于零。规模经济一个最基本的特点是,随着产量或服务用户人数的增加,单位成本下降,这个成本包括固定成本与可变成本。数智化的互联网媒体及社交媒体平台经济的一个基本特征是,多生产一个单位的内容产品或多服务一个用户的边际成本往往接近于零(短期存在宽带和服务器成本,长期存在技术迭代带来的研发成本)。因为零边际成本的存在,原生数字化内容产品一旦确立,就可以无限量复制而不必支出额外成本，也不存在对沉没成本的担忧。因此，平均成本在较长时期内都呈趋于下降状态，再加上无处不在的网络链接，数字化内容产品的扩散非常平滑，趋向于零摩擦力，瞬间分发给用户，这从根本上改变了传统媒介产品的供给方式，生产和传播效率都得到大幅度提升。物理媒介产品时代十分重要的内容生产计划、库存管理、产能数量规划等已经没有用武之地，只要内容符合用户的需求，供给约束和市场容量限制将被解除殆尽，因而数字化内容产品或服务具有强大的规模经济效应优势。

其次，"数据+算力+算法"带来的"超级学习效应"也会加剧生产效率的提高，从而降低平均成本，进一步提升规模经济效应。第一，丰富多样的高质量的数据、算力进步以及深度学习模型的改进会进一步提高机器智能，导致生产和管理成本降低，尤其是人力成本的降低，生产和管理效率随之大幅提升，平均成本也随之下降；第二，智能应用程序在交付一次用户体验的过程中，以数据反馈形式存在的学习实时且无损。由于学习效应更多地发生在多次经验之间，而不是单次经验上，因此，机器学习的成本拥有巨大优势，极大地降低了平均成本。

超级学习效应所导致的供给侧规模经济效应产生了广泛的争议，其中以谷歌首席经济学家哈尔·瓦里安（Hal Varian，2018）的观点比较典型。瓦里安认为，一个公司由于拥有更多客户因而可收集更多数据，而这些数据可以用来改进其产品。改进运营正是机器学习的前景所在，这是供给侧的规模效应，通常被称为干中学或经验曲线。数据的价值正反馈，即改进产品，需要投入管理者的注意力和相应的投资，如数据的收集、管理、分析，结果的验证以及策略的实施，等等，因此，数据分析技术尤为重要。瓦里安强调技能，由于数据爆炸是一个较新发生的现象，数据分析技能的稀缺显得尤为突出。言下之意，互联网科技媒体巨头的竞争优势不是源于数据，而是源于在干中学的过程中汇聚了大量高技能的人才。随着数据爆炸，可用数据将越来越多，干中学和经验曲线是供给侧规模效应的重要成因。正循环无处不在，但真正重要的是规模增长背后的成本。很多人喜欢谈论正循环，但瓦里安认为，"越多的客户使用一个业务，业务收入就越高，进而有越多的资金可以投入到改进业务中去，进而吸引多更多的客户"，"越多的客户使用一个业务，业务成本就越高，进而需要越多的资金可以投入到业务维护和改进中去，如果想吸引多更多的客户的话"。[①] 维护巨量数据的成本逼迫互联网科技媒体巨头尽可能地开发数据的综合价值、降低数据的综合成本，进而具有了一般企业所没有的学习机会和独特能力，从而贡献了竞争优势。

最后，在其他一些情况下，数智化的互联网媒体及社交媒体平台经济也产生

---

[①] 侯宏文存：《数据的网络效应：与瓦里安商榷》，发布日期：2020-04-07，https://www.sohu.com/a/386000518_100030976，访问日期：2020-10-07。

去规模经济效应,即降低个性化产品或服务以及解决方案的成本,并使其成为可能。传统媒介经济模式下的许多小众作品(典型的例子是小印量的学术著作)无法进入生产流程,原因在于达不到最小保本规模产量。即便对于高水平的作品而言,虽然最初不具备规模经济效应,但随着媒介产品逐步被市场认同,产量会随之增加,固定成本被逐渐分摊,平均总成本不断下降,直至达到平均总成本基本不变,逐渐扭亏为盈,于是该媒介产品便达到了规模经济水平。例如,上海三联书店出版的《财产权利与制度变迁:产权学派与新制度学派译文集》,作为一本高水平的学术著作,首印只有 4000 册,但经过多次重印,现累计印数已达 3 万多册,其过程就是一个从规模不经济到规模经济的过程。然而这一过程可能比较漫长,媒介组织在较长时期内面临着成本压力和市场风险。在数智化互联网媒体及社交媒体平台经济条件下,由于内容产品的非竞争性,内容产品多复制一次,并未减少他人的使用效用,但却增加了内容产品的交易价值,而边际成本依然为零。由此可以推论,物理媒介经济是稀缺性经济,而数智化的互联网媒体及社交媒体平台经济则是富饶性经济。内容产品的富足性将极大改变供给和需求两端的传统经营模式,长尾效应以及个性化定制模式会成为普遍现象。

### 2. 需求侧规模经济效应显著

首先,数字化内容产品或服务零边际成本的存在,导致用户获取数字化的内容产品或服务变得更加容易和便利,传统渠道的价值迅速降低到冰点,用户不再为获取实体内容产品或服务买单,只愿为真正有价值的数字化内容产品或技术体验买单,用户和产品或服务通过互联网媒体平台可以直接建立起连接而不再被传统渠道中介所限制。渠道的含义则演变成了支撑数字化内容产品或服务的网络平台,例如 App Store、微信、声田、奈飞等,基础设施化的特征越来越明显,这也意味着具有越来越明显的规模优势。同时,互联网媒体及社交媒体平台的算法推荐提高了内容产品的分发效率,扩大了购买数量,提高了购买水平。因此,质和量两方面的提升促使数字化内容产品或服务的市场需求规模扩大,展示了明显而明确的规模经济效应,具有规模经济优势的互联网媒体及社交媒体平台的发展空间就更大,这就是规模经济红利。

其次,从交易过程看,互联网媒体及社交媒体平台经济也具有规模优势,具体体现为交易成本的下降。数据作为新型生产要素,可以成为新的竞争力源泉。个性化解决方案,其不同于传统媒介经济学意义上的定价歧视,而是以个性化、差异化为基础。新的交易模式将围绕以下几个方面展开:第一,交易成本,包括搜寻、传输、分享、核实和追踪的成本,在大规模数据和算法的介入下,可大幅降低;第二,去中介化,交易成本的下降、链接方式的改变,将使得媒介组织更加专业化、扁平化和平台化,而且区块链技术的发展,企业与用户、企业与企业之间的联系将更加直接,去中介化得以实现,减少了中间环节,提高了交易效率，交易成本自然下降；第三，提升互联网媒体及社交媒体平台的竞争力。从微观的角度看，互联网媒体及社交媒体平台经济有助于解决经济学中普遍存在的信息不对称和逆向选择难题，这是互联网媒体及社交媒体平台经济竞争力的核心源泉。信息对称性的改善，将改变营销、广告、和内容产品设计等方面的成本，提升整个媒介经济的生产率水平和社会福利水平。

### 3. 链接与共享创造新的规模经济模式

当零边际成本同时作用于供给和需求两端时，内容生产和消费的距离就开始消弭，过去相互独立的内容产、销两大阵营迅速走向了融合统一。产销合一者的出现，即一个人既是生产者也是消费者，既不是生产者也不是消费者，内容生产趋向自造。随着物联网技术的迅猛发展，内容生产的边际成本会越来越趋向于零，内容自造将引发极致生产力，并重整供需关系。产销合一的结果是，仅凭努力创新产品，部分互联网媒体及社交媒体平台可能无利可图，从而逼迫它们在内容产品之外寻找盈利机会，也就是在内容产品之外实现盈利，这就迫使部分互联网媒体及社交媒体平台关注链接而非内容产品，甚至可以说，链接才是部分互联网媒体及社交媒体平台真正的收入来源。内容产品链接的多寡意味着盈利潜力的强弱，链接种类则决定了盈利来源。例如，谷歌用关键词构建了人与信息的链接，进而通过竞价排名把这种链接关系变成了黄金屋，谷歌自身成了一台自动印钞机；脸书用社交关系链接了人和人，再利用社交关系显性化实现了广告营收。所以，从表面上看，真正帮互联网媒体及社交媒体平台赚钱的不是内容产品，而是因为内容产品的存在而收获的链接，如果说内容产品是1，那么，链接是0。随着物联网的普及，万物互联并非遥不可及，这将诞生出更广范围的链接，激发出更丰富的链接种类，进而催生更多元的媒体经济模式。

## 三、范围经济效应

偏数据的媒介技术创新还导致范围经济效应的提高。在传统经济学中，范围经济是指即使媒介产品数量增长中包含（运用相同或相似技术）新产品的增加，随着生产规模的提升，平均成本也会下降。而更精确的定义则是，考虑产品 $Y$ 的生产，它与产品 $X$ 相似但又不同，单独生产 $n$ 个单位的 $X$ 的成本为 $C$，单独生产 $n$ 个 $Y$ 的成本也是 $C$，如果生产 $n$ 个单位的 $X$ 和 $Y$ 的成本少于 $2C$，那么就存在范围经济。

范围经济的度量也可以用一个公式来表示。如果用 $SC$ 表示范围经济系数，则：

$$SC = \frac{C(产品1) + C(产品2) + C(产品3) - C(产品1 + 产品2 + 产品3)}{C(产品1 + 产品2 + 产品3)}$$

例如，假定公式中的 $C$（产品1）、$C$（产品2）、$C$（产品3）分别表示单独生产图文媒介产品、音频媒介产品和视频媒介产品的成本，$C$（产品1＋产品2＋产品3）表示联合生产图文媒介产品、音频媒介产品和视频媒介产品的成本。$SC$表示范围经济系数，如果 $SC>0$，表示存在范围经济，如果 $SC<0$，则意味着不存在范围经济。

范围经济广泛存在互联网媒介经济中，主要原因是存在技术和商业策略的通约性。大数据、云计算、人工智能算法技术作为数字经济的基础设施，在数字化平台经济领域都具有通约性，而且，数据也成为数字经济共同的核心要素资源。换句话说，现代智能商业或数字经济的基础设施表现在三个方面：海量的数据、算法技术的突破、算力的提升和算力成本的降低。这为互联网媒体和社交媒体平台自身以及互联网媒体和社交媒体平台之外的其他行业的融合创造了条件，前者产生媒介融合现象，后者产生跨界现象。所以，互联网媒体及社交媒体平台往往既做新闻资讯产品，也做音频产品、视频产品、游戏产品，甚至将不同技术类型的内容同时呈现在平台上，其本质就是源于"数据＋算力＋算法"技术的通约性。同时，数据可以打通多个甚至所有互联网平台，从而使互联网媒体及社交媒体平台的整体成本下降，产生范围经济。同理，"数据＋算力＋算法"技术在做调整自适后可以与具体数字化生产场景结合，运用数据要素，为其他行业的企业提供数字化转型服务，这是对传统范围经济内涵和外延的扩充和变革。对于互联网媒体及社交媒体平台经济而言，范围经济也因此有了新的含义和更积极的意义。

从商业策略看，一些科技型媒体公司利用雄厚的技术研发实力和积累的大量技术开发经验，进行跨界扩张或服务。这种商业策略，一方面是扩大收入、增加市场控制力的需要，另一方面是增强企业竞争力的需要。跨界的主要领域是产业互联网。产业互联网的核心任务之一，就是把实体世界全息映射到数字世界。产业互联网提升产业效率的基本原理之一，就是把实体世界的高成本事务映射到数字世界进行低成本处理，再反馈到实体世界。经由这一过程，技术和数据"互动"会更具效率。这是因为，技术可以更有效地获得全局信息，并从中低成本地获得互动机遇。范围经济效应根植于一个两界交集不断扩大的过程，必须也必然建立在数据的动态扩张之上。这种扩张包括内生型或外生型。前者指的是自身业务发展和扩张（横向或纵向）所沉淀的数据，后者指的是通过接入、购买、共享外部数据源（公开数据或私有数据）服务于业务目标。无论内生还是外生，企业业务与数据都需要形成共生关系。更多的数据将驱动业务优化和边界扩张，反之亦然。正是这种相互促进，驱动了数字世界和实体世界的加速融合，这是互联网科技型媒体公司渗透到产业互联网，形成跨界式范围经济的关键逻辑所在。

## 四、数据鸿沟

用户既是消费方同时也是数据资源的供给方加剧了数据的垄断。干中学是理解企业之间为何出现技能差距的原因，这可能体现为某种算法专利、某种先进的平台，但归根到底还是人员技能。为什么有些企业，包括个人，他们拥有数据，却不得不让渡给互联网媒体及社交媒体平台而无法从中获益？Teece（1986）构建的以独占性机制、互补性资产与主导设计为三大支柱的 PFI（Profiting from innovation）框架清晰地表明，这是因为数据资产的互补资产即数据分析能力，掌握在互联网媒体及社交媒体巨头手中，以至于 OECD 认为，数据分析能力才是真正威胁市场竞争的因素（而不是数据本身）。

从经济学角度看，对只拥有有限数据量的小微媒体或传统媒体来说，无论是从人才储备，还是从研发投入，或者从有限的数据规模来说，它们那点微薄的利润都不足以支撑其所需承担的成本，即投入与产出完全不能匹配。因此，可以明确地说，数据资源鸿沟让小微媒体或传统媒体自身来完成数据化的转型是十分困难的。

从经济学意义上说，数据只有形成了海量规模后，才可以发挥无限的潜力，这也是大数据存在的意义。影响小微媒体或传统媒体和所有用户的海量数据规模，并不在小微媒体或传统媒体手里，而是在互联网媒体及社交媒体平台手中。因此，解决小微媒体或传统媒体数字化转型难题的根本不在于小微媒体或传统媒体，而在于拥有庞大数据的互联网媒体及社交平台。这些公司由于过于专业化经营反而可能忽视数据服务能力，其原因在于数据的供给没有针对需求，无论是针对政府的服务，还是针对小微媒体或传统媒体和用户的服务。而这些数据未来可利用的空间，在扶持小微媒体发展或传统媒体转型方面可以发挥巨大的作用，这些作用是那些非海量数据资源的公司所不具备的，因为它们没有数据源。从这个意义看，发挥拥有海量数据的互联网媒体及社交媒体平台的作用，把长期沉淀的信息充分利用起来，才能消解数据鸿沟。

# 第四章　媒介商业模式创新：网络效应

2017年，硅谷一家名为 Nfx 的机构曾做过一项统计分析，统计分析对象是从 1994—2017 年所创建并且估值超过 10 亿美元的科技公司，一共 336 家。分析发现，这 336 家公司的核心商业模式都与不同类型的网络效应有关，网络效应越强，公司的估值或市值就越高，这期间，网络效应约占科技行业价值创造的 70%，这其中包含了谷歌、脸谱、奈飞、声田等平台型媒体。所谓平台型媒体，是指某一种主流的互联网、物联网、区块链、人工智能等技术应用与以文字、图片、音视频及互动等形态构成的内容生产体系有机结合所产生的媒体界面。那么，从创新与演化增长媒介经济学的角度看，让人感兴趣的是如下几个问题：这些平台型媒体创造的网络效应的底层商业逻辑是什么？它们如何通过网络效应实现爆发式增长？其定价机制是怎样的？它们又是如何进行商业变现的呢？本章拟对这些问题进行梳理和探讨。

## 第一节　互联网媒体及社交平台的网络效应

### 一、网络效应的含义

Rohlfs（1974）在一篇研究 20 世纪 70 年代早期远程电话主题的论文里涉及了网络效应这一概念，这是关于这个主题的最早的论文之一。之后，在解释网络效应时，很多文献都以电话网络为例予以说明。那么，究竟什么是网络效应呢？网络效应作为一种学术概念，并没有统一的界定，但对这一现象的描述却是基本一致的：网络效应就是指当一种网络产品或服务被越来越多的人使用时，这种网络产品或服务变得越来越有价值的一种效应。例如，社交网络是用于人与人之间交流信息、映射人际关系功能的一种互联网媒介产品或服务。无论是脸书、推特还是微信、微博等，当只有少数用户使用时，这种社交功能并不能有效地建立起来，因为需求侧的用户所感受到的效用极低，而供给侧的产品或服务价值也不能得到体现；而当越来越多的用户加入这一网络进行信息互动、不断创造出新的信息价值时，用户效用开始提升，网络产品或服务商业价值也开始体现出来；当这种网络产品或服务成为人们信息互动空间中不可或缺的一部分后，产品或服务的技术迭代越来越频繁，功能越来越多，越来越智能，用户价值和网络的商业价值也越来越大，这就是网络效应的一种具体场景和价值形态的表现。简言之，用户规模、连接互动、用户价值、网络商业价值是网络效应的核心词。推而广之，几乎所有的互联网媒体及社交平台，例如搜索、新闻资讯、电子书、教育、学术、音乐、视频、游戏、直播等都具有这一特性。

通过进一步分析会发现：广义上看，网络的类型不同，其产生的网络效应也不同；狭义上看，互联网媒体及社交平台的功能定位和业务类型决定了其在技术功能上和商业模式上的网络类型区别，相应地，所产生的网络效应也会产生差异。在本章的后面会看到，社交平台和互联网媒体平台在这方面存在明显差异。

通常而言，基于互联网网络产生了以下几种主要的网络效应：第一种是直接网络效应，也叫同边网络效应，指用户使用量的增加导致其他用户效用和产品价值直接增加，社交平台就是一个展示直接网络效应的经典案例。第二种是间接网络效应，即网络产品或服务的使用量增加催生了越来越有价值的互补产品，从而导致原产品价值的增加。例如，用户在使用图片分享这类互联网富媒体社交产品时，也会使用美颜这类智能工具或 App 产品，这就推动了它们的广泛使用，增加了用户效用和美颜产品的价值。第三种是双边网络效应，即一边用户的使用量的增加，会增加互补产品对另一边用户的价值，反之亦然；交易平台就属于这种类型。第四种是兼容性与标准型网络效应。数字产品要从彼此的网络效应中获益，客观上，它们需要是标准兼容的。例如，互联网 IP/TCP 协议本身就是一种标准，从微观层面看，这种效应常常会给互联网媒体及社交平台带来战略上的权衡，例如是否建立开放开源的开发者平台等。

## 二、衡量网络效应的三个价值法则

网络规模在达到临界点之前，可能对用户没有太大的效用，从而无法实现以收益计算的产品或服务的商业价值。也就是说，网络效应产生效用或商业价值有一个阈值前提，这个阈值就是临界点。临界点是针对具体产品或服务而言的，与有效用户数量、成本与收益相关联。通俗地讲，互联网媒体及社交平台的网络效应临界点是指当其创造的产品或服务价值超过产品或服务本身（成本）和竞争产品或服务价值（收益）时的那一点。大多数具有网络效应的产品或服务只有达到临界点，才能真正地充分利用网络效应所带来的用户大规模自然增长，为产品或服务提供竞争防御能力。通常而言，当一种产品或者一项服务开始突破临界点产生网络效应时，用户就会开始有大规模自发式的增长，但这直接决定于网络产品或服务连接用户的技术方式、连接数量、用户互动的频率和强度，以及可变现模式的有效性。事实上，网络效应的形成可分为两个阶段：达到临界点前，互联网媒体及社交平台在用户策略上要主动拉新留存，制定成本及增长策略，在这一阶段，网络效应是媒介战略的结果，具有内在性；只有达到临界点后，才进入无成本扩展用户阶段，即自发式增长阶段，此时，外部性起作用。在达到临界点后，网络效应一旦产生，就会形成互联网媒体及社交平台的"护城河"，就能够有效地阻挡新的竞争进入，并保持公司的利润，甚至达到赢家通吃的完全垄断或寡头垄断的局面。

商业价值的衡量通常是需要量化的。那么，如何衡量网络效应的价值呢？在目前已有文献中出现了分别描述网络获益与网络规模之间关系的三个法则，这三个法则分别是萨诺夫法则（Sarnoff's Law）、梅特卡夫法则（Metcalfe's Law）和里德法则（Reed's Law）。

萨诺夫法则用来衡量广播网络的价值，或者从更宽泛意义上讲，用来衡量没有互动的单向信息传播的网络价值，例如有线电视网等。一般来说，用户从内容获取中获得的总价值与用户人数成正比。它的值按 $N$ 的比例增长（$N$ 是节点或用户的数量），即网络总价值 $V$（对网络的所有成员）与该网络用户数量 $N$ 成正比，用公式表示：$V = cN$（$c$ 为常数），这意味着网络价值的增长是线性的，同时也意味着对任何单个用户而言，网络平均用户的价值（$u$）是固定的：$u = V/N = c$。因此，在高度互动与分享的智媒语境下，萨诺夫法则的应用范围有限。

梅特卡夫法则是最著名的网络法则，用来衡量点对点的"非集群式"网络价值。梅特卡夫于 1980 年以幻灯片的形式提出这一法则，其含义是，随着联网的计算机数量增加（$N$ 越大），网上用户获取的价值会加速增长，与 $N$ 的平方成正比；而购买成本是线性变化的，与 $N$ 成正比。达到某一个临界点后，价值超过成本。1993 年，出版人乔治·吉尔德将梅特卡夫讲述的原理正式命名为"梅特卡夫法则"，并称这项法则对"新经济"的形成具有重要作用。2013 年，梅特卡夫本人对此重新进行了表述：网络价值随着用户数平方的增长而增长，即与用户数平方成正比。用公式表示：$V = cN^2$ ［该公式的推导过程为：2 个用户组合的数量是 $N(N-1)/2$，如果每个用户具有同样的价值，并且互动者具有相同的价值，那么，总价值与这种组合的数量成正比。当 $N$ 值很大时，它完全与 $N^2$ 成正比］。这意味着对单个用户（$u$）而言，网络平均用户价值与网络用户数量成正比：$u = V/N = cN$。进一步分析，梅特卡夫法则主要阐述了两点：第一，规模是网络价值的基础，网络上的"节点"即用户数量越多，网络的整体价值越大。第二，规模对网络价值的影响具有外部性，即规模越大，单个存量用户获得的效用越大。随着新节点/用户的接入，呈网络价值非线性增长，对原来的节点/用户而言，从网络获得的价值也会越大。一般实物资产，分享者愈多，个体所得愈少。网络则不同，由于网络价值与用户数的平方成正比，价值增幅超过节点/用户数的增幅，所以，网络系统内节点/用户数越多，单个节点/用户可以分享到的价值反而越大。

里德法则适合用来衡量集群式（clustering）网络价值。2001 年，MIT（Massachusetts Institute of Technology，麻省理工学院）计算机科学家戴维·里德（David Reed）宣称梅特卡夫低估了网络的价值。他指出，在较大的网络中可以形成规模小一点、但联系更紧密一点的网络。因此，里德认为网络总价值是该网络用户数 $N$ 的指数方程，这意味着网络的价值是以指数级（$2^N$）增长，比如微信、WhatsApp 等的群组增长，这个增长速度要远远快于梅特卡夫法则描述的增长速度。里德法则用公式表示：$V = c2^N$，即当 $N$ 值很大时，$V$ 近似地与 $2^N$ 成正比。里德法则表明，集群式网络效应可能与创造性团队的形成有关，因此，集群式网络效应的关键是要形成一个团队。里德法则可能抓住了创造性网络的一个重要思想，为大集群中形成的创造性团队的作用提供了解释。

假设以同样的速度增加节点的数量，那么，在上述三种类型的网络效应中，哪种类型的网络效应价值增加最快呢？通过将三种网络效应进行比较，可以得出一个结论：里德法则最快，梅特卡夫法则次之，萨诺夫法则最慢，原因有以下几点。

第一，网络效应与用户互动方式关联。网络效应的内核是互动，但不仅仅是线性点播式的人机单向或双向互动，更重要的是用户与用户之间的人人互动，或者技术功能所提供的"节点"与"节点"之间的双向、多向互动，甚至是数据与数据之间的互动，无论是供给侧还是需求侧，"节点"与"节点"之间的互动频率越高，强度越大，范围越广，网络产生的价值越大。例如，弹幕为什么成为 B 站的特色？弹幕不仅仅是一种技术、一种文化，更重要的是，它解决了视频互动中单一的人机互动的缺陷，是一种多向、实时的人人互动、人媒互动，是 B 站构筑网络效应的最强大武器之一。

第二，网络效应与网络密度正向关联。网络是"节点"与"节点"之间的链接，节点之间的链接可以是单向也可以是双向或多向的。同时，链接的强度、活动频率也不一样，中心节点的链接相对较多，边缘节点的链接较少。网络规模的大小可以通过节点的总数来衡量，即网络的密度。而网络的密度是由网络中每个节点的平均链接数所决定的，更强的网络链接意味着更大的网络规模和更高的网络密度，反之亦然；如低密度网络链接的声田、高密度网络链接的领英等。在真实世界的网络中，一些倾向于聚集或形成比整个网络更紧密的更活跃的局部分组节点，被称为集群。集群系数（clustering coefficient）可用来衡量网络中的集群程度，通常集群系数越高，表示网络价值随着产品或服务的使用量的增加而增长，如 Facebook Messenger 的网络集群等。

第三，网络效应与网络的不规则性关联。不规则性是网络的基本特征之一，真实世界的网络是一个复杂系统，而复杂系统通常存在不规则性。真实网络中的节点包含了热节点、死节点以及集群，所以在单个网络中，节点和链接的性质、配置可能会有很大差异。网络中链接最密集、最活跃的"白热中心"非常重要。例如，一个社交平台和内容平台上最积极、最活跃、有着庞大粉丝群的关键意见领袖（Key Opinion Leader, KOL）或内容创造者就是网络平台的"白热中心"节点，这类 KOL 或内容创作者有着比较强大的号召力，对粉丝的影响力较大，他们以此为中心形成一个个局部集群，以加速网络效应的形成和价值的提升，微博热搜、微信群等都是这个原理。因此，找到网络中的这些"白热中心"节点，并且有效链接这些节点，互联网媒体及社交平台的一些关键业务数据就会被很快地带动起来。可以说，白热中心节点就是"二八法则"中那些产生 80% 价值的 20% 用户。

第四，网络效应与网络不对称性关联。所有类型的交易平台都有不对称性，即一端的节点或用户获取难于另外一端，这个特征对于互联网媒体平台的重要性不言而喻。例如，一些内容付费平台，优质的作者相对付费的用户而言更难获得，对纯社交平台而言也非常重要。例如，如果微信仅有即时通信工具的话，是很难有效完成变现的，必须搭载一个内容工具才能将即时通信工具上的用户变现，这个内容工具就是微信公众号。针对早期的内容创作者都是依赖微信公众号平台作为其作品的主要传播基地，微信通过开发辅助内容生产和分发的工具，前期就能够很自然地将这些优质的创作者"牢牢锁定"在其平台上，再利用优质作者节点去吸引更多的读者或用户节点，从而完成变现。

因此，低密度网络与高密度网络，无论是内容原创型网络，还是社交网络、内容服务网络或者零成本信息获取网络与非零内容成本获取网络等，不同的应用平台或内容平台在网络效应上存在着明显的差异。总体而言，社交媒体是高密度集群型网络，内容服务型媒体是低密度甚至是点播型网络，虽然它们都有智能算法推荐机制，但所产生的网络价值明显不同，从而直接影响到网络应用平台或内容平台的商业模式，尤其是变现模式。

## 三、网络效应的经济学性质

网络效应存在边际报酬递增现象：由 $n$ 节点构成的网络，其价值按照全连通的理想情况来计算是 $n(n-1)/2$。加入 1 个节点，增加的链接数为 $n$，加入下一个节点，增加的链接数为 $n+1$，也就是说，网络规模越大，增加 1 个节点所得到的价值增量越大，这一点已得到广泛的认同。但关于网络效应的其他性质，例如技术性、内生性、外部性等经济学意义上的问题，从互联网媒体及社交媒体平台的角度看，依然存在着不小的争议。

**（一）网络效应的技术性**

在现有的大多数文献中，几乎所有对网络效应的阐释都是建立在网络节点之间自发存在需求依赖性的前提下。在直接网络效应中，例如社交平台，用户之间的社交需求是天然相互依赖的；在间接网络效应中，例如存在内容交易的双边网络平台，作为卖家的内容提供者或创作者和作为买家的用户之间的交易需求也是天然相互依赖的。也就是说，前述网络效应并没有创造依赖性，只是利用了已经存在的依赖性，表面上看，这一机制似乎是合理的，这种网络效应可称为自然网络效应，但不是网络效应的全部内容。

随着数据及算法技术的发展，还存在另一种网络效应，它并不是利用已存在的用户需求依赖性，而是利用技术创造新的依赖性。以搜索引擎的发明与大规模运用为例。搜索业务作为智能化媒体的商业原型，可能是互联网上最早运用大规模算法的媒体应用。搜索引擎的发展既非如社交平台般受益于直接网络效应，也非如双边网络平台般受益于间接网络效应。搜索引擎更多地受益于这样一种网络效应——越多的用户使用该搜索引擎，其搜索算法越优化，精度优势越明显，因为用户的每次点击行为，都为搜索引擎优化下一次判断提供了更多、更精准的信息和数据，从而吸引更多的用户使用，反之亦然。这种技术与用户之间的相互牵引，导致供给侧信息产品价值越来越高，需求侧用户效用越来越高，而用户规模也会越来越大。这种网络效应源于同一群体，符合直接网络效应的定义。但不同于社交网络，它不是源于该群体内个体之间的自发互动，而是经由应用平台的某种技术，例如搜索算法来实现的，具备这种特征的网络效应可称为技术网络效应。技术网络效应也是智媒的基本特征之一。前者可以简单理解为，只要有聪明的算法技术，数据与数据之间会相互吸引，连成网络，产生数据互动，创造新的价值。技术网络效应与自然网络效应的区别是，前者需要互联网媒体及社交媒体平台的算法技术，因为各种数据是不会主动连接和互动的。

**（二）网络效应的内生性**

网络效应是自动发生的吗？在许多文献中，作为一种典型，网络效应或多或少地被认为是自动发生的，例如，关于网络效应情形下的战略企业行为的各种文献充斥着媒体版面，但这与网络效应是自动发生的说法相矛盾。因为企业战略行为常常带有强烈的主观商业意图，从这一点讲，既然网络效应是企业的战略行为，那么就说明网络效应可能存在着被主观意图所操控的情形。但经典的网络效应例子都是自然网络效应，这导致早期很多的经济学文献都将网络效应视为某种外生的市场属性。近年来，尽管经济学者和管理学者都开始强调网络效应的内生性，但传统力量仍然强大。从媒介经济行为的角度看，网络效应的发生实际上都是互联网媒体及社交平台运营者的各种策略影响和大量动态投入的主观努力的结果，而非一个简单的客观目标。如同媒介技术具有内生性的经济学特征一样：核心技术必须依靠长期而艰苦的研发创新才能获得，即便一般技术可以购买引进，它也是有成本的，而且核心技术是即便花钱也买不来的。网络效应的内生性不仅表现在战略行为上，还表现在一系列决策上，例如应用工具、应用平台是否开放，如何开放、向谁开发等。开放与否还包括兼容决策，例如，社交媒体创造的点赞、分享等技术功能直接出现在由传统媒体转型而来的网站/App上，就创造了传统媒体本不存在的网络效应。类似媒介产品的内容或服务价格的竞争与运营的决策，几乎每天都在真实地发生，从而构成了具体而细微的、真实的媒介网络效应。

### （三）网络效应的外部性

网络效应具有外部性，或者说网络效应的成本为零吗？这与网络效应并非自动发生似乎是矛盾的。但其实这个观点是有道理的，前提是要分辨不同的成本类型。不考虑内容成本，互联网媒体及社交平台的运营者至少需要付出三类成本：平台本身的固定成本、多边网络的运营成本、支撑用户互动行为的成本。边际成本的概念主要指的是后面两种成本，前述各种策略所涉成本可归为运营成本，而与网络效应直接相关的是最后一种。支撑用户互动的成本也是边际成本。例如，一旦互联网媒体及社交平台建成，由于内容复制的边际成本为零，多点击一项内容或少点击一项内容几乎没什么成本差别；或者用户多发一条互动信息或少发一条互动信息也几乎没什么成本差别。因此，因用户互动行为而增加的成本可大致视为零或趋近于零。由于网络效应是互动的结果，而互动边际成本为零或趋近于零，称网络效应成本为零似乎是顺理成章的。实际上，互联网媒体及社交平台网络效应的这一特征，又被称为网络外部性，即几乎不需付出成本便能享有因用户规模扩大而带来的收益。但广义的成本对网络效应普遍存在，因此，零成本或外部性是特指边际分析意义上用户的互动成本，而非网络效应是无须花费成本自动形成的，至少在初创期或达到临界点之前它还是客观存在。

## 第二节　网络效应：一种商业模式创新

### 一、互联网媒体及社交平台的网络效应是一种商业模式创新

在国外已有的关于商业模式定义的文献中，比较有代表意义的定义有以下四种。一是将商业模式描述为企业的经济模式，其本质内涵表现为企业获取利润的方法和行为。例如，迈克尔·拉帕（Michael Rappa，2000）认为商业模式的最根本内涵是企业为了自我维持，也就是为了赚取利润而经营商业的方法，从而清楚

地说明企业如何在价值链上进行定位,并获取利润。① 二是把商业模式描述为企业的运营结构,即说明企业通过何种内部业务流程和基本构造设计来创造价值。例如,保罗·蒂默斯(Paul Timmers, 1998)将商业模式定义为表示产品、服务和信息流的架构,内容包含对不同商业参与主体及其作用、潜在利益和获利来源的描述。② 三是将商业模式描述为对不同企业战略方向的总体考察,涉及市场主张、竞争优势和可持续性等。如威尔(Weill, 2001)等把商业模式定义为对企业的顾客、合作伙伴与供货商间关系与角色的描述,目的在于辨认主要产品、信息和资金的流向以及参与主体能否获得主要利益。③ 四是从整体上和经济逻辑、运营结构与战略方向三者之间的协同关系上说明企业商业系统运行的本质。如迈克尔·莫里斯(Michael Morris, 2003)等认为商业模式是一种简单的陈述,旨在说明企业如何对战略方向、运营结构和经济逻辑等方面一系列具有内部关联性的变量进行定位和整合,以便在特定的市场上建立竞争优势。④ 国内学者对商业模式的定义,其中比较独特的是北京大学魏炜、清华大学朱武祥(2009)所下的定义,即商业模式本质上就是利益相关者的交易结构,完整的商业模式体系包括定位、业务体系、关键资源能力、盈利模式、自由现金流结构和企业价值六个部分。⑤ 虽然上述学者对商业模式的构成要素和定义的描述不尽相同,但可以看出,商业模式主要涉及三个方面的问题,即企业的盈利或收入来源,企业内部的业务流程和在识别利益相关者基础之上的外部交易结构,企业的发展战略定位或价值观。

每一个时代的"媒介网络"都会催生独具其时代特色尤其是技术特色的商业模式,在互联网及人工智能时代,新技术不仅催生了新的公司,而且时常引发新的商业模式,技术进步呈现出自我繁衍和收益递增的趋势。具有网络效应的数字媒介,其商业价值通常会呈现爆发式的增长。因此,基于互联网媒体及社交平台所形成的网络效应本质上是一种新的商业模式,而在此基础上进化而来的智媒时代的网络效应则进一步反映并揭示了媒介商业模式创新的本质特征。

智媒时代的互联网媒体及社交平台本质上属于双边网络市场,对于传统商业

---

① M. Rappa, "Business Models on the Web: Managing the Digital Enterprise",发布日期:2009 – 02 – 25, http://digitalenterprise.org/models/models.html,访问日期:2020 – 03 – 20。

② P. Timmers, "Business Models for Electronic Markets", *Journal on Electronic Markets*, 1998, 8 (2): 3 – 81.

③ P. Weill, M. R. Vitale, *Place to Space: Migrating to e-business Models*, Harvard Business School Press, 2001: 96 – 101.

④ M. Morris, M. Schindehutte, A. Jeffrey, "The Entrepreneur's Business Model: Toward a Unified Perspective", *Journal of Business Research*, 2003, 58 (1): 726 – 735.

⑤ 魏炜、朱武祥:《发现商业模式》,机械工业出版社2009年版,第10~11页。

模式中的构成要素，如盈利或收入来源、内部业务流程、利益相关者、外部交易结构、企业价值等依然适应，也仍然发挥着基础作用。但智媒时代的互联网媒体及社交平台的商业模式具有一定程度上的天然网络效应，或者说，网络效应是其商业模式的核心内涵和特质，与传统商业模式有着本质上的区别。

第一，媒介技术语境差异导致了传统商业模式和网络效应商业模式构建前提假设的差异。在传统商业模式下，以企业价值为核心前置，所有活动均围绕企业展开，即便强调消费者效用，其效用也是间接的。互联网媒体及社交平台的网络效应商业模式以用户效用增长为基本前提假设，为用户创造价值成为其出发点，因为用户价值既是产品运行的前提，也是维护产品持续经营的根本。在一个来去自由、没有限制、没有障碍、充分竞争的市场中，媒介产品能吸引用户使用并保持持续的活跃度，一定是因为媒介产品自身具有不可替代的价值。也就是说，媒介产品不仅要为用户创造价值，而且其自身价值要足够大、足够独特，才能形成独特的市场竞争优势。

第二，互联网媒体及社交平台强调用户因互动与分享带来的价值创造，通过互动与分享扩展用户规模，这是增长的核心。因此，内容或应用承载体的技术和服务功能十分重要。互联网媒体及社交平台网络效应商业模式的承载体是互联网应用平台或内容服务平台，因为技术和服务直接面向用户，所以技术体验和服务体验占据重要地位。

第三，增长方式和增长能力存在重大区别。传统商业模式下的企业增长方式主要依赖产品或服务的销售，与销售规模和销售量基本呈线性相关关系。互联网媒体及社交平台网络效应商业模式的增长方式主要依赖越过临界点之后的网络外部性带来的用户规模增长和活跃程度，不论其是否付费，增长水平一般以指数级速度增长。

第四，增长驱动力不同，这也是最重要的一点。互联网媒体及社交平台网络效应商业模式的增长驱动力来自数据，庞大的数据资源积累与数据分析、运用是关键，也就是说，网络效应商业模式是数据驱动的商业模式。

第五，变现模式发生延展。盈利模式是利益相关者之间利益分配格局中媒介组织利益的表现。建立在业务系统之上的交易结构既形成成本，也构成收入流，但互联网媒体及社交平台网络效应下的变现方式可以使用多种收益和成本分配机制。传统物理媒介的业务和交易在成本与收入的结构上往往一一对等，而智媒语境下的数字化、网络化、平台化互联网媒体及社交平台在成本—收入的构成结构上并不是完全对等关系，除让第三方支付成本外，数据作为核心要素资源和资产，有变现的要求，在算法技术加持下，也有变现的能力。

上述五个特征连同传统商业模式中仍然有效的要素和运行逻辑，形成了新的网络效应商业模式（如图4-1所示）。

# 第四章 媒介商业模式创新：网络效应

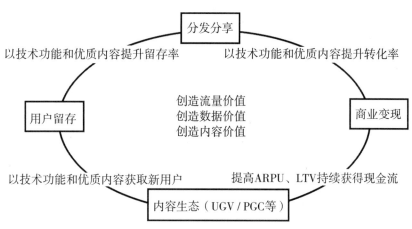

图4-1 基于应用平台网络效应的媒介商业模式运行

如图4-1所示，以互联网媒体及社交平台为中心连接点的网络效应下的商业模式，是在技术的支撑下实现内容和商业的循环，而且是闭环。技术应用连接各类用户，创造新的内容形态和产品形态，营造多元内容生态，满足用户对内容和互动的效用，这种连接呈现明显的网状结构；商业价值的实现依赖于各类用户规模、用户活跃度以及用户的货币支付，一方面，用户留存成为关键，另一方面，这种支付呈多边网状结构；数据不仅仅是要素资源，也是技术，实现精准分发与分享；这一过程分别创造了流量价值、数据价值和内容价值，再以适当的多边交易方式完成变现，获得营业收入，实现各要素资源的商业价值，网络效应越强，其商业价值越大。

不考虑与内容直接关联度不大的开放开源的纯技术性程序开发者，网络效应下的互联网媒体及社交平台的上述商业模式不仅证明了传统媒介商业模式中的商业逻辑和基本要素仍然有效，而且将两者的差异也表现得淋漓尽致。这一效应可以从以下几个方面得到证实。

第一，用户来到双边媒介市场售卖他们的注意力以换取技术和内容体验，广告商来到市场的另一侧购买用户的注意力。媒介产品的用户越多，广告商就越有可能在那家的媒介产品身上花钱，并且愿意花的钱也越多，卖家（如读者/浏览者）对买家（如广告商）有着直接的正面的网络效应，反之亦然。因为理论上，广告收入越多，应用平台方就越有资源提供更好的技术体验和服务。

第二，内容提供商及内容创作者就也来到这个市场售卖他们的内容产品，用户来到市场的另一侧消费他们感兴趣的内容产品。内容产品的用户越多，内容提供商及内容创作者越愿意提供更多更好的内容产品，买家（如读者/浏览者）对卖家（如作者、专业内容提供商）有着直接的正面的网络效应，反之亦然。因为理论上，内容产品的收入越多，内容提供商及内容创作者就有更多的经济资源投入创造更好的内容产品。

第三，这种双边市场效应建立在一个技术功能先进、使用便捷的互联网媒体及社交平台基础上，因为买卖双方不会自动发生联系，所以必须通过互联网媒体及社交平台进行连接，由此产生第三个颇有争议的网络效应——数据网络效应，用户越多，贡献的数据就越多，应用平台新产生的数据集越多，就会吸引更多的用户使用数据，从而形成所谓的数据网络效应。同时，算法精度随着数据规模增长而越来越高，内容及广告推送精准度提高，用户效用以及广告主、内容提供商、应用平台方的价值也随之得到提升。

## 二、互联网媒体及社交平台网络效应商业模式的增长策略

从前述网络效应的定义看，互联网媒体及社交平台产生网络效应的关键在于获取用户规模以及增长策略。关于这一点，有两种模型可以参考，一种是 AARRR 海盗模型，一种是 RARRA 黑客增长模型。

2007 年，戴夫·麦克卢尔（Dave McClure）在其"海盗的启动指标"的演讲中提出了一种业务增长模式——海盗指标 AARRR 模型，Dave McClure 制定了用 AARRR 指标方法来跟踪产品营销和管理。AARRR 模型包括五个顺序指标：用户拉新（acquisition），用户激活（activation），用户留存（retention），用户推荐（referral），商业收入（revenue）。该模型从上到下放置 AARRR 指标，它是一个线性顺序，并最终形成一个用户漏斗分析模型（见表 4-1）。AARRR 模型很简单，它突出了增长的所有重要元素——拉新获客。但有观点认为，这一模型面临严峻考验，因为对于现下的大多数应用平台而言，获取新用户几乎毫无意义，老用户流失严重。正如乔纳森·金（Jonathan Kim）所说，AARRR 模型对 SaaS（Software-as-a-service，软件即服务）型的媒介平台来说，是一个很糟糕的、过时的模型，虽然大部分内容仍然有效，但确确实实已经过时了。

表 4-1 AARRR 模型：一个线性顺序的用户漏斗模型

| 步骤顺序 | 方　　法 | 主要参考考核指标 |
| --- | --- | --- |
| 1. 用户拉新 | 广告/媒体渠道 | 下载安装量、网页访问数 |
| 2. 用户激活 | 内容价值功能体验 | 注册量、当日留存数 |
| 3. 用户留存 | 培养用户忠诚度 | N 天留存率、月活跃用户、频次 |
| 4. 用户推荐 | 用户推荐、分享 | 产品评级、社会扩散 |
| 5. 商业收入 | 销售促进、内容下载技术迭代 | 用户平均收益流、用户生命周期商业价值、内容购买、广告 |

托马斯·佩蒂特和贾博·帕普（Thomas Petit and Gabor Papp）于2017年提出RARRA黑客增长模型，对海盗指标AARRR模型进行了优化。RARRA黑客增长模型的真正关键在于用户留存，而不是获客，突出了用户留存的重要性。RARRA模型依然由五个线性指标构成，但位置顺序发生了变化，五个指标及顺序分别为：用户留存，为用户提供价值，让用户回访；用户激活，确保新用户在首次启动时看到你的产品价值；用户推荐，让用户分享、讨论你的产品；商业变现，一个好的商业模式是可以赚钱的；用户拉新，鼓励老用户带来新用户。RARRA模型通过最重要的指标——用户留存来关注增长。也就是说，真正反映整体真实增长情况的指标都应该被首先重视，而留存率是反映用户真正价值的指标——因为用户会真实地每天来使用网络应用产品。

由此，RARRA模型创建了增长战略。一是从提高用户留存开始。提高用户留存是产品增长的基础。第一步是评估产品当中当前留存率情况和主要用户流失节点。第二步是计算 $N$ 天留存率，以查看有多少用户返回产品并准确确定用户主要流失节点，然后集中优化和改善。二是加快用户激活。为用户提供愉快的第一次体验更为重要，为此，需要清楚用户产品上的主要操作：是购买，还是分享照片？是加好友进行社交，还是在评论内容？一旦定义了激活里程碑，就可以专注于构建用户引导。三是建立有效的推荐系统。根据尼尔森进行的一项研究，92%的人信任朋友的推荐。因此，可以通过激励手段，让已经留存下来的忠诚用户将产品推荐给周边的用户。四是提高用户的终身价值（Life Time Value，LTV）。LTV = LT × ARPU；LT（Life Time）为用户的平均生命周期，是指一个用户从第一次到最后一次使用产品之间的时间段。ARPU（Average Revenue Per User）是指用户平均收入。假定 LT = 9.87 天，ARPU = 0.5 元/月，则 LTV = 9.87 × (0.5/31) ≈ 0.16 元。这就表明，用户留存时间越长，价值就越大。

从硅谷的科技型媒介公司的市场运营实践来看，RARRA模型确实是一种取得有效的网络效应的业务增长模型。

第一，增长黑客（Growth Hacking）是一种文化。增长黑客是领先的科技型媒体公司系统化扩大用户群的核心竞争力，增长是最核心的部分，是最成功的科技型媒体公司的DNA。增长黑客是一门多学科的技能组合，整合了营销传播、产品管理、数据分析和开发等要素，以回答"如何获得和留住客户"这一现实问题。

第二，增长黑客是数据驱动型模型，以数据观点来思考产品或营销与绩效的关系。以数据为前提、在产品设计阶段就加入营销理念，设计开发运营团队由编程技术＋数据分析＋营销经验等跨部门人员组成。

第三，将行为经济学注入模型中，以内容质量和用户体验为核心创造对用户需求有价值的产品。增长黑客从用户终身价值和留存的角度，优化整个用户转化漏斗中的内容质量和交互体验。

第四，增长是环状跳跃式的（获取用户的成本较低），而不是线性的。通常将产品嵌入大型平台，通过新用户与产品的交互撬动更多的新用户加入；同时，以产品交互作为通知触发器，吸引回头客并增强产品价值，使产品成为用户的首选。因此，产品具有自我推销的能力，而且大多数增长策略都是免费的，或者不需要大量的预算。

第五，关注速度，而非完美。科技产品的一个重要优势是能快速轻松地收集真实用户数据，这有助于产品在发布后快速优化产品体验（迭代），甚至优化需匹配的市场。

## 三、案例：脸书构建基于网络效应的商业模式之路[①]

脸书、谷歌、亚马逊、微信、抖音、今日头条等互联网媒体及社交平台，在基于网络效应的商业模式创新上都是表现得淋漓尽致的经典案例。以全球最大的社交媒体脸书为例。脸书平台同时包含了三种类型的经典平台型网络：社交网络平台，以映射和建立人与人的社交关系，这也是脸书的发端产品；开发者平台，通过为大量个人开发者提供应用服务，逐渐变成一个带有全球性质的开发者平台；交易市场平台，具备广告投放市场的特征，包括用户和广告主。这三种类型的经典平台型网络分别包含了直接网络效应、双边网络效应以及兼容性与标准型网络效应。

脸书的网络效应形成过程，简言之，可浓缩为四大阶段：第一阶段，利用技术优势，探索产品及服务模式的价值，形成独特的产品功能定位和市场定位；第二阶段，利用病毒式传播，以留存用户为核心，构建初始增长策略；第三阶段，利用分享与互动技术以及商业增长策略，持续提升用户的参与度；第四阶段，形成网络效应，建立有效的变现模式和健康的现金流结构。

### （一）探索产品及服务模式的价值，形成独特的产品功能定位和市场定位

定位就是媒介组织围绕价值链、价值网选择做哪些业务、体现什么价值的问题。场景式的、细致的、差异化的定位才能催生好的媒介商业模式。创业初期，脸书的产品功能定位和市场定位选择一直处于不断发现和迅速改进的过程中，脸书最开始建立的不是社交网络，而是先建立了一个个人模式的工具，在有了少量的用户基础之后，才开始建立人与人之间的关系网络，并最终转变为多人网络模式。这一点符合大多数科技型媒介的成长、发展路径的共同特征，多人连线模式

---

① 参见余鹏：《打造增长核武器（2）：Facebook 的网络效应之路》，发布日期：2020 - 04 - 07，http://36kr.com/p/1725381083137，访问日期：2020 - 05 - 10。

是链接的开始,具备网络雏形,有了初始用户;但离商业化的目标还远。营运者亟须思考的问题是,产品/服务要沉淀的是用户关系,还是优质的内容?还是两者都有?这就是定位。

### (二)自然病毒增长功能和属性

有了第一步的基础产品/服务价值之后,接着需要思考的是,如何利用关键资源能力,完善业务体系,创造新的价值,进一步吸引、留存用户,保持较高的活跃度。脸书的增长策略主要是利用产品/服务自带的病毒式传播属性,当产品成为学生们建立联系的方式之后,就带来了自然病毒增长。病毒增长源于一种链式传播,通常会按照裂变式传播方式增长,过了某个临界点后,增长速度呈指数级增长。脸书的价值随着网络中节点的增长,以几何速率增长。因此,具有自然增长病毒能力或初始属性的产品,能够充分利用这种能力和属性让增长效率事半功倍。

### (三)互动触发并形成有效的增长策略

需求侧用户互动是形成网络效应的核心要素之一,用户与用户间互动表示用户活跃度,用户与平台的互动表示用户参与度,两者直接反映了用户效用的大小,决定了用户留存率。因此,活跃度、参与度、留存率这些指标都可以涵盖在互动中。应用平台的商业价值指标主要是日活跃用户(DAU)和月活跃用户(MAU),但用户留存率更重要。对从创业初期直到形成网络效应临界点前的应用平台来说,RARRA 模型已经表明:如果不努力提升用户留存率,就会像一直拿着一个漏水的水桶在接水,终究会前功尽弃。因此,围绕留存率指标,脸书通过一系列的数据分析,找到了一个对提升留存率起着极大作用的触发点:在注册之后的 14 天内与 10 个朋友建立联系,从而找到了有效的增长策略,而留存率、活跃度这些指标就自然而然地随着互动率的增加而得到提升。

### (四)实现网络效应

定义出关键指标之后,脸书一直在持续不断地改进、推出新的功能,在保障用户快速增加的同时,也能在平台上保持持续的活跃度和参与度(见表 4-2)。

表 4-2 脸书重要功能发布节点时的用户月活数据

(月活用户单位:0.1 亿人)

| 年 份 | 2004 | 2005 | 2006 | 2007 | 2008 | 2009 | 2010 | 2011 |
|---|---|---|---|---|---|---|---|---|
| 月活用户 | 1 | 6 | 12 | 58 | 145 | 360 | 608 | 845 |
| 技术功能 | 移动网页、开发者平台、like 按钮、timeline | | | | | | | |

资料来源:余鹏《打造增长核武器(2):Facebook 的网络效应之路》,发布日期:2020-04-07,https://36kr.com/p/1725381083137,访问日期:2020-05-10。

表 4-3 是脸书 2009 年 6 月至 2011 年 12 月的用户活跃率数据,反映了脸书在网络效应到来的时刻,其用户规模不断扩大的同时,用户活跃率不减反增,从

而再次印证了网络效应增长策略的关键在于提高用户留存率的重要性。

表4-3 脸书网络效应出现的重要标志：用户活跃率指标

| 年份/月份 | 2009/06 | 2009/09 | 2009/12 | 2010/06 | 2010/09 | 2010/12 | 2011/06 | 2011/09 | 2011/12 |
|---|---|---|---|---|---|---|---|---|---|
| 用户活跃率 | 45% | 47% | 51% | 53% | 53% | 54% | 56% | 57% | 57% |

资料来源：余鹏《打造增长核武器（2）：Facebook 的网络效应之路》，发布日期：2020-04-07，https://36kr.com/p/1725381083137，访问日期：2020-05-10。

网络效应绝对不可能在用户规模小的时候发生。当业务指标达到临界点（critical mass）时，网络效应的能量才会真正爆发出来，商业变现才能随之而来。在商业变现中，ARPU 指标是一个十分重要也十分有效的指标，它直接反映用户商业价值的质量和大小。随着月活用户规模的持续扩大，脸书的 ARPU 持续提升，有效的盈利模式也随之正式形成。（参见表4-4）

表4-4 2018 年美国各社交网络每用户平均收入 ARPU 排名

（单位：美元）

| 媒介名称 | 金额 |
|---|---|
| 1. Twitter | 9.48 |
| 2. Facebook | 7.37 |
| 3. Pinterest | 2.80 |
| 4. Snap | 2.09 |
| 5. Reddit | 0.30 |

资料来源：根据各公司年度财务报告数据计算。

脸书创立、成长、发展的轨迹揭示了基于网络效应形成的商业模式的三个关键特征：①先建立个人模式的技术工具，有了小量的用户基础之后，开始建立人与人之间的连接关系，并转变为多人模式的网络平台；②网络效应的触发应有进入策略，从一个个小的集群开始进入，这样最具突破力，因为集群式网络效应最具成长爆发力；③把最核心的增长策略放在如何提升用户的参与互动度上，以此来提升用户留存率与活跃度，而不是一味把目标放在成本巨大的获客手段上。

脸书的网络效应形成、增长过程以及建立在网络效应基础上的商业模式不是个案，其几乎揭示了绝大部分成功的互联网应用媒介平台背后的技术、商业规律，对正在创业、转型的互联网媒介具有一定的借鉴意义。

## 四、网络效应商业模式的进一步分析：两种不同的总边际成本

互联网媒体及社交平台的网络效应商业模式具有一定的共性，主要体现在成本构成和运营上。从成本构成上看，一般都有很高的固定成本：一方面是巨额研发成本，用于研发新技术，改进、迭代应用产品，以保证技术功能的先进性和提升用户技术体验感；另一方面是用于云服务器、宽带甚至数据中心等基础设施的成本。在变动成本方面，主要是多边网络的运营成本、支撑用户互动行为的成本。从运营上看，体现出的基本经济原理也是一样的：先花大量的资金开发新技术产品，建设新设施，再利用最小的边际成本来提高产量。这种经济模式的总边际成本低，研发成本占据了更大的比例，也就是说，固定成本很高，一般需要大量资金才能开始运营，但一旦成功，产生的回报将远远超过投资总额。同时，由于固定成本高，也需要较大规模的市场才能分摊成本，因此，网络效应非常重要。

但在某种程度上，互联网媒体及社交平台的商业模式又可以是完全不同的，因为互联网媒体及社交平台的总边际成本并不一样，虽然内容的复制和传播的边际成本为零，但并不意味着总边际成本也为零，这是两个不同的概念。其主要原因是，在维持双边或多边网络的运营成本、支撑用户互动行为的成本不变的情况下，互联网媒体及社交平台的内容成本不一样。有些应用平台的内容成本为零或极低，几乎可以忽略不计，且未产生新的运营成本，因此，总边际成本也几乎为零。有些应用平台则存在内容购买成本或自制内容成本，从而产生了内容边际运营成本，这样，总边际成本将不为零，甚至很高昂。

如前所述，有些互联网媒体及社交平台总边际成本为零或极低，是因为其内容成本极低甚至趋向于零，几乎可以忽略不计，因此，每增加一个新用户的内容成本为零，即边际内容成本也为零，形成了总边际成本为零或极低的情形。以社交类产品为代表，这类应用平台媒介前期会投入大量的成本来开发产品，通过提供优质、便捷的免费应用服务和内容服务以吸引用户，通常在销售和营销方面并没有太多的东西来吸引用户。面向用户的应用平台通常依赖于病毒式的网络效应来获得支持广告模式所必需的用户规模，销售和营销支出通常都是为了吸引广告商。不过，在最具价值的面向用户的应用平台那里，在广告商层面也会产生同样的网络效应，使其能够以一种可扩展的方式来增加广告客户。这就产生了理想的结果：一个用户和收入增长远远快于成本增长的公司。因为边际成本很低——获取更多的用户不一定需要很高的成本。当然，随着时间的推移，固定成本也会增长，但它们只是线性增长——以相对稳定的成本为基础获取不断增长的营业收

入，而且网络效应下的收益随用户数量的增长呈指数级增长，远远高于成本，这就是网络效应的经济学意义所在。

有些互联网媒体平台总边际成本不为零甚至较高，也免费提供应用服务，但除极少部分内容出于营销策略考虑可以供用户免费使用外，大部分内容服务直接向用户收取费用。这类互联网媒体平台的内容由 UGC + PGC 产生，应用平台的运营者通常必须向内容创作者和提供者付费，才能为用户提供深度新闻、电子书、游戏、音乐、长视频等类别的内容服务。由于内容提供商的版权优势，对应用平台商而言，一些类型的内容产品具有完全的内容成本，内容完全依赖版权购进，或者自制内容，成本高昂。也就是说，互联网媒体平台媒介为了吸引更多用户，必须不断地投放优质的新的内容产品，这样，每增加一个新用户，内容成本也会提高，因为用户效用更多地来自内容体验，否则就不会有新用户加入，更不会有网络效应。简言之，增加一个用户的边际内容成本不仅不为零，而且可能会十分高昂，因此，总边际成本不为零且比较高，这就揭示了这类互联网媒体平台与社交平台在成本结构上存在区别的原因。另外，由于大部分收入来自用户付费，因此，互联网媒体平台的销售和营销费用花在获取用户而不是广告商上，虽然主线依然是力求边际成本最小化，但由于总边际成本较高，其商业模式也与总边际成本为零或极低的社交平台及信息流产品存在差异。

与大多数零边际成本的社交平台及信息流产品相比，由于内容提供商的力量以及由此产生的互联网媒体平台商的总边际成本与其总收入之间的联系并非个别现象，而是在内容生产成本高昂的优质新闻调查以及小说、音乐、游戏、长视频等内容领域广泛存在。最典型的例子是流音乐巨头声田和流媒体巨头奈飞。

帕特里克·麦肯齐（Patrick Mckenzie）在 *The Business of SaaS* 一文中认为："在风头资本的支撑下，应用平台早期的利润并不重要。"[①] 大多数应用平台都非常关心用户获取成本，即获取边际用户的成本。但互联网媒体平台主要的价值来源是内容服务，并且可以在零成本上复制内容。如果用户数量在快速增长，公司可以忽略所有与用户数量没有直接关系的费用（如工程成本、一般费用和行政开支等），前提是合理的用户获取成本的增长不会超过会计总账上的其他费用。换句话说，从长远来看，运营成本并不重要。

声田在创立的前 3 年中，月活跃用户数量增长了 43%，在创立的前 5 年中，公司的营收增长了 448%。其固定成本的增长速度在很大程度上和营收差不多，占比基本没有发生多大的变动（见表 4-5）。

---

① Patrick McKenzie, "The Business of SaaS", https://stripe.com/en-hk/atlas/guides/business-of-saas, 访问日期：2019-09-10。

表4-5 声田营收和运营成本

(单位：亿美元)

| 年份 | 营收 | 研发及占营收比 | | 营销及占营收比 | | 一般性支出及占营收比 | | 总计及占营收比 | |
|---|---|---|---|---|---|---|---|---|---|
| | | 研发 | 占比(%) | 营销 | 占比(%) | 一般性支出 | 占比(%) | 总计 | 占比(%) |
| 2013 | 43.75 | 3.788 | 8.65 | 4.699 | 10.74 | 1.803 | 4.12 | 10.29 | 23.5 |
| 2014 | 55.05 | 4.723 | 8.58 | 6.072 | 11.03 | 2.697 | 4.90 | 13.49 | 24.5 |
| 2015 | 67.80 | 6.508 | 9.60 | 8.241 | 12.15 | 4.073 | 6.01 | 18.82 | 27.8 |
| 2016 | 88.31 | 7.802 | 8.83 | 10.98 | 12.43 | 3.157 | 3.57 | 21.93 | 24.8 |
| 2017 | 116.9 | 9.537 | 8.16 | 14.36 | 12.28 | 4.310 | 3.68 | 28.21 | 24.1 |

资料来源：http://emweb.eastmoney.com/pc_usfl0/FinancialAnalysis/index?color=web&code=NFLX#zhsyb-0. 比例为计算所得，访问日期：2021-06-06。

声田的总边际成本问题。内容复制、传播环节的边际成本为零以及用户互动成本为零并不意味着总边际成本为零。声田的音乐内容主要来源于唱片公司版权授权，即便内容复制、传播和用户互动的边际成本为零，但总边际成本依然是增加的，因为它必须支付给唱片公司、歌曲作者和出版商巨额版税，因此，其总边际成本非常高。声田的利润率完全掌握在唱片公司（内容提供商）的手中，环球音乐集团、索尼音乐娱乐公司、华纳音乐集团和Merlin（许多独立唱片公司的代表），它们占据了声田约85%的音乐流，这正是其问题所在。

要摆脱困境，最显而易见，声田可以尝试降低运营成本。声田的营收中用于运营成本的比例仅为30%，声田可以在不增加运营成本的情况下增加收入吗？如果不增加在研发、销售和营销方面的支出，声田将陷入既无法保持技术领先优势，又面临用户流失的境地，那么收入增加将是天方夜谭。非社交应用平台媒介的典型模式是，随着时间的推移，用于用户运营的销售和市场营销的效率会降低，这意味着它占营收的比例将会增加，而不是减少。当然，还有一种可能性：声田抛开唱片公司，自制音乐内容。从某种意义上说，声田是一个音频聚合器，通过对音乐发现和流行音乐播放列表的智能控制展示其能够行使权力的技术能力。但声田没有足够的用户基础和收益来吸引基于纯利益目的的艺术家。与报纸等媒介不同，音乐内容领域，艺术家除了出版发行原创音乐作品外，最主要的名利活动在于演出和推广，而唱片公司建立了超越分销的整合，这也是很多艺术家还必须依赖唱片公司的原因。声田要获得超越内容供应商的权力，暂时还没有这种能力，因此无法控制自己的总边际成本，只能加强与唱片公司的合作力度，造就一个与前互联网时代非常相似的行业。而当声田拥有足够的用户规模和合理收益分配机制来吸引艺术家后，情况必将改变，这一点无须怀疑。

无独有偶，奈飞也面临着在实现内容支出目标上过于依赖资本的问题，但又与声田存在不同。自转型流媒体以后，奈飞的经营性现金流和自由现金流缺口越来越大，其主要原因是近年来加大了在视频内容方面的投入力度。奈飞的年度财务报表数据显示，在经营性现金流由正转负的2015年，奈飞在流媒体内容方面的投入已高达46亿美元，同比增加44.9%；2017年达到了89亿美元，而当年流媒体内容摊销额为62亿美元，仅流媒体内容对奈飞现金流的影响就有27亿美元，相较于当年17.9亿美元的经营性现金流缺口，在流媒体内容上的投入对奈飞现金状况的影响可见一斑。奈飞自2012年开始发力原创内容以来，投拍了包括2013年的《纸牌屋》、2016年的《怪奇物语》等影视巨制。与此相对应的是，奈飞原创内容获得的艾美奖提名数不断提高，2018年更是以112项艾美奖提名登上榜首，超过了耕耘多年、以原创内容闻名的HBO（Home Box Office）电视网。2017年HBO在内容制作上投入了22.6亿美元（注：该数据取自利润表中的内容成本），仅为奈飞的1/4。面对原创内容持续大量的资金投入，奈飞选择了大规模的债权融资，以维持公司总现金流的平衡，这也最终导致其资产负债率高达80%，在轻资产特征明显的互联网行业，这样高的负债率实属罕见。

按照一般经济规律，流媒体视频公司在发展的早期阶段一定会通过不计成本的高投入来寻求增长，然后凭借优质、独家的内容获取大量用户，最终取得龙头地位和网络效应。事实上，奈飞是全球付费用户规模最大的流媒体视频平台，付费用户规模达1.8亿。当视频内容的丰富程度达到一定阈值以后，内容投入的边际成本增速放缓，来自用户的收入维持更高增速，使公司盈利状况进入了边际改善的拐点。财务报表数据显示，奈飞的盈利拐点似乎已经出现。2017年之前，奈飞流媒体业务的ARPPU值（每付费用户平均收益）增速均小于单个付费用户平均成本的增速，直到2017年，这一情况有所改观——前者比后者多6%，并且两者的差距在2018年上半年进一步拉大至12%。这表明，奈飞依靠自制内容逐步摆脱对内容提供商的严重依赖的战略是奏效的，这与流媒体音乐领域的情况确实有所不同。

今天看来，声田利用复杂的持续创新来避免模仿，看似简单的音乐流服务实际上是诸多技术的复杂组合，包括动态变化的用户界面、行为预测算法和不断扩展的音乐目录。声田会向用户推荐内容，以确保用户黏性。声田在复杂机遇领域的创新非常成功，这种成功创新加优质音乐内容吸引了全球用户的加入，网络效应形成的收入完全抵消了高昂的内容成本。而奈飞也通过自制优质内容逐步摆脱了对内容提供商的严重依赖，构建起自己的内容品牌形象，技术创新也在继续发力，内容和技术体验吸引了全球付费用户的加入，昭示了网络效应下的商业模式具有强大的竞争力。因此，一旦建立了一个内容应用平台，就意味着可能形成网络效应下的商业模式，网络效应的防御性和护城河，以及越来越重要的人工智能技术和庞大的数据资源，绝对能为应用平台在商业性的内容领域和技术领域提供一种既具有规模性又具有可扩展性的业务并取得相应收入，从而产生可观的利润。毫无疑问，这是不可避免的发展趋势。

## 第三节 定价及定价策略创新

无论是当前还是未来，互联网媒体及社交平台都是要变现的，尤其是以内容见长的互联网媒体，这涉及两个无法回避的基本经济问题：一是定价问题，以什么样的定价将内容产品/服务出售给用户或客户。二是变现的途径有哪些。网状价值结构必然存在网状交易结构，也必然存在相应的变现途径。这是两个相互关联的问题，也是前述商业模式论述中暂未回答的问题，本节将对第一个问题进行探讨。

### 一、定价机制

回到定价问题。定价创新可被定义为产生新的定价机制或收费结构的活动。无论是传统媒体还是互联网媒体及社交平台出售内容产品或服务，本质上是一种市场经济活动，核心在于价格。内容产品/服务价格是市场供求双方博弈的结果，表现为双方均可接受的短期均衡点。但市场供求关系在不断发生变化，反映这一变化的价格也在发生变化。而定价创新反映了一些媒介公司在策划这些定价机制上投入很多创新努力的事实。因此，在一个有正常竞争机制的市场中，中长期固定的价格是不存在的。影响定价创新的因素有很多，既有来自媒介产品/服务自身的特征、用户的需求和媒介产品成本等这些传统经济学分析的要素，也有来自"数据+人工智能"算法等技术进化产生的一些新变化。

**（一）一个试验：电子书四个阶梯与四种类型的定价**

互联网流媒体界存在这样一种观点，即现在很多互联网媒体产品定价最核心的特点就是和成本完全无关，这并不是因为产品和服务的成本低，而是在网络效应下的互联网经济里，媒介产品的价格主要是按照用户的感知价值来定价的。比如，爱奇艺提供的服务是内容，但用户根本不关心内容成本是多少，他们关心的是要不要看，愿意花多少钱去看，前者反映的是用户内容效应即内容值不值得看，后者反映的用户内容效用度，即当前内容价格是否与感知体验相符合。再进一步分析，从应用媒介平台的角度看，面对一个数字化媒体产品，通常的问题是：价格应该是多少？然而，这其实是一个错误的问题。正确的问题应该是：价格将会是多少？要回答这些问题，必须从实践中找出规律，这样对上述问题的解答或探求也许就没有那么复杂，也没有那么困难了。

美国营销奇才赛斯·高汀（Seth Godin）曾做过这样一个有趣的试验，对同一本电子书的定价，根据销量从低到高逐级演变，以探索数字化内容产品的定价机制，总结如何将读者的关注转化为价值和更高的收入。赛斯·高汀在试验中，首先设置了电子书的两种价格点：低价及高价，考察读者反应的一般情形；其次，根据内容热度设置低价和高价两个点，然后分别考察读者对两个价格点的反应情况。①

### 1. 电子书的两个定价点以及读者反应

第一种情形，电子书定价超级便宜，可能就 1 美元甚至更低。从内容看，电子书的内容具有很强烈的可替代性；从进入壁垒看，生产门槛很低，面临着激烈的市场竞争；而且从形态上看，例如装帧设计等都没有太大的差别。结果很明显：具有消费主权和有限理性的读者自然会选择价格低甚至免费的电子书。

第二种情形，电子书的定价比较高。内容和形式等与第一种情形相反，电子书的内容和功能独特，因此，缺少明显替代品，且具有一定的垄断能力，可能会定一个比较高的价格。但受价格需求弹性的影响，高定价也必须在一个合理的范围内。如果超出合理范围，例如，定价高达 100 美元，大部分人会选择购买其他电子书。因此，这类产品虽缺少明显替代性，但还是有替代性的，只不过这种替代性较弱而已。即便如此，也会强烈影响该电子书的销售量。

### 2. 内容热度对电子书定价的影响

进一步考察发现，内容热度对电子书的定价产生明显影响。第一，一些在过去取得品牌效应或现具有品牌效应的电子书也有两个价格点，只不过溢价会高一些，即便存在一定的内容替代性。例如，当下内容比较火热的电子书，定价在 10～20 美元之间。此时，出版商会竭尽全力将读者的关注有效地转化为价值和收入，例如利用媒体进行宣传推介、广告等。第二，对那些并非流行的且存在较强替代性的电子书，无论出版商怎么努力做宣传推广，由于其内容缺乏足够的吸引力，也难以实现高定价。这反映了内容产品的价值功能还是体现在内容这一核心本质上。

试验数据显示，一些电子书采取的定价往往是低于 10 美元的。低价的电子书存在巨大的需求，价格在 0～10 美元之间时，每天销售大约 100～1000 次。但对作者而言，免费将意味着什么也没得到，这并非可持续的方式。因此，那些存在替代品的电子书的定价大致为 7 美元，这个价格低于 10 美元，说明在心理

---

① ［美］赛斯·高汀：《大众电子书定价的四个阶梯与四个类型》，发布日期：2012 - 01 - 06，丛挺编译，https://www.bookdao.com/article/33203/，访问日期：2019 - 10 - 11。

层面存在预期的讨价还价意识。对最令人关注的热门图书，赛斯·高汀将一本书从 0 元开始，每产生 10 位购买者就提高 1 美分，直到 15 美元，然后将这个价格稳定 3 个月。如果一本书确实很棒，最开始的 1000 位读者或许会热捧这本书，那么，随后的 1000 位读者也将加入进来。虽然同样是讨价还价，但购买者数量的增长会更快。当图书价格涨到 15 美元时，它已经是有 1.5 万名读者的超级畅销书了。因此，赛斯·高汀认为，这种模式意味着电子书通过定价的四个阶梯被分为四种类型。（见表 4-6）

表 4-6　电子书定价的四个阶梯及四种类型

| 价格 | 类型 | 互联网媒体定价类型 |
| --- | --- | --- |
| 0 美元 | 促销型图书 | 大会员注册制、免费 |
| 1 美元 | 一般有用，但并非不可替代 | 会员付费制 |
| 7 美元 | 读者喜欢的作家的再版书 | 会员单品种低价付费制 |
| 15 美元 | 当下的热门书 | 会员单品种高价付费制 |

资料来源：[美] 赛斯·高汀：《大众电子书定价的四个阶梯与四个类型》，发布日期：2012-01-06，丛挺编译，https://www.bookdao.com/article/33203/，访问日期：2019-10-11。

除了电子书本身的定价方式差异较大外，和内容相同的竞争品——纸质图书相比，电子书的定价方式差异也很大。这种价格上的差别主要是和纸质书边际生产成本或复制成本不为零的巨大差异有关。因此，数字化、网络化的媒介产品的定价机制也应随之调整、创新。

**（二）价格形成及变动的经济学原理分析**

赛斯·高汀对电子书定价的试验过程和数据结果揭示了很多已有的具有抽象性的经济学原理，这些原理依然有用，它们反映了价格的形成机制和变化机制。

**1. 产品自身的价值特征**

产品自身特征主要有两个方面：产品满足用户何种需求及其满足程度，产品的内容和技术体验是否可以被替代。因此，可以用产品效用、产品替代性两个概念来进行描述。

人们使用、购买媒介产品/服务是因为媒介产品/服务具有某种技术功能或内容功能，既能满足用户社交、阅读、观看、收听、求知等实际功效，又能满足用户在视觉、触觉、心理感受方面的体验。按照传统经济学效用论的观点，用户购买媒介产品是因为他们能从购买及消费中获得满足感，这种满足感称为消费收益，即效用。所以，媒介产品效用是指个人用户/客户从他们使用、购买的媒介产品组合中得到的内容及技术体验收益。效用这一概念，属于个人的一种主观心理状态，因人、因时的不同，同一种媒介产品的效用也不尽相同。效用具有两个特点：一是效用是消费者主观上的感觉，即心理满足程度越大，消费收益越大，效用越大，心理满足程度越小，收益越小，效用越小，如果感觉不到满足，则没有效用；二是效用不具有道德或伦理属性，即不含价值判断。用户在使用某种媒介产品时，存在边际效用递减的现象。所以，媒介组织必须不断推出新的内容/服务，快速进行技术迭代，才能保持用户边际效用递增的趋势。

媒介产品/服务的替代性是反映媒介产品/服务同质性是和差异性的概念，同质性是指媒介产品的内容/服务和体验功能出现严重的相同或相似的倾向，在市场上会产生激烈的竞争性。差异性是指媒介产品/服务的内容和体验功能是独一无二的，或者在短期内甚至长期内都是无法替代的，在市场上会产生垄断性。从媒介产品/服务的可同质性和差异性看，内容/服务和技术体验差异越大，其替代性就越小；反之，替代性越大。替代性越小，产品/服务的市场垄断度越高，控制力越强，对价格的操纵力度也越大，而用户/客户讨价还价的能力也越弱。

### 2. 市场需求因素

市场需求因素主要来自用户/客户，产品需求是有效需求，所谓有效需求是指消费者对产品有货币支付能力的需求。个人偏好、可支配收入、人口、新信息传播、用户心理等是影响产品需求的主要因素。首先，个人偏好是指一定时期内消费者个人对某类媒介产品的喜好程度。个人偏好可以用来反映消费者个人的选择意愿。其次，凯恩斯在《就业、利息和货币通论》中认为，人们的消费支出是由其当期的可支配收入决定的，当人们的可支配收入增加时，其中用于消费的数额也会增加，这就是收入效应。再次，人口效应指人口数量的增加或减少影响产品消费数量的增加或减少。在短期内，一个社会或一定市场范围内的人口数量基本保持稳定，媒介产品也具有较稳定的消费对象，但也可以通过跨越国界贸易来扩大需求的人口数量和范围。与人口数量对产品需求的影响相比，人口结构的变动对产品需求的影响更直接、更广泛。最后，新信息的传播也是影响产品需求的因素之一，宣传广告和人际互动分享传播是主要途径。产品知名度越高，通常其短期的需求越大，哪怕产品名不副实。此外还有用户的心理因素，因为价格是科学和艺术的结合，而艺术成分主要考虑心理因素，例如读者/用户的吉利心理、错觉心理、低价心理、虚荣（炫耀）心理等，但总体上看，心理因素可归结到效用层面。

### 3. 生产成本和零边际生产成本

媒介产品的生产成本是指与生产工艺流程相关联的产品成本，主要包括：与作品相关的成本，如付给作者的稿费或版税等；与作品制作相关联的成本，如设计费、制作费等；人力资本费，如人员工资、福利等。除版税外，这些成本不随产品生产数量变动而变动，因而被称为固定成本。数字化网络化媒介产品以互联网为载体，物理介质状态下的内容产品被看成一次性成本，点击就是复制，但不会增加新成本,也就是说,互联网媒体除了像游戏和流媒体音视频之类的内容在播放时需要消耗较大的服务器和宽带成本外,几乎没有边际成本,或者说内容复制的边际成本几乎是零。另外,技术进化对成本的影响也十分明显,"数据+算法"技术可以在产品生产前提高产品的适用度,在生产过程中提高生产效率、降低成本,在分发与传播过程中有针对性地推送,从而在总体上降低媒介产品的总成本,这些都对产品定价产生重大而积极的影响。

### 4. 内容产品的价格需求弹性

媒介产品的收益等于定价乘以数量。人性导致的需求曲线是向右下倾斜的,即价格越低,销售的数量越多。因此,收益的大小只取决于价格的变动,数量的变动是由价格变动引起的。在给定内容产品价格变动幅度的情况下,销售数量取决于内容产品需求价格弹性的大小。需求价格弹性是一个被广泛使用的概念,它表示媒介产品的市场需求数量对媒介产品价格的敏感程度,即产品价格水平每变动1%所引起的消费者对产品需求量变化的百分比,于是,会出现以下两种情形。

第一,内容产品需求价格弹性大于1。一般而言,需求价格弹性大于1的内容产品具有比较平缓的市场需求曲线,而且其内容和形式都比较符合大多数用户的偏好,因而市场潜在需求量较大。但由于需求价格弹性较大,需求量增长的幅度远远大于价格下降的幅度。因此,媒体多采取以较低价格换取更大需求量的方式来获得尽可能大的收益。

对此可以用一个例子来解释。乔·昆拉特(Joe Konrath)是一个小有成就的惊险侦探小说作家,他的几本通过自助出版方式发行的惊险侦探小说电子版在Kindle 的销售定价如表 4-7 所示。根据亚马逊自助出版平台给出的数据,昆拉特发现:定价 7.99 美元的电子书,每年平均销售量为 542 册;定价 3.96 美元的电子书,每年平均销售量为 1100 册;定价 1.99 美元的电子书,每年平均销售量为 4900 册。经过简单的计算和比较,定价低的电子书获得的收益最高。

表 4-7 乔·昆拉特的电子书定价

| 书　　名 | 定价(美元) |
| --- | --- |
| 《酸威士忌》 | 3.96 |
| 《血腥玛丽》 | 7.99 |
| 《模糊脐橙》 | 7.59 |
| 《本原》 | 1.99 |
| 《打扰》 | 1.99 |
| 《龙舌兰》 | 1.99 |

资料来源:练小川《电子书定价的奥秘》,《出版参考》2010 年第 10 期,第 35 页。

第二，内容产品需求价格弹性小于1。需求价格弹性小于1的内容产品具有较陡峭的市场需求曲线，而且其内容和形式比较符合偏好比较固定的用户，用户对这类内容产品的价格不太敏感，因而需求价格弹性不那么明显。降低内容产品的价格虽然可以在一定程度上刺激购买量，但价格下降的幅度要大于购买量增长的幅度，或者说价格上涨的幅度要大于购买量下降的幅度。因此，媒体多采取以较高价格的方式来获得尽可能多的收益。高定价模式最典型的应用场景是小生境产品。小生境产品的定价原则主要依据读者/订户对产品内容的独特体验，而非成本，体现的是产品竞争而非价格竞争。小生境出版产品面向的是专业化小生境的读者环境，拥有特定的读者群体和特定的异质的身份，具有高效用的特殊用途，以及较高的市场垄断性。读者高水平偏好决定了这类产品的直接价格弹性较小，因此，产品可以定一个很高的价格。学术数据库通常采用这种模式定价。

## 二、几种定价方式及策略创新

### （一）会员制+订阅制

会员系统的商业本质通过被理解为一种"高端营销"机制。它最早可追溯到18世纪后期，当时，美国的小零售店会给那些购物的消费者铜质钢锚作为奖励，消费者可以在未来的消费中用钢锚来兑换商品，利用这种机制可以最大限度地留存客户，这一手段一直流传到现在。在电子商务、移动支付成为商业的基础设施后，包括互联网媒体在内的任何一家企业都可以构建自己的会员体系，而且很多成功的会员体系都是移动端的。最成功的会员体系都和价格有密切的关联，无论是付费的，还是免费的——可以获取流量和数据——都是可以进行商业变现的稀缺互联网经济资源。本质上看，无论是否需要付费，会员体系都是通过激励消费者，形成消费者的留存、复购，进而形成一条"用户护城河"。毫无疑问，未来的会员体系从本质上依然是激励、留存、复购——这在过去300年的时间里都没有发生改变，会变化的是底层架构。底层架构创新最经典的案例就是比特币，"区块链+分布式账本"技术激励着一群互不认识、有好有坏的人可以在一个体系之中通过"挖矿"的正向贡献来维系同一本账，让比特币在过去10年时间内可以一直正常运行。要么改变激励模型，要么更新底层技术，激励模型+底层技术的变化，这就是会员模型在未来进行迭代、发展和进化的方向。在目前的会员模式中，消费者的一切行为几乎都可以被记录，因此，商业既可以激励消费本身，也可以激励相关行为，例如趣头条、头条极速版、快手极速版中的会员"金币"机制设计等。显然，会员体系中最值得变化的就是底层技术了。

订阅制，在互联网媒介时代，简言之，就是通过支付买断一定期限内的应用媒介产品或服务的使用权。订阅制的兴起与两个因素有关：一是与应用媒介的技术有关。通常应用产品与系统的开发需要高成本和持续投入的需求有关，持续的高投入使应用产品或服务成为一项高风险商业活动，同时，用户也面临着一系列风险——应用媒介的安全性与兼容性。二是与内容经营的商业风险有关。互联网内容应用平台经营的内容品类和产品数量很多，这其中不乏优质的内容品类和数量，但也有很多确属品质平庸的内容产品，而且用户的个人偏好太复杂，即便有数据分析，也很难把握用户的实际需求。如果单品种售卖，必然导致贫富不均，加剧很多单个内容产品的销售风险，并且随着时间的推移，原先具有优势的单品种内容也会随生命周期老化，为此必须不断推出新产品，市场的不确定性风险也随之上升。以内容库形式将所有产品打包进行售卖就是最好的选择。当然，售卖的价格依然可以运用价格歧视策略，以获取最有利的收益。于是，互联网媒体的订阅制应运而生。为了赢取长期利润，订阅制通常允许用户以远低于应用软件和内容生产成本本身的价格按月/季/年订阅，如此一来，低价必然会吸引更多的付费用户，薄利多销策略反倒能增加开发者的收入。与其说订阅制是在购买或租赁应用软件及内容服务，不如说是在签订一个强制性的内容服务协议。通常来说，流媒体应用是最适合采用订阅制的内容服务型媒介，例如腾讯、爱奇艺、网易云等各种各样的流媒体服务，原因其实很简单：用户的使用频率更高、替代品更少。毫无疑问，内容应用媒介的订阅化早已是大势所趋，众多内容应用都会陆续转为订阅制。

（二）游戏氪金与搬砖定价机制

在所有内容产品中，游戏产品是最吸引人也是利润最丰厚的产品类型之一，这与厂商在游戏研发中注重行为心理学的运用密切相关，这种行为心理学运用也为游戏内容机制打上了"竞争与上瘾"的独特标签，从而产生了所谓"氪金"之类的独特定价机制。

厂商在游戏产品的设计开发阶段就十分注重调动游戏玩家的竞争欲，诸如内置抽奖开箱之类的系统，将一些能大幅提高玩家游戏体验和争胜必备的物品道具放入抽奖系统中，以诱惑玩家，即便中奖概率不高，但一旦玩家抽中高级别游戏道具后，就会慢慢上瘾，继续重复抽奖、开箱行为。当然，这只是开始，大量的道具、装备、皮肤等需要付费购买，这种购买行为被称为"氪金"。那些付出大把金钱，欲快捷提升游戏体验的玩家，游戏界称之为"氪金"玩家，而他们不断的"氪金"付费构成了游戏公司的主要营收之一。

但是，也有一大批游戏玩家限于个人收入能力，选择免费游戏。对于这些玩家，游戏公司则会以另一种隐性价格或机会成本形式加以利用，在游戏中设置大量拼时间，如同"搬砖"一样的游戏任务，让这些玩家以时间和精力成本换取游戏道具或装备。有的游戏产品还会设置每日签到、每日任务等游戏规则，诱惑玩家每日登陆，以致习惯成自然。在一些多人在线竞技游戏产品中，游戏厂商会给予那些完成每日任务的玩家一定数量的免费道具作为奖励,这进一步贴合了游戏玩家追求胜利欲望的心理现实。这些大量的"搬砖"型玩家是一款游戏产品延长生命周期,在市场长久运行的保证。如果游戏产品里都是"氪金"型玩家,那么游戏规模就难以做大。"氪金"型玩家也很难从中享受到高人一等的心理乐趣。

因此,用户"氪金"行为保证了游戏收入,用户"搬砖"行为保证了游戏活跃度,而充分利用用户争胜欲望的心理设计是基础。这就是游戏成为最大内容产品细分行业的真正秘密所在。用户争胜欲望越强,参与度越高;互动性越强,沉浸感越强;奖励概率越大,用户黏性越大。最终,用户"氪金"金额越来越大,用户"搬砖"时间、精力等机会成本也越来越越高。当然,这种定价机制也造成了青少年"游戏沉溺"的社会问题,但这属于规范经济学的范畴,在此不予涉及。

### (三) 单品种超前付费点播定价机制

内容应用媒介在价格上一般采用付费会员订阅制,即按月、年订阅付费,根据订阅时长给予一定的优惠,通常订阅时间越长,优惠越大。此外,也可以采取单品种购买制,如电子书、单曲、影视综艺、游戏等媒介产品单品种付费制等。一些内容应用平台还在付费会员订阅制的基础上,对一些处于更新播放状态的热门内容产品推出单品种付费超前点播制,将付费会员订阅制和单品种付费制结合起来,但也颇受争议。这种定价模式肇始于腾讯视频和爱奇艺推出了全新的付费模式,例如,在《庆余年》热播时,爱奇艺在 VIP 会员比普通会员多看 6 集的前提下,推出 VIP 会员可以通过继续支付 50 元,提前解锁 6 集内容的超前付费点播制,这实际上是运用价格歧视策略将用户进一步细分为超前点播、VIP、普通用户三个阶层。2019 年 8 月,同样火爆的网络剧《陈情令》也采取超前点播的模式,通过支付 30 元,就可以提前解锁 5 集。尽管该策略同样遭到用户的声讨,但在公布细则后不到 24 小时,腾讯视频就迅速获利 7500 万元。《陈情令》的成功,开启了腾讯视频超前点播的付费定价制。在《陈情令》后,《明月照我心》《没有秘密的你》《从前有座灵剑山》等剧集也开始了超前付费点播制的试水,点播单价分别为 12 元、18 元、12 元。

### (四) 人工智能动态定价机制

动态定价概念产生于 20 世纪 80 年代。随着"数据 + 人工智能算法"技术在媒介应用平台上的广泛运营,在用户首次购买时,人工智能系统会自动考虑供需动态关系,提出一个辅助动态价格,从而形成人工智能动态定价机制。确切地说,所谓人工智能动态定价,是指媒介应用平台通过人工智能算法机制追踪用户的购买趋势,根据外部因素和用户购买特征,针对每一位用户制定差异化的更具竞争力的实时产品价格。

动态定价的基础是数据和算法。首先收集基于用户行为的数据，例如用户浏览的产品种类、用户在该产品上浏览的时间、用户购买的产品种类以及准备购买的产品、用户的位置等；然后这些实时数据将被传输到人工智能引擎中，用户的行为会被引擎具象化；接着就可以进行预测，当然，主要是预测用户愿意花多少钱购买产品。有了实时数据之后，在云平台上运行的 CRM 软件就可以与人工智能算法工具相结合，人工智能算法会采用动态定价算法并与最先进的销售自动化系统相结合进行实时定价。

收集数据—使用人工智能算法进行数据分析—制定最优定价计算算法—制定最优定价公式，这就是动态定价的整个流程。人工智能驱动的动态定价在没有增加媒介应用平台任何管理成本的情况下，能将用户最低价格平均提升 2%～3%。但也可能导致另一个问题——大数据"杀熟"。因此，人工智能动态定价的基础是必须为用户提供个性化的服务，个性化导致差异化，只有差异化才能让用户感受独特的价值所在。

### （五）三级价格歧视策略

价格歧视是媒介组织对同一产品/服务向不同的用户主动实施差异化定价的一种价格策略行为，因此，常常被理解为是一种定价创新行为。媒体实施价格歧视有三个前提条件：一是内容产品是非完全竞争产品，垄断竞争内容产品才有价格歧视实施能力，因为市场上没有替代品；二是媒体在实施价格歧视的时候必须有能力阻止套利行为，有完善的知识产权保护机制；三是媒体要对用户的需求有一定程度的了解。

#### 1. 一级价格歧视行为

是指媒体针对每一位用户制定一个他愿意购买的最高价格，从而将消费者剩余全部拿走。一级价格歧视行为一般以拍卖的方式进行，例如媒体对广告版面的拍卖、内容产品的完全个性化定制等。

#### 2. 二级价格歧视行为

是指媒体针对不同的客户/用户的不同购买数量或付费订阅时长而制定不同的价格或给予不同的折扣的行为。一般做法是按购进数量或付费订阅时长来划分折扣界限。

#### 3. 三级价格歧视行为

是指媒体针对不同地区或不同类型的客户/用户进行不同的定价而不管其购买数量或付费订阅时长是多少。实施该行为的关键是对垄断媒介产品的购买者——消费者类型进行细分，并尽可能观察到某些与消费者个人偏好相关的信息，如年龄、职业、区域等，利用这些信息进行区别定价。因为不同类型、不同区域的用户/读者由于收入等方面的差异，对某一垄断媒介产品的需求价格弹性是不一样的。对同一种垄断媒介产品，经济不发达地区的消费者由于经济收入比较低,价格敏感度高,对产品的需求价格弹性比经济发达地区的要大;同时,主要消费者群体对产品的需求价格弹性比次要消费者群体的要大。因此,针对内容产品需求价格弹性大的消费者群体或经济不发达地区的消费者群体,可制定一个较低的价格,通过扩大销售量,以最大限度地谋取收益。

## 第四节 互联网媒体及社交平台的主要变现方式

在传统媒介经济模式里,变现实际上是指盈利模式,主要有两种方式:一是出售产品给读者/听众/观众,获得产品收入;二是出售订阅量、收听率、收看率给广告主,获得广告收入。这种盈利模式被称为双重出售。与传统媒体的变现模式不同,互联网媒体及社交平台在网络效应和技术、数据的支持下,可以实现规模化与个性化精准推送并存的经营模式,因此,在具体的交易结构和变现方式上表现出互联网科技经济的形态特征。

### 一、网络效应下的商业变现逻辑

从总体上看,网络平台的商业本质是,在网络效应的驱使下,流量最重要。互联网应用平台商业变现模式上的这一特征,既可以从理论上溯源,也能从实践数据中证实,并且在"数据+算力+算法"技术语境下,受技术和数据创新的影响,这一特征被进一步强化。

网络效应结合金字塔图形(如图4-2所示)可以解释互联网媒体及社交平台的商业价值实现的基本路径。塔基部分是所谓的"流量"。流量是移动互联时代产生的一个重要概念,不同于用户上网支付给运营商的流量套餐费,对于互联网媒体及社交平台而言,其通常指用户停留在互联网媒体应用上的时长。用户数量越多、停留时间越长,则流量越大。因此,对互联网媒体及社交平台来说,流量实际上为用户数量和使用时间的函数。流量的背后则是用户产生的个人数据,流量和数据是两个同时产生的用户行为的结果。互联网媒体及社交平台通过它们所提供的内容、技术体验、互动功能和生活场景,快速聚集用户群体,产生、积累大量用户,从而产生巨大流量,并形成网络效应。流量可以吸引广告主投放广告,实现流量变现,这就是梅特卡夫法则和里德法则所揭示的网络效应的核心效能之一。在此阶段,内容只是黏住用户的工具。中间部分是数据,而海量用户也意味着海量数据,通过"数据+算力+算法"的技术模式,将用户的数据和广告、内容进行匹配,一方面,实施广告的精准投放,将广告收益放大;另一方面,向用户进行个性化内容推荐,将内容价值放大,形成塔顶的内容付费的基础，增加的这一部分广告收益和内容产品收益，就是数据的价值。通过算法技术实现精准投放，完成数据变现。但从长期看，人口红利终会耗尽，随着活跃用户增量增长缓慢，流量红利将趋于停滞，内容价值和用户技术功能体验将逐步变得比流量更重要，互联网媒体及社交平台的变现模式也将逐步从以流量变现为主向以内容变现为主进行演化。

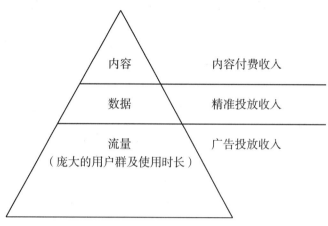

图4-2　网络效应下的商业价值及变现模式

　　互联网媒体及社交平台为满足用户的需求推出的各种场景应用，例如社交、搜索、知识、信息、娱乐、购物等。这些应用平台作为内容、技术及服务的提供方，在内容创新、基础设施建设、技术软件开发与迭代、客户运营上都需要支付成本，因此，必须有相应的且持续的收入来弥补这些成本，并谋取后续发展。作为技术平台和内容的需求方，用户出于生活、学习娱乐、工作等的需要，使用互联网媒体及社交平台提供的产品及服务，并进行相应的支付，只要用户使用这些应用软件，就会持续地贡献支出。以互联网媒体及社交平台为中心，参与交易的各方形成多种供求关系，创造了流量价值、内容价值和数据价值，并产生了相应的支付结构。

　　在具体支付结构中，既会出现显性支付——货币支付，例如，用户使用互联网媒体及社交平台时，依据使用时长及消耗流量支付货币，或者购买应用上提供的游戏、音乐、新闻、文学、知识等内容产品，或者投放广告等，需要支付货币。同时也会出现隐性支付或者间接支付，例如时间成本、数据成本等。这些成本对于互联网服务方则构成收益，除运营商获得用户支付的货币收入外，平台方、内容提供方（内容产品本身以及内容创作者都能自带流量）、广告商等也获得使用方或购买方支付的货币收益、时间收益和数据收益。

　　如果不考虑运营商的收益，那么，在上述三种收益中，来自内容支付的货币收益，可以理解为内容变现；而时间收益和数据收益是一种隐性收入或者间接收入，必须通过其他方式将其显性化，才能转化为现实的直接的货币收入。在这一转化过程中，时间收益演变为流量变现，数据收益演变为数据变现。在实际变现分析时，除非将数据集中独立定价出售，必须将流量变现和数据变现单独解析，或者将内容变现与流量变现单独解析，才能离析出数据的价值。数据变现是互联网媒体及社交平台等智媒商业模式区别于其他媒介商业模式的重大标志之一。

这样，在互联网媒体及社交平台的变现结构中，传统媒体的订阅量、收听率、收看率等指标转化成了总用户数、月活跃用户数、日活跃用户数、付费用户数等指标；广播、电视等传统媒体的内容免费概念也在互联网信息流产品中得到体现。传统媒体盈利模式中的内容产品收益、广告收益也依然是互联网媒体及社交平台的主要收入来源，前者被称为内容变现，后者被称为流量变现，而数据所产生的价值包含在精准内容变现和流量变现的价值中，或者说，由于数据的作用，提高了内容和广告变现的效率，即在有限的时间内，提升了内容变现和广告变现的价值，获得了更多的内容收益和广告收益，而这一部分多出来的价值，就是数据的商业价值。

因此，从本质上看，一方面，互联网媒体及社交平台的变现模式是对传统媒体双重出售盈利模式的继承，只不过在形态上被打上了技术和数据的神秘烙印；另一方面，有技术研发能力和成果的互联网媒体及社交平台凭借技术优势将庞大的数据转化为要素资源，产生了新的收入来源——数据变现收入，这是区别于传统媒体盈利模式的重大发展。从总体上看，一些大型互联网媒体及社交平台在变现模式上更主动、更复杂、更多样化。

## 二、流量变现模式：广告

互联网媒体及社交平台习惯用产品的属性进行媒体类型分类。例如依据内容属性，可以将媒体划分为信息流产品、移动新闻产品（门户或传统媒体）、知识产品以及各类垂直平台，此外，还有音乐、游戏、长视频等富媒体内容产品。其中，信息流产品的特点包括海量信息，能源源不断地刷出新的、实时的内容；能在合适的场景下，为用户提供合适的内容；增强用户黏性、延长使用时长，这些都有利于广告曝光创造营收。

表4-8列出了中国主要互联网媒体及社交平台巨头的广告收入在2017年和2018年的总营业收入中的占比状况。这一状况反映了两种趋势：一是信息流媒体的收入主要来自流量变现，如阿里巴巴、百度、字节跳动、新浪、微博等科技型信息流媒体巨头的广告收入占比都超过了50%，其中百度、微博、新浪等信息流媒体的广告收入占比更是超过80%，几乎等同于广告公司。对信息流媒体

而言，内容免费只是流量的载体，其目的起着用户黏性的作用。二是游戏、视频等富媒体的广告收入普遍低于40%，因为游戏、视频等内容本身能带来收入，但也可能只是表面现象。例如，腾讯虽然广告收入额巨大，但占比不足20%。腾讯虽然也做信息流业务，但还有很大一部分收入来源于富媒体游戏业务。游戏收入也是网易和哔哩哔哩等互联网媒体的重要收入来源之一。爱奇艺作为长视频富媒体平台，以内容引进和内容原创见长，但流量变现形成的广告收入依然是重中之重。

表4-8 中国主要网络科技媒体2017—2018年广告收入

(单位：亿元)

| 媒体 | 2017年 | | | 2018年 | | |
| --- | --- | --- | --- | --- | --- | --- |
| | 广告 | 营收 | 占比（%） | 广告 | 营收 | 占比（%） |
| 阿里巴巴 | 1142.85 | 1582.73 | 72 | 1383.93 | 2502.66 | 55 |
| 百度 | 731.46 | 828.00 | 88 | 819.00 | 1023.00 | 80 |
| 字节跳动 | — | — | — | 500~550 | — | — |
| 趣头条 | — | — | — | 28.14 | 31.00 | 90 |
| 新浪 | 88.50 | 106.00 | 83 | 120.00 | 142.00 | 85 |
| 微博 | 67.00 | 77.13 | 87 | 101.26 | 115.00 | 88 |
| 搜狐 | 75.60 | 125.00 | 60 | 84.00 | 127.00 | 66 |
| 爱奇艺 | 81.50 | 172.00 | 47 | 93.00 | 255.00 | 36 |
| 腾讯 | 404.39 | 2377.60 | 17 | 581.00 | 3126.94 | 18 |
| 网易 | 24.00 | 538.00 | 5 | 25.01 | 685.00 | 4 |
| 哔哩哔哩 | 1.59 | 24.50 | 6 | 4.63 | 42.00 | 11 |

备注：字节跳动为预估算；美元/人民币汇率：2017年1:6.72，2018年1:6.75

资料来源：上市公司年度财务报告，比例为计算所得。

美国互联网媒体及社交平台的广告收入占比也大致类似。以2018年为例，谷歌的母公司Alphabet的总营业收入是9188亿元，广告收入为7811.2亿元，广告收入占比为85%；脸书的总营业收入是3747.8亿元，广告收入为3964亿元，广告收入占比达98.5%，几乎等同于一家广告公司。相对而言，像奈飞、声田等富媒体也积累了数亿级别的海量用户规模，但广告收入占比较小，未来也存在扩大流量变现的可能性。

这些互联网媒体及社交平台巨头通过前期运营，积累了亿级用户流量以及庞大的数据，其载体就是内容。通过一种内容载体，对其积累的流量和数据进行变现，是一种产品驱动和技术驱动的数据变现模式，与传统广告有非常大的差别。但是，如果没有进一步吸引用户的内容，用户流量则可能流失，从而导致广告收入下降。因此，互联网媒体及社交平台投入巨资进行原创内容，内在原因之一就是为了更好地黏住用户，并增加新用户，将流量和数据变现，从而提升广告价值。

由此可见，互联网媒体及社交平台流量经济的基本逻辑和模式是：以满足人们信息、通信、社交、购物、娱乐等生活、工作需求的功能化场景应用为入口导入用户，积累用户规模；以内容为载体，扩大用户规模并黏住用户，获得海量用户数据；运用大数据、云计算、人工智能算法技术提取、刻画用户数据，自动匹配内容、广告和用户数据，进行精准广告投放，获得广告收入；为留存、扩大用户，平台方反哺原创内容投入和技术迭代，不断进行内容更新和技术迭代，从而增强用户黏性并增加新用户，再次提升广告收入。这种流量经济模式实际上形成了一个流量循环和流量变现的闭环，因而具有强大的生命力和竞争力。在一个闭环式的流量经济模式里，技术、数据和内容的完美结合以及相互依存、相互促进、互为因果的关系得到了充分体现。

## 三、数据的商业价值与变现

在报刊、广播、电视等传统媒体的广告经济体系里，通常会产生两个常见问题。一是广告对象不明确。由于技术的限制，传统媒体无法确切知道用户/读者/听众/观众的价值取向、习惯、爱好等行为数据，也无法明确其人口统计学意义上的数据，如年龄、性别、职业等。因此，媒体和广告主并不知道广告对象的情况，存在广告投放浪费的问题。二是广告价格可能不合理。广告的价格是以广告版面、广告位置、广告时段、广告时长、广告频率以及媒体的用户数、发行量、收视率、区域影响力等因素为定价基础的。由于第一个问题的存在，广告主依据上述因素支付广告费用，可能并不合适；对这些媒体而言，也存在媒体资源浪费的问题。

在日渐智能化、智慧化的技术型媒体中，互联网媒体及社交平台聚集用户，通过实名制注册和认证确认用户身份，用户在平台上的行为都会被记载、存储。例如，浏览的内容、发表的帖子、观看的视频、分享的照片、购买的产品以及次数、频率等。智能设备的定位功能也让平台后台能感知用户的确切的地域位置，甚至探知用户情绪，等等。算力整合、清洗用户数据，可以为用户贴上各种不同的标签，区分用户的偏好。算法则负责用户匹配，自动投送广告和内容。智能化、智慧化的广告和内容投送过程一定程度上解决了广告和内容送达率不明确的问题，最主要的是在一定程度上降低了广告和内容的价格，消除了媒体广告和内容资源浪费的问题,也减少了用户的搜寻时间,用户、广告主、内容提供商、内容创作者和应用平台多方都能受益,能明显提高媒介产品的经营效率。其运营原理如图4-3所示。

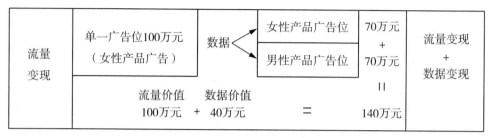

图4-3 数据的价值和数据变现

图的左边是流量变现,适用于任何网站、客户端、App类型的媒体。假定某媒体平台的日活跃用户是1000万户,媒体对广告位的报价是100万元,这就是流量的价值。但这个定价是模糊的。在"数据+算力+算法"的架构下,这种单一流量变现的方式并没有最大程度地发挥媒体平台的数据优势。广告是广告主根据产品的具体特色设计的,有专门的传播对象,例如性别、年龄、职业等。所以,如果这个广告的对象是有特定范围和特征的群体,比如说为女性,那么,这一群体之外的男性用户流量资源就浪费了。这个时候,媒体平台在保证广告送达率的基础上,可以将这一广告的100万元报价打折,比如70万元;再将剩余流量报价70万元,出售给另一广告主,这样一来,媒体平台可以获得140万元收入。那么,这多出来的40万元就是数据的价值。如果可以进一步细分用户数据,这一过程就可以继续下去,数据的价值也将持续增大。

这是一个双赢的结果,广告主节省了广告费用,实现了广告的送达率;互联网媒体及社交平台通过运营数据细分和精准投放,提高广告投放效率,增加了广告收入。而达成这一双赢结果的"功臣"就是数据。这是数据价值的体现之一,也是数据变现的秘密。同样,数据的价值和数据变现的过程也体现在对内容产品的精准推荐中,这里不再赘述。

## 四、内容变现

### (一)内容价值的理论辨识与内容变现的地位回归

内容是媒体的本质,离开内容,也就不是媒体了。但内容在不同媒体的变现模式中的地位还是有差异的。在互联网科技型媒体出现以前,传统媒体奉行精致的专业内容精神,内容质量都有保证,因而内容生产成本很高;内容必须通过技术记录、复制在物理介质上,故新增一个产品的生产成本或者边际成本很高;经营过程中还必须付出流通成本,承担沉没成本。精致的内容要求和高昂的成本既阻止了竞争者的参与,又形成了以内容为核心的变现基础。同时,由于技术区隔的存在,各类媒体在内容变现方式上互不干扰。但互联网媒体及社交平台的出现打破了传统媒体的"护城河",数字化的内容被转移到了互联网这一载体和连接器上。随之而来的是内容生成模式的多元化,精致的专业内容精神在某种程度上被抛弃,而成本结构也发生了变化,部分内容的生产似乎变得越来越容易,成本也很低,甚至成为流量变现的载体。当流量红利逐渐枯竭后,内容变现的地位才开始回归,但仍面临着来自理论和实践方面的困扰。

在互联网媒体及社交平台尤其是信息流产品的商业模式中,内容免费是主要的基调和行动的主轴。理论上看,在互联网媒体平台上,数字化的文字、图片、音视频产品与传统实物媒介产品之所以不同,是因为它们几乎所有的成本都来自预先支付的固定成本,不需要再次记录、复制在物理介质上,但表达的含义是一样的。拷贝或者点击数字内容的成本几乎为零,也就是说,在互联网媒体及社交平台上,数字化内容每多服务一个用户的成本基本是零,基本不需要新增成本,即边际复制、传播成本基本是零。按照西方传统经济学教科书的说法,最具市场效率的定价应该等于边际成本,因此,这些数字化内容的售价就应该是零。一些互联网应用平台似乎找到了内容免费的理论基础,宣称这是对媒体内容形式的解放,同时也是对媒体盈利模式的解放。另外,从内容的功能上看,由于内容可以规模化、个性化传播信息,因而也形成了后向变现的通路。有了后向变现的通路,内容产品就可以没有利润,例如,所有的门户网站、信息流产品、社交产品等都是免费的,有些游戏、音乐、影视、文学、漫画等也是免费的。换句话说,用等于边际复制、传播成本为零的售价出售内容并获得用户,再通过从用户得到的其他资产来变现,例如流量、数据等。而且,互联网媒体及社交平台可以将广告和内容融为一体的原生广告——内容即广告、广告即内容,以算法进行匹配,然后个性化地推送给用户,不但不会影响用户的情绪,还能达到很好的广告效果。这就是互联网应用平台践行内容免费模式的理论来源和商业本质。

选择内容免费换取用户流量、数据资产的变现模式,是私人价值取向的互联网应用平台根据自身的利益进行的有限理性的权衡与取舍,无论盈利或亏损都由互联网媒体自己承担。而且,由于知识的公共性质,公共性知识的内容实行免费获取的模式也有利于知识在全世界广泛、无障碍地传播,促进人类文明和经济的发展。但如果就此认为所有数字化内容都应免费出售,这既是一种对理论的误解,也会对真正优秀的内容创作者和知识创造者形成伤害。

早期传统理论经济学关于按边际成本定价的观点只是适用于理想的完全竞争市场,或者说只是基于完全信息、完全同质性产品以及单一性生产与消费行为假

## 第四章 媒介商业模式创新：网络效应

设与特征的市场，这种市场在现实的经济世界里是不存在的。简单地讲，完全竞争的边际成本定价假设仅仅是一种完美的数学推理，与现实世界无关。因而，传统理论经济学在"剑桥之争"后，发展出不完全竞争市场理论，实际上是否定了完全竞争理论，即由于存在一定的垄断势力，企业并不按边际成本定价，这种价格理论与现实经济世界，尤其是实体经济世界相吻合。另外，在传统经济学教科书里，边际成本是 U 形曲线，长期来看，也不是无限趋向于零的状态，这似乎与互联网数字媒体边际成本趋向于零的现实相悖。那么，传统经济学教科书所阐述的理论真的是过时的理论，不再能解释互联网媒体经济？

内容免费的理论之源在于内容产品的生产成本被处理成一次性成本，即变为固定成本，因此与数量无关。但这是事实吗？还是回到内容产品的成本和价值结构。在实体型媒介产品中，内容必须经技术和物理介质相结合才能形成完整的产品，新增一个媒介产品的变动成本或者边际成本实际上新增加的主要是物理介质的成本，也就是说，媒介产品如果按边际成本定价的话，实际上是按物理介质的成本确定产品出售价格，知识、信息的生产成本并未包含其中。这种理论的本质是混淆了知识、信息资产与一般物理资产的区别：后者不产生新增价值，只是价值转移；而知识、信息除开人类精神劳动所产生的基本价值外，还能产生新价值。因此，内容产品的价值意义不在于其物理介质，而在于包含其中的知识、信息所产生的新价值——凝聚着人类思想创新和实践创新的精神总结，这是人类文明进步的根基和源泉。内容真正的价值不在于其被处理成一次性的固定成本，而在于其通过获取收益以激励知识创造的原动力。因此，在互联网内容经济里，当生产方式发生变革时，对内容产品的成本和价值的理解也应该随之发生变革，不需要依附于纸张、光磁盘等物理介质的数字内容不应该被简单地处理成固定成本，而应该被理解成自身具有价值并能带来新价值的新经济形态——内容价值形态，这就是内容变现的理论根基。更进一步讲，无论是传统媒体还是互联网媒体及社交平台，获取优质内容都必须向内容创作方、生产方支付版税，如同声田那样。版税是一个动态的收益概念，既与内容产品的价格相关联，也与发行数量相关联，是典型的变动成本。在实践中，很多优质内容都是要支付版税的，如前文所述，即便不考虑服务器和宽带成本，内容产品的复制、传播边际成本为零，也并不意味着总边际成本为零。因此，无论从理论上讲还是从实践中看，内容免费是理所当然的论调是不严谨的，也不完全符合事实。所谓内容零成本，是指那些不能带来任何新价值的低劣的、搬运式的内容。当然，在实践中，互联网媒体是否能对所有优质内容都采取付费方式变现，则取决于自身对市场的判断、利益权衡与现实抉择，而不至于再出现理论认识上的误区，但却从另一个层面证实了内容变现存在异常艰难性的尴尬事实。

## （二）不同媒体的内容变现模式

内容变现的本质是为具有特定价值的内容进行付费消费。内容类型的多样性和满足用户功能的差异性，决定了不同内容在变现难易程度和效果上存在明显的不同。那么，到底什么类型和性质的内容更容易、更适合付费消费呢？

从目前的实践看，以碎片化的、强输出的内容，大多数属于低质的"鸡汤文"，资讯点评和网络信息的搬运工，基本属于信息流的范畴，可以作为流量变现的载体，但难以让用户付费。真正能够实现内容变现的应该是辅以技术体验功能，以合适的图文、音视频方式表现出来的系统化的知识和实用性、趣味性的信息。或者说，有价值的付费内容主要集中在三类：一是以事实性报道和深度调查为特征的新闻内容；二是艺术化和强娱乐性的内容，具有富媒体的特征；三是在垂直细分领域内，纯粹而有学术、学习意义的知识。

### 1. 新闻内容变现

以市场环境而言，用户已习惯于免费获取新闻内容，媒体收入等于广告收入的模式仍是主流，这种模式最大的问题就是收入的瓶颈很难解决，其价值难以得到社会和市场的认同。一旦架设"收费墙"，可能会因此减少收入，同时也会大幅降低媒体的影响力。互联网新闻媒体普遍面临两难的抉择。

欧文（2019）在《路透社最新报告：新闻付费大多沦为"一锤子买卖"？》一文中指出，"世界各地的媒体机构都在打造新闻内容付费模式，遗憾的是大多数都不是很成功"[①]。牛津大学路透社新闻研究所在对 38 个国家超过 75000 个用户样本调研后指出，用户并不打算为付费项目买单，大多数新闻机构寄予希望的付费项目，用户增长并不明显。2017 年之后，美国受访者为新闻付费的人群比例稳定在 16%，其他国家的这一比例基本维持在 11%。美国狭窄的订阅用户带集中分布于高质量的终端用户，那些受过良好教育，以及经济实力强的人群成为主力。但是他们终究只是少数，多数用户基本只会为新闻内容花一次钱。最重要的是，年轻人从社交媒体获取新闻，他们习惯于早上用智能手机刷新闻，主要是通过社交媒体和即时通信软件获取信息，而不是专门的新闻媒体应用程序。

已有新闻媒体的数字媒体付费用户转化率虽低，但仍然艰难前行。据 Piano 对 2015 年数百家美国主流媒体网站的数据分析，美国的传统媒体网站存在一个所谓的 7% 定律：在这些主流传统媒体的数字媒体月独立访客中，平均 7% 的用户推动了 50% 的流量，7% 的用户不仅推动了绝大部分媒体网站的广告收入和数字订阅，而且也是所有在线业务大部分收入的贡献者。同时，用户转化为订阅用

---

[①] Laura Hazard Owen：《路透社最新报告：新闻付费大多沦为"一锤子买卖"？》，发布日期：2019 - 06 - 19，https://kuaibao.qq.com/s/20190619A0R88W00?refer = spider，访问日期：2020 - 07 - 12。

户的比例更低，其中，《纽约时报》(The New York Times) 的数字化订户只占其用户数的不到 2%，《华盛顿邮报》(Washington Post) 的这一数据是 1%，《洛杉矶时报》(Los Angeles Times) 的数字化新闻的订阅用户数更糟糕，仅为用户数的 1% 的 1/3。

但这种状况正在逐步改善。《纽约时报》很早就否定了大多数纯粹网络新闻媒体公司的商业模式，即发布经过优化的免费内容，以便在脸书等社交平台上迅速传播，从而追逐大量受众。这导致了标题党、假新闻等新闻乱象。与此同时，随着这些媒体公司扩大受众的速度，所有的广告收入增长都流向了最大的平台集成商，主要是社交媒体脸书和搜索媒体谷歌。《纽约时报》确实与脸书在一些项目上进行了合作，比如修改文章格式的即时文章，使这些文章在脸书上更具吸引力，尤其是在其移动网站上。《纽约时报》的头条有时比过去更加耸人听闻、更吸引人，这可能是对来自网络媒体公司的巨大竞争的一种让步。

虽然和互联网科技媒体公司相距甚远，但《纽约时报》似乎运行得很好，到 2018 年底，《纽约时报》数字用户总数达到 340 万户，总订阅量为 430 万户，比 2017 年底增长了 27%。2020 年一季度最新数据显示，《纽约时报》的数字新闻订阅用户达到了 500 万户，总订阅量为 580 万户，呈现出不断增长的良好发展趋势。不仅仅是《纽约时报》，杰夫·贝索斯 (Jeff Bezos) 在 2013 年收购了《华盛顿邮报》后，也建起了一道强大的"付费墙"。贝索斯在 2017 年的一次演讲中指出，新闻业在过去花了 20 年的时间告诉世界上的每一个人，新闻应该是免费的。但事实是，聪明的读者都知道高质量的新闻制作成本是昂贵的，并愿意为此付出高额定价。我们收紧了我们的"付费墙"，而且每一次收紧我们的"付费墙"，订阅量就会增加。现在，网络媒体出版商正竞相追随《纽约时报》的脚步，从彭博 (Bloomberg) 到商业内幕 (Business Insider)，每个媒体都在设立自己的"付费墙"。目前《纽约时报》提供的经验是明确的。如果给他们一个机会，所有读者将为高质量的新闻工作付出费用。

**2. 流媒体音视频变现**

流媒体视频内容变现模式的典型代表当属奈飞。奈飞一直实行的是会员制变现模式。奈飞内容变现的逻辑非常简单，即用优质内容吸引用户订阅：营业收入 = 用户数 × 单个会员订阅费。奈飞成功转型后，依靠精耕内容，继续大肆吸引用户订阅，收取会员费。这一内容变现逻辑和做法被证明是非常成功的。根据奈飞公布的财报，2018 年奈飞的总营收达到 158 亿美元，同比增长 35%，运营利润较上一年度几乎翻了一倍，达到 16 亿美元。这与奈飞实施的原创内容战略密不可分。财报数据显示：2018 年底，奈飞共拥有 261.2 亿美元的内容资产，其中净原创内容资产为 60.1 亿美元，占比 23%。凭借着优质内容所聚集的巨大声誉和市场垄断地位，奈飞多次上调会员价格，但订阅用户依然不断增加。当然，奈飞内容变现模式的成功也与用户付费意愿较高的社会习惯有关联。据美国消费者新闻与商业频道（Consumer News and Business Channel，CNBC）2018年初发布的《全美经济调查》数据显示，57%的美国人使用了不同形式的流媒体服务。亚马逊旗下的Prime Video、迪士尼旗下的Hulu以及HBO等流媒体巨头采用的变现方式都是奈飞式会员付费订阅模式，即便市场竞争加剧，"优质原创内容+付费会员制"依然是奈飞变现模式的根基。

在流媒体音乐领域，声田无疑是佼佼者。从2006—2017年底，尽管声田向艺人、唱片公司和出版商支付了超过97亿美元的版税，高昂的版权费用导致声田连年亏损，但如同早年的亚马逊一样，在信念、耐心和充沛的现金流支撑下，声田迎来了回报。根据声田发布的2019年Q3财报，其营收同比增长28%，达到17.31亿欧元。声田也是采用用户订阅付费制为主的变现模式。在所有的用户中，付费用户率高达46%。同时，除去免费用户带来的流量变现产生的广告收入外，其营收的90%都来自用户支付的订阅费。

3. 学术知识变现

学术知识满足具有特定职业背景和学术细分领域的特殊人群的专业信息需求，这部分读者的高偏好性和高收入性，使得他们愿意为这种独特的偏好支付价钱，由于学术知识的进入门槛非常高，在内容变现上的门槛反而非常低。数字化的学术知识产品的变现模式主要有两种方式：作者付费制和用户订阅服务制。

与其他内容产品的变现模式不同，内容具有公共性质的学术期刊采取向作者收费的模式。这种模式的代表性类型是开放存取期刊（Open Access Journal）。开放存取期刊是一种完全创新的学术期刊——采用不向读者或机构收取使用费，而向作者收费的方式，用户可以在互联网上自由获取学术文献的全数字化网络期刊。这种学术出版的盈利模式的理论基础在于：很多基础科学研究项目、人文及社会科学研究项目都受到各类基金项目的资助，其中一部分资金就是用于学术成果发表与出版的，因此，其研究成果是全社会的公共财富，理应向公众免费开放。用户可以无障碍获取：无资金障碍——免费获取，无法律障碍——使用没有版权限制和任何许可约束，无技术障碍——在线不受限使用。用户可随意使用，阅读、下载、复制、传播、打印、检索、制作索引及软件数据等均不受限。

学术知识变现的主流模式还是客户或用户付费订阅制，典型代表产品是学术数据库。由于学术知识的高门槛及高偏好，学术数据库出版商或集成商几乎形成了天然的学术内容垄断性，并凭借这种垄断性采取掠夺式垄断定价。例如，北京大学图书馆2008年购买爱思唯尔科技期刊电子数据库的费用为54多万美元，2009年涨到57万美元，2010年是61万美元，2016年达90万美元左右。虽然受到来自全世界高校图书馆的抗议，但内容形成的"护城河"丝毫没有动摇学术数据库出版商不断提价的决心。

# 第五章 媒介生态系统及生态战略创新

美国畅销书作家格雷格·萨特尔（Greg Satell）2019年在《真正改变世界的不是发明，而是"生态系统"》一文中认为，真正推动产业进步的是建立在瞬时相变的单一技术发明基础之上的二次发明，以及后续建立起来的强大生态系统。格雷格举例说，1984年，苹果公司推出麦金托什（Macintosh）技术，直到90年代后期，一个新的生态系统开始出现：个人计算机、互联网和应用软件相继被发明出来。这些二次发明推动了新的商业模式出现，而新的商业模式创造出新的价值，并进一步提高了生产力。因此，格雷格·萨特尔认为，事实上，创新从来不是一个单一的事件，而是一个发现、工程和变革的过程。作为一个一般的经验法则，这一切都需要30年才能发生，因为成千上万的人需要改变他们的行为，协调他们的活动，并开始新的业务。对人工智能技术下的生态系统，格雷格认为，人工智能已经成为现实，并为大多数人所接受，但还没有创造出能够推动真正变革的生态系统。[①] 事实上，在人工智能领域，我们依然可以清楚地看到生态系统正在被创造，只是一个相当发达的生态系统的形成可能需要10年甚至更长的时间。面对这样一个新时代，值得思考和探索的问题是：在"数据+算力+算法"的互联网媒介时代，什么是媒介生态系统？其体现的内在规律是什么？媒介组织如何有效构建生态战略并贯穿企业行为？

## 第一节 互联网媒介生态系统及生态思维

### 一、互联网媒介生态系统：生物学隐喻

互联网媒介生态系统的产生与进化是人类进行知识创造、创新活动中过程与结果的统一，而且，随着万物皆媒、万物皆比特、万物皆智能时代的到来，这一进化进程仍在加速。那么，如何理解互联网媒介生态系统以及生态系统中各构成

---

① Greg Satell：《真正改变世界的不是发明，而是"生态系统"》，发布日期：2019-09-03，http://baijiahao.baidu.com/s?id=1643622793006049419&wfr=spider&for=pc，访问日期：2020-09-10。

要素、各环节间的关系和本质呢？借助自然界的生态现象以及生物学关于生态系统的概念和理论隐喻，或许可以得到更好的理解。

勒特（Reiter，1865）首次提出"生态学"一词后，恩斯特·海克尔（Ernst Haeckel，1866）首次将生态学定义为研究动物与有机及无机环境相互关系的科学。自生态学产生起，生态学的研究对象经历了从个体到整体的演化过程，即从早期的生物个体研究逐步发展到聚焦于生态系统研究，并形成了生态、生态圈、生态系统、生物圈、生态链、生态位等核心概念。生态指生物的生活状态，包含三层意思：一是生物在一定的自然环境下生存和发展的状态，即生物的生理特性和生活习性；二是生物之间的相互关系，即共生或竞争合作关系；三是生物与（无机/社会）环境之间的相互依存、相互作用的状态和关系（不探讨宽泛社会意义上的第三点）。生态圈是生物诞生、生存和扩展的空间，依据空间范围的大小划分为不同的生态系统，或者说每个具体的生态系统实际上是一个复杂的小型生态圈。首次提出生态系统概念的英国生态学家阿瑟·乔治·坦斯利（Arthur George Tansley，1935）认为，生态系统是一个整体系统，这种系统是地表自然界的基本单位，它们有各种大小和种类。[①] 在具体的生态系统里，呈现出典型的"圈—链—位"的结构。习性相同或相近的生物群称为生物圈，生物圈层上下游之间又形成了生态链或食物链关系，处在生态链或食物链上下游环节上的生物之间则构成生态位。简言之，生态圈既是各种生态系统的综合体，也构成了每个生态系统的具体空间、地理结构和复杂生境；在生态体系内，生态系统是横向生物圈和纵向生态链或食物链的集合，而生态链或食物链又是生态位的集合。因此，一个具体的生态系统是由一定空间、地理范围内的独特的生物生存环境和生物间纵、横向关系的生物圈、食物链、生态位构成的（即在一定的生态圈内构建并形成开放的生态系统）。

罗斯·查尔德是最早把经济看作生态系统的学者，他认为，资本主义经济体系最好被理解成一个真实的生态系统。1993年，美国战略学者詹姆斯·穆尔（James Moor）运用生态学隐喻，在《哈佛商业评论》发表的《捕食者与被捕食者：竞争的新生态学》一文中首先提出"商业生态系统"概念，并认为，商业生态系统是以组织和个人的相互作用为基础的有机经济联合体，在这个经济联合体中，商业生态系统具有自组织的特性，人和组织在这个系统中可以不断地互动、相互依存，在不断的交互中共同进化。2004年，美国哈佛商学院教授马尔科·扬西蒂（Marco Lansiti）以及美国发明家罗伊·莱维恩（Roy Levien）在《哈佛商业评论》上发表《制定战略：从商业生态系统出发》一文，该文认为，

---

① A. G. Tansley, "The Use and Abuse of Vegetational Concepts and Terms", *Ecology*, 1935, 16 (3): 284–307.

在日益全球化和网络化的现代商业中，企业仅凭单打独斗是无法立足的。相辅相成、互为依赖的各类企业编织成庞大的商业网络——商业生态系统。与自然生态系统中的物种一样，商业生态中的每一家企业最终都要与整个商业生态系统共命运。① 两位学者还从准自然生态系统的角度，深入阐释了在信息经济时代，全球顶尖大公司如何通过构建自己的商业生态系统，从而赢得互联网应用平台级的竞争优势的过程。

进入移动互联网和智媒经济时代后，随着一批技术研发能力、技术创新能力和商业投资能力极强的互联网科技企业的快速崛起，互联网生态系统的范畴已远远超出了传统商业生态系统的范畴。在此背景下，一些经济学家和互联网产业界的人士对互联网生态提出了自己的看法。宋清辉（2015）认为，互联网生态是在互联网基础上进化出来的一个全新的系统——从单打独斗的封闭系统转变为创新多赢的新系统。这一新系统以跨产业价值链全面重构过去几十年专业化分工所固化下来的产业边界和创新边界，从而极大地释放了互联网的经济价值。而经济价值的发展多依赖于互联网平台，要真正发展，则需要一直持续的创新。跨界被认为是价值链在互联网技术平台上的重新定义和解释。② 为此，马蔚华（2015）进一步认为，互联网生态是以用户为核心，以互联网技术应用为基础平台环境，平台上的每个环节相互依存而形成一个完整的生态链，产生出人与人、人与互联网的各种关系；同时，互联网生态也是一种跨界创新的商业模式，跨界衍生出全新的产业组织方式，并带来全新的用户价值。因此，互联网生态是环境，是生态链，是生产关系，也是一种跨界的商业模式。③ 还有一些互联网产业界的人士认为，互联网生态是以互联网技术为核心实现跨产业垂直整合下的价值链重构，打破产业边界实现跨界创新，从而重构生产关系，创造全新经济价值的完整的开放的生态系统，而重构互联网生态下的生产关系将会创造出新的经济价值。

## 二、互联网媒介生态系统及特征

互联网媒介生态系统是在具体技术和商业语境下形成的新概念，具有特定的技术和商业场景。借助生物学隐喻，可以将互联网媒介生态系统理解为一种由自

---

① Marco Lansiti、Roy Levien：《制定战略：从商业生态系统出发》，《哈佛商业评论》2004 年第 4 期，第 65～78 页。
② 宋清辉：《互联网生态再思考》，发布日期：2015-12-23，http://caijing.chinadaily.com.cn/2015-12/23/content_ 22783186.htm，访问日期：2019-12-20。
③ 马蔚华：《互联网生态创新论坛开场致辞》，发布日期：2015-12-21，http://m.haiwainet.cn/middle/352362/2015/1221/content_ 29472084_ 1.html，访问日期：2019-12-20。

主创新式的商业行为形成的人造生态系统,而且与不断演化的互联网生态密切关联。互联网媒介组织在以用户价值需求和技术体验为中心的理念下进行技术开发、内容提供服务和内容运营等一系列经济活动,以"自组织"的方式形成了互联网媒介生态系统。虽然互联网媒介生态系统是人造生态系统,是人类创造性活动的结果,但依然遵循了自然生态系统"生物圈—生态链—生态位"的构造结构原理。如果不考虑智能终端设备,且具有完备的互联网络运营基础设施,这样就形成了一个从上到下的纵向媒介产业链条:操作系统(应用商店)—应用开发(技术开发者)—内容提供者—用户,这个链条可以看作"生态链";除用户外,在互联网媒体生态系统中,位于"生态链"基础层即第一层的是内容生产者(如作者等),数量庞大。例如,截至 2019 年,仅网络文学作者的数量就已超过 1700 万人。第二层是内容提供者,如报社、期刊社、图书出版社、广播电视台、影视公司、游戏公司、通讯社以及各类网站等,数量也十分庞大,但远逊于内容生产者。第三层是平台型媒体。包括各类社交、新闻资讯信息流、视频、音乐、文学、游戏、地图、学术、教育等综合或垂直平台,在每个垂直细分的媒体领域,处于一线头部位置的平台数量往往只有少数几家。第四层是生态型媒体。这类媒体影响力超群,可能由嵌套平台或平台型媒体演化而来,但从全世界范围看,也只有为数不多的几家。位于最顶层的是操作系统平台,操作系统自带的应用商店是所有应用的分发渠道,在移动互联网领域,具有全球地位的只有谷歌和苹果两家。链条上的每一层次或环节都有数个或大量相同或相异的参与者,形成"生物圈";而每个参与者在"生物圈"中的地位,则形成了"生态位",这样就形成了纵横交错的互联网媒介生态系统。基于上述理解,可以对互联网媒介生态系统的含义做一些基本表述。

  第一,互联网媒介生态系统是集技术、数据、内容、商业于一体的新系统。互联网媒介应用的第一个功能是连接,即将所有相关联的人聚集在媒介应用平台上,起的是连接器的作用。第二个功能是传输信息,进入 Web 2.0 时代后,技术赋予了每个人内容发表权,以前仅仅是内容和技术功能消费者的用户转变成了内容的创造者,产生了用户生产内容的 UGC 模式,用户既是消费者又是创作者。进入移动互联网时代后,一方面,人工智能等技术的通约性促进了图文、音频、视频内容的聚合,使同一内容的表现形态更加丰富;另一方面,技术的专用性满足了用户日常工作、学习、生活、娱乐场景化、圈层化的需求趋势,一批适应场景化、圈层化的细分应用媒介应运而生,用户行为特征和内容供求特征也由繁杂变成更加具象化、专业化、层次化,数据科学和算法科学的发展进一步强化了这一特征。在此基础上,"数据+算力+算法"技术模式最终导致用户对内容价值需求和技术体验的完全个性化。因此,和自然生态系统差异所体现出来的自然选择意义截然不同,互联网媒介生态系统是一种人造生态系统,是创新型媒介组织主动进行创新与合作而形成的媒介生态系统,是人类进行生产性和消费性知识创造、创新与合作的结果,是人类社会进行主动选择而非被动适应的结果,具有天然的创新性、颠覆性和自我进化性。

第二,互联网媒介生态系统是以互联网平台连接所产生的技术关联和经济关系为基础进行环境构建和产业链整合。在人工智能语境下,互联网平台是数据、算力、算法这类媒介基础设施或环境的创新者、提供者和运用者,并通过平台连接,将众多的内容生产者、技术开发者和用户聚集起来,既形成了横向的"生物圈"隐喻——内容生态圈、技术开发者生态圈和用户圈;又形成了完整的纵向生态链隐喻——媒介产业链,链条上的每个环节相互依存,进而形成了一个完整的商业生态和技术生态环境。因此,正是技术全面渗透形成的平台化网络连接和大规模经济依存关系孕育了更高级的人造媒介生态系统,比如谷歌、亚马逊、脸书、苹果、腾讯、百度、阿里巴巴、字节跳动等互联网科技巨头所主导的全球互联网企业群落,就是这种生态系统的直接证据。

第三,互联网媒介生态系统以新价值创造为核心,随着以内生知识创造、创新和为用户提供创造价值所驱动的生产日益技术化、服务化与多元化,新价值创造不再局限于单一的内容经济价值,价值(创造)从产品向解决方案,再向体验迁移。因此,互联网生态下的媒介生态系统在范畴上远远超出传统媒介商业生态系统的范畴。

第四,互联网媒介生态系统是开放系统,系统各构成要素间的本质关系是合作共赢,没有一家企业可以拥有创造独特个性化体验所需的全部资源,企业价值创造将是一大群不同规模、不同行业的企业抱团合作的结果,在某些情况下甚至包括非政府组织、政府部门等非营利性机构。苹果公司每推出一款产品或服务,即获得消费者踊跃认购,正是仰赖于其生态系统提供的卓越个性化体验,而亚马逊、脸书等更是集纳了全球范围的用户和厂商,共同营建了一个需求呈现与满足的宽阔舞台。

第五,互联网媒介生态系统的最大特征之一是跨界赋能创新,而非仅限于媒介商业系统内循环。跨界赋能创新主要源于两点:一是从企业战略的角度来说,从传统的媒介价值链向跨产业生态系统超越是必然趋势。在传统价值链理论中,单个企业在产业格局中的竞争态势或竞争优势是产业竞争分析的经典框架,具有竞争力优势的企业被称为"支配主宰型"企业,往往采取纵向和横向一体化来控制某一生态系统的运营战略,不断消除与其最邻近的小生境物种,从而导致生态系统的脆弱与瓦解。因此,不少批评者指出,价值链分析对相对封闭、稳定、线性关联的传统产业环境比较有效,但是在分析面对高度不确定环境下的企业网络系统时便显得力不从心了。而跨产业生态系统正在成为领袖级媒介组织的新优势,连接和共享形成的生态优势改变商业上你死我活的"零和博弈",在某种程度上加速了"竞争的衰亡"。在共同进化机制下,"正和博弈"以及价值共创、价值分享已成为互联网媒介组织"良性生态"的主流实践模式。二是新"物种孵化"是互联网媒介生态系统的创新特质之一,物种的多样性直接来自互联网媒介组织的技术创新及二次创新,这种创新所产生的新物种,既可能是新的媒介形态和媒介产品,也可能是媒介产业之外的新概念和新产品,例如数据中心、量子计算、无人驾驶等,但这些技术或产品将最终成为智能经济、智能社会的基础设施,也能创新媒介应用场景,促进原有媒介生态的进化与升级。因此,与自然生态系统一样,互联网媒介生态系统的健康性或者说良性化,首要原则是存在着物种多样性,尤其是新物种能不断涌现,从而使媒介生态始终保持开放与繁荣的特征。

## 三、互联网媒介生态系统下的生态思维

智媒时代,任何一个媒介组织都无法依靠自身内生的资源和力量,建立起一个内容、技术、数据完全独立的生产、传播和交易系统。在产业融合与升级的趋势面前,媒介组织必须变得开放、灵活,建立起生态优势。也就是说,媒介组织的优势,不仅来源于内生优势与创新,还来源于对外部资源的有效利用。

自然界既存在着较为封闭的生态系统,也存在着开放、多样、共生共存的生态系统;既存在着严酷的生态系统,也存在着繁荣的生态系统。例如,太平洋中的孤岛夏威夷,离任何大陆都超过3000千米,这个区域的动植物,不管是陆上生物,还是海洋生物,都是相对封闭的,为防止现有生态受到破坏,这里有世界上最严格的动植物保护措施。但即便是这样,每2万~3万年才有一种新的物种成功生存下来,夏威夷目前有2万多种物种。而位于热带雨林地带的哥斯达黎加,地处南、北美洲的要冲,南接巴拿马,北连尼加拉瓜,这一区域内,雨量充沛,阳光充足,森林茂密,拥有适宜的无机环境和优越的地理空间,生态开放、多样,生物之间共生共荣,生机盎然,更重要的是,新物种引入的速度是夏威夷生态的10倍。目前,哥斯达黎加的物种有50多万种,是夏威夷的25倍,其生物多样性全球排名前列。这说明无机环境条件的好坏直接决定生态系统的复杂程度和其中生物群落的丰富度,生物群落既在适应环境,也在改变着周边环境的面貌,生物群落的初生、演替甚至可以把一片荒凉的裸地变为水草丰美的绿洲,生态系统各个成分的紧密联系使得生态系统成为具有一定功能的有机整体。

开放、繁荣、共生共赢的哥斯达黎加式生态是互联网媒介生态系统追求的目标,要达成这一生态,摈弃"丛林法则"思维、构建生态思维才是关键。所谓生态思维,是以生态哲学思维方法,来自觉审视和积极思考媒介经济系统内存在的媒介组织之间、媒介组织与人之间、人与人之间、人与机器之间的复杂技术、

内容以及商业关系，并以物种创新、协同进化、共生共存共荣为价值取向建构媒介生态系统的现代思维方式。

具体来讲，互联网媒介生态系统语境下的媒介生态思维观包括以下五个方面。

第一，整体统一性和协同性思维。即保证、确认系统构成各要素、各环节之间存在依存的整体性与进化的协同性。

第二，开放循环思维。即媒介生态是开放的、动态的，必须不断有新的合作伙伴加入生态思维确认系统自组织的开放性与正向循环性。开放性意味着新能量的引进和新物种的诞生；循环性意味着事物具有数据循环、技术转换和内容交流的能力；两者共同推进媒介生态系统自觉地向更高层次进化和演变。

第三，多样丰富性思维。即系统构成各要素、各环节之间存在形态方式的多元性和价值联系的多样性。所有媒介组织围绕文字、图片、音像、数据、应用程序等构成信息的基本方式进行内容、技术、偏好的创新与引导，形成内容类型多样、技术多元的细分媒介子群，以满足多样化、个性化的用户需求。由于需求复杂多变，创新充满不确定性，必须以生态多样的丰富性来应对市场和创新的不确定性。

第四，合作性思维。即处于复杂的媒介生态系统中的媒介组织和个人应抛弃传统的思维和行为，代之以与外部的"你不拥有的资源"合作。这里的合作性并非否认或摒弃媒介组织核心资源的内生性，而是指当媒介组织尤其是一些科技型媒介组织发展到一定阶段后，价值创造的驱动力更多来源于外部而非内部，价值的获取将来自整个产业价值网络，而非单一的价值链。

第五，共生共赢思维。媒介生态思维下，数字化、平台化、智能化的媒介产业是一个错综复杂的系统。大数据、云服务、人工智能、物联网、区块链等技术的发展，使以前没有连接互动的媒介之间、用户之间、媒介与作者之间、媒介与用户之间以及媒介与其他社会组织之间有了更多的互动、分享与合作。参与各方是共生共赢的关系，每个内容、技术、数据、商业模式的创造者和创新者，无论大小，只要有独特的价值或贡献，都可以成为互生、共生、再生的利益共同体的参与者和拥有者。

## 第二节　互联网媒介生态系统的两大生态法则

### 一、"脚手架"法则：互联网媒介应用平台

**（一）"脚手架"生态法则**

1994年，《连线》（*WIRED*）杂志创始主编凯文·凯利（Kevin Kelly）在其出版的《失控》一书中讲述了一个人类再造生态的典型案例，阐述了再造或者重建一个自然生态带给人类的启示。百慕大群岛曾经有着圆尾鹱宜居的生境，但受到不当开发、外来物种入侵等因素的冲击，原来的生态被破坏殆尽，圆尾鹱濒临灭绝，一位名叫戴维·温盖特的男子试图恢复圆尾鹱的宜居生境。圆尾鹱通常居住在地下巢穴中，但只能在被海风吹歪而隆起的树根和土地之间缝隙筑巢。因此，温盖特需要恢复当地曾经茂密但被引入的害虫彻底毁掉的香柏树林。温盖特种植了8000棵香柏，但不幸的是，飓风将它们摧毁了。于是，温盖特又种了一种辅助物种——生长迅速、非本地生的常青植物木麻黄作为环岛防风林。木麻黄迅速长大，使香柏得以慢慢生长，几年过后，更适应环境的香柏才取代了木麻黄。于是，一个相关生态链也奇妙地出现了：香柏引回了几百年未在百慕大出现过的夜鹭。能够抵御海风的木麻黄就是这里的"脚手架"，它的独立存活为所有后续的生物和生态赢得了时间。基于这种认识，凯文·凯利提出了人造商业生态论：一个生态系统的成立必须具备一定的条件，遵循一定的原则。首先，生态系统源于一个"脚手架"，一个能独立成活的物种，这个物种可以称为"基石物种"，或者一个可运行的系统；其次，基于此，可发展更多的物种或者系统，但是不同的物种、系统出现的顺序不同可能有不同结果；再次，其中有物种或者系统还需要适时退出；最后，也是最关键的，良性生态系统的构建是为期很长的过程。

无独有偶。1998年初，比尔·盖茨（Bill Gates）在"1997年度美国报业协会年度大会"上，面对1200位报业巨子，提出了一系列有关新闻业的论断。比尔·盖茨指出，与物理媒体之间存在明确的界线不同，互联网媒体世界中不存在什么界限，软件开发者现在所做的许多事情都与新闻业有关。言下之意，互联网媒体的真正魅力在于与用户的亲密互动，互联网媒体的真正潜力在于丰富多彩、魅力无穷的互联网应用，而不是简单地换一种介质做媒体。在互联网世界里，真正有前途的媒体成长路径，一定是先依靠技术服务等其他方法吸引大量用户之后再去传播新闻信息。

比尔·盖茨的告诫清楚地说明了互联网媒体商业生态系统存在着"脚手架"法则：①构建互联网新闻应用平台这个"基石物种"；②互联网新闻媒体生态系统的"出牌顺序"是，先构建一个互联网应用或工具，吸引大量用户后进化为应用平台，再有效传播新闻信息，应用平台发生网络效应后，正式进化为互联网平台型媒体；③这一过程不会一帆风顺、一蹴而就，而是一个较为长期的过程；④随着新的新闻媒体生态系统的建立，一些原有物种必须退出——最明显的是纸质报刊——即便是像《花花公子》和《纽约时报》这样曾经叱咤风云的报业巨子们。

互联网媒体生态系统中的"脚手架"法则清晰地解释了为什么社交媒体平台脸书基于 News Feed 的新闻应用 Instant Articles 以及硬件公司苹果基于 iOS 操作系统的新闻应用能快速崛起的缘由与走向。如果没有全新的技术体验和全球范围内数以 10 亿计的海量用户，脸书、苹果等互联网科技公司的新闻应用很难获得成功。那么，为什么表面上看起来与新闻媒体没有直接关系的种种互联网操作系统、应用平台、应用工具，也就是比尔·盖茨眼中的"软件开发者在做许多与新闻业有关的事情"，最后很多都形成了平台型媒体？

要弄清这一问题，首先要回答何谓平台型媒体。对任何一种新概念，都应从进化的角度去理解。媒介发展史清楚地表明任何一种新媒体的产生、选择与兴盛过程，都离不开技术、内容和商业的特质。

首先，撇开商业化运营策略及过程不谈，仅从形态上看，互联网平台本质上是一种可用于众多用户之间传递、交换、共享信息的技术应用。应用媒介是一种技术载体，也是一种连接器；用户是使用者，包括个人用户和专业机构用户等；信息由用户或者应用运营者提供。互联网应用的用户规模要达到一定数量规模并形成网络效应才能称之为平台。在应用平台上，知识信息娱乐等内容生产者和内容提供者将自己创作或生产的作品，或者信息服务提供者将他人创作的作品经过选择和编辑加工，登载或聚合在互联网应用上，如网页、客户端和移动 App 等，供其他用户在线浏览、阅读、播放、使用、转发、下载或交易。

其次，从进化过程看，媒介在进化过程中始终都存在一种明显的"钟摆效应"——在"渠道"与"内容"之间往复摆动。技术进步带来了新的媒介平台（渠道）创生，然后在新的平台基础上进行与技术形态相适应的内容创新和传播，新技术扩散和商业效应带来的示范作用进一步推动媒介融合，在融合情境中进行更多、更细分、更高水平的新平台与新内容建设，直至下一种新媒介出现，在螺旋式上升中再循环这一过程。进入智能媒介时代后，这一效应更加明显。因此，互联网平台型媒体实际上是媒介技术发展到成熟或高级阶段后所形成的创新性媒介技术应用与内容生产之间自然融合的结果。正是在这种技术与内容的融合背景下，乔纳森·格里克（Jonathan Glick，2014）创设了 platisher 一词，即所谓的"平台型媒体",意为"既拥有媒体的专业编辑权威性又拥有面向用户平台所特有开放性的数字内容实体"。①

最后,在不同的应用场景下,不同性质的技术应用与不同内容类型相结合,通常会产生不同类型、形态各异的平台型媒体。但在以移动互联网、物联网、区块链和人工智能为主的新媒体技术语境中,平台型媒体大致包括五大共同的核心要素:一是成熟的技术应用和快速的技术迭代,头部企业还应具有强大的知识研发能力和创新能力;二是海量的用户导入;三是开放的内容供给系统;四是专业的内容采编及治理准则;五是海量的数据基础及自由的算法机制。其中,第一点和第五点属于技术范畴,由内生的技术研发能力决定,第二点属于商业模式范畴下的网络效应,第三点和第四点属于内容范畴。"技术+内容+商业"是任何一个商业化的平台型媒体或媒介产品/服务构成的基本共同要素。

综上所述,所谓平台型媒体,实际上是指某一主流的互联网、物联网、区块链、人工智能等应用媒介与内容生产分发交易体系有机结合所产生的技术性媒体界面。因此,从根本上讲,平台型媒体是指依托热门互联网应用媒介平台,拥有海量用户基数和网络效应,以及开放的内容生产体系,以专业的策划、采集、编辑机制与智能智慧化的算法推荐机制相结合而形成的数字内容生产、聚合、分发、交易、互动体系。

**(二)互联网媒介生态系统的"脚手架":应用平台**

那么,为什么会是互联网媒介应用平台或者说为什么互联网应用平台最终充当互联网媒体生态系统的"脚手架",成为互联网媒体生态的"基石物种"呢?

**1. 平台是媒介基础环境和设施的提供者、服务者**

第一,互联网应用平台创造出了新的媒介基础环境和设施。用户规模、市场份额和影响力提升的前提直接来自互联网媒介平台所提供的基础设施系统,这种基础设施系统类似自然生态中的无机环境,是生物群落生存、繁衍、繁荣的基础。传统基础设施或公用事业通常指物理性的设施,资产和网络的复制成本高,且替代性较低。互联网应用平台大多是由远端的服务器集群或数据中心、面向第三方商家的应用程序接口(API)以及面向用户终端的应用程序或网站组成,具有资产规模轻、业务更迭快、替代产品多等特点。其关键资产是大数据资源和算法库,其竞争优势则来自技术创新、规模经济和网络效应。其业务准入的技术性门槛高、可竞争性较差、市场壁垒高,但影响力强。因此,互联网媒介平台具有"高固定成本(主要是研发成本),低边际成本"的典型特征。互联网应用平台企业往往是供应方和需求方接入并互动的"基础设施",是交易设施的提供者。

---

① 杰罗姆:《平台型媒体,科技与媒体缠斗百年再平衡》,发布日期:2014-12-16,http://www.tmtpost.com/177842.html,访问日期:2016-12-20。

第二，互联网应用平台技术复杂，运营成本高昂。IT 基础设施成本过高是 TikTok 等大多数流媒体内容平台面临的共同问题，因为带宽和数据存储是任何流媒体内容平台的主要开支。随着越来越多的用户寻求高质量视频，内容平台的带宽成本和服务器成本呈指数级增长。早在 2011 年，土豆网在一份财务报表中称，其带宽费用为 2860 万美元，占其收入成本的 42.1%。哔哩哔哩（Bilibili）也在其 2019 年年度财务报表中称，该公司在服务器和带宽方面的支出为 1.32 亿美元，月活跃用户数为 1.3 亿，每美元支出的月用户数仅略低于 1 个。TikTok 每月有 8 亿活跃用户，每天上传数以百万计的视频，每月仅用于内容交付的基础设施就要花费巨额支出，这不是一般媒体所能承担的。

### 2. 平台具有连接机制，能自发、稳态地重组产业链

互联网应用平台的组织模式能吸引不同用户群体入驻平台，并提供信息服务以促成各类用户之间互动或交易。也就是说，互联网应用平台是在线市场交易的组织者和重要载体。

首先，互联网应用平台是一种居中撮合、连接多个群体以促进其互动的市场组织，为不同用户群之间的互动提供物理或虚拟场所，提供居间服务，维持平台秩序，在全球范围内整合多方资源。同时，互联网应用平台通过设立平台规则，降低了用户间交易成本，维持了平台内交易秩序，是一种新型市场组织形态。

其次，互联网应用平台是基于数据和算法提供信息服务或内容服务的在线平台，为解决跨地域的供需信息精准匹配难等问题，互联网应用平台在技术上通过采集供需双方主体信息、产品或服务信息等各类数据，借助算法提供搜索、竞价、调度、支付、信用等服务来撮合供需双方，提高交易效率。从经济学的角度看，互联网平台经济交易合同的达成、支付以及执行提供了新的实现形式，使交易成本大幅下降，许多原来在线下无法完成的交易变得可行，也使各方参与者能够共享由此带来的效益。不仅如此，应用平台企业还有规模经济、范围经济和网络外部性的优势，并获得了市场参与者的交易、结算等众多信息，占据了客户和数据的优势。因此，朱利安（Jullien，2004）提出，所有市场主体通过一个平台协调、交易时，网络效应最大化，效率也最高。①

再次，平台企业为了实现经济利益最大化，需要尽可能地扩大参与者群体。因此，它们往往致力于更多的上下游开发，希望更多的用户参与并建立双方都可互动的商业模式，从而将更多的用户、社区集中起来。

最后，最为重要的是，平台企业连接着供应方和需求方，从中获得了大量的用户数据，这些数据可能是平台企业巨大价值的来源。由此，互联网应用平台对

---

① 转引自吴敬琏：《平台经济的理论和政策思考》，发布日期：2020-08-24，https://www.sohu.com/a/414681087_505889，访问日期：2020-10-20。

用户注意力的争夺转换成了对用户数据的争夺，因为只有获得用户数据，才能实现对用户的存量和增量的竞争。从这个角度看，数据竞争就是互联网企业的根本利益之争。

以短视频为例。短视频从终端用户到平台这个链条之间的参与者众多，各个角色在"食物链"中处于不同的地位，发挥着不同的功能，共同构成了一条完整的"生态链"。"生物链"的顶层是抖音、快手这样的短视频平台，底层是用户，中间分别有内容制作者、信息流代理、电商、网红聚合平台、培训及代运营和数据美化公司等，各个角色处于一种共生的状态。

第一，内容制作者。平台和内容制作者相互依存。为了吸引优质创作者，平台方会以流量补贴的方式扶持内容创作者。然后进场的则是 MCN（Multi-Channel Network，是一种多频道网络的产品形态）机构，MCN 旗下往往会有多个签约或孵化的大号，MCN 为这些大号做内容涨粉，并通过粉丝进行广告变现。

第二，网红聚合平台。网红聚合平台指的是平台上有海量的网红供客户挑选，他们做的是中介性质的服务，撮合广告主和网红，在中间赚取差价。网红的数量代表了聚合平台的实力。

第三，信息流代理。信息流广告是短视频 App 盈利的最主要方式，也是所有的移动 App 变现的主要方式。用户一般是不喜欢看广告的，如果广告频繁弹出，用户就会卸载掉 App，导致用户流失，或者导致用户质量越来越差，获客成本则越来越高。因此，需要善于经营和包装的广告代理商参与，以保证广告的质量和转化效率。

第四，电商。如果短视频的广告不带购物链接，广告变现将无法形成闭环。当人们的注意力都集中在短视频平台上时，都是希望娱乐的需求、社交的需求、购物的需求不跳转平台就可以实现，这为电商提供了参与机会。普通用户发布视频，看直播带货，可以添加淘宝等或者自己小店的商品，用户被视频"种草"直接购买即可。

第五，培训及代运营。通过 MCN 机构等分享一些成功者的短视频拍摄、制作、留存粉丝、数据分析、粉丝变现等知识和技巧。当然，培训是要收费的。短视频代运营，尤其是企业的抖音号代运营等，即企业把抖音号交给他们来打理，以保证每月的涨粉数和视频发布数量。

第六，数据美化。数据美化实际上是指刷数据的业务，最多的是刷粉丝、点赞、评论和播放量，通过数据美化和提升以保住平台的商业价值。

3. 平台具有一定的规则，能形成开放、共生共赢共荣的繁荣价值生态

互联网平台逐步成为数字经济生态系统的关键环节。在"生态链"中，平台企业通过发布平台规则，对主体准入、行为规范、内容审查、服务质量、用户保护、纠纷处置、违法信息阻止等予以明确规定，并设置了对应的用户评价、信

用制度等激励约束措施。事实上,新兴互联网平台依托技术、计算、数据、用户规模等优势,已经成为平台运营规则的制定者、平台运营秩序的维护者和平台数字生态系统的承载者。

通过技术赋能产业中的主体,才能实现"共创共享共赢",完善、发展产业生态体系。互联网媒介经济以平台作为基础设施,连接产业内的各类企业主体,让其能够连接,创造价值;同时,平台需要输出自身的技术到产业内形成规则,让基础设施能够被良好地利用。通过搭建平台,不仅服务于平台企业内部,而且应该为整个产业链中的所有主体提供服务。平台有能力通过开放平台的形式对外提供服务,与任何产业中企业内部的信息化系统进行链接。作为整个产业的观察者,把产业中的优秀模式整理成解决方案,并在平台中提供相应的工具让其他主体进行快速复用。这种解决方案的输出也是建立产业规则的重要手段。

例如,社交媒体平台中,脸书已经超越纯粹的社交概念,成为全球最大的内容原创及媒体分发平台。脸书极力打造生态系统,近年来运用新技术陆续推出能提高文章加载速度的各项新功能。脸书构建媒体生态系统之一:Instant Articles(IA)是一个移动端文章发布系统。根据 *Business Insider Intelligence* 的报道,目前全球有超过1000家出版商与IA合作,每天可以产生上万条多种语言的IA文章。之二:推出脸书Live产品。直播成为加强用户互动的利器,脸书在B端已经花费5000万美元跟140家新闻机构、公司和明星、网红合作,邀请他们在脸书Live上进行直播。在C端为普通人提供在Live上展示身边有趣的事情、表现才艺、表达观点等。之三:虚拟世界——360度VR视频。文章发布功能Instant Articles支持360度照片及视频,媒体能直接在IA上传相关内容,移动端用户也可以体验360度的图片视频素材,而且互动性更强。

总之,先通过提供一种特别的服务,搭建一个平台,营造一种创新的生态,然后,随着越来越多用户的加入,这个人造的生态逐渐开始具备自我成长能力,具备了商业性质,用户越多,则商业生态系统越有活力。在一个健康良性的互联网媒介生态系统,平台、媒体以及内容创作者、用户都能成为赢家,这才是商业生态模式的真谛。

## 二、互联网媒介生态系统的林德曼定律

### (一)林德曼定律

一个生态系统由无机环境和生物群落构成。无机环境指非生物的物质和能量,包含阳光、水、无机盐、空气、有机质、岩石等,是生物不可或缺的物质基础。生物群落包括生产者、消费者、分解者。同时,生态系统中贮存于有机物中的化学能在生态系统中层层传导,生命体获取有机质以维持生命的手段是逐级

的，生态学上被称为生态环境中的食物链，食物链在社会产业中通常称为生态链。生态链当中存在一个数量、能量传递递减的规律。20世纪40年代，美国生态学家林德曼（R. L. Lindeman）在对赛达伯格湖进行定量分析后发现了生态系统在能量流动上的基本特点：能量在生态系统中的传递不可逆转；能量传递的过程中逐级递减，递减率为10%～20%，这就是著名的林德曼定律。这意味着处于最底层的生命的数量要比上一层高，每高一层，数量将会更少。同样，能量也是如此，最底层的能量总和比上一层的能量总和要大。当对底层的数量与能量有大概的估算之后，就知道这个链条大概能够延伸多少级，或者某一级的量级大概有多大。食物链不仅仅是生命家庭的一张食谱，更深层的意义还在于它是能量的分配形式，反映出能量传递的路径，还展现了生命在生态圈中所处的地位。能量转化是指生态环境的质量是靠大量有机质积累来维持的，提高有机质积累的增长速率，最有效的方法之一就是在生态环境中增加大型生命体的数量，因为大型生命体的有机质累积速度要成多倍地高于小型生命体。另一种有效方法是生态环境中的生命多样化，使得各营养等级之间的搭配合理，不至于出现断链现象。生态系统内部结构愈复杂，其自我调节能力或生存能力也就愈强，愈经受得住外界的冲击；而生态系统内部结构愈简单，其自我生存能力就愈弱，愈容易受到干扰和破坏。从互联网媒介生态链的层级以及不同层级的个体数量及能量传递的角度看，不同层级的参与方既形成生态位，也共同形成生态链，与自然界生态链一样，良性的互联网媒体生态链也必须遵循林德曼定律。

**（二）平台型媒体的层级模式**

从实践来看，平台型媒体主要包括两类。一是技术导向的综合/垂直应用平台，这类平台以自媒体内容原创以及内容聚合、分发为主。科技型公司认为，把恰当的人工智能算法等技术与专业的内容运作结合起来，在内容生产与分发方面会产生巨大的市场新能量。二是内容导向的综合/垂直应用平台，这类平台以成熟技术运用为主，重在内容原创。新一代的依然秉承内容基因的原生互联网媒体以及由传统媒体转型而来的互联网媒体公司认为，将自己的内容管理系统（CMS）向外界开放，在PGC的模式上融入UGC模式，既保持内容的专业主义，又可以获取更多的用户生成的内容，从而向互联网内容平台方向逐步拓展，聚集起更多用户，积累更大的流量，进而产生网络效应。其中，细分的平台型媒体常常聚焦于垂直型内容场景，具有很强的技术体验或差异化的内容体验，也有较强的用户黏性，竞争力较强。

由此可见，不同媒介对平台型媒体的理解是不同的，并产生了事实上的分歧。从网络效应下的商业模式看，互联网媒体平台具有天然的双边效应，但前提是拥有充足的流量，能形成快速、精准的内容分发收入与广告收入结构，从这一点看，平台型媒体概念虽然表面上恰好满足了科技型平台媒介和原生互联网媒体以及由传统媒体转型而来的互联网媒体公司对巨大流量和优质内容的需求，但从实操效果来看，却存在着巨大的差别。杰罗姆（Jerome，2017）曾将新媒体区分为内容导向媒体、技术导向媒体和算法媒体三类。① 其中，算法媒体实际上是数据+算力+算法技术应用于互联网平台型媒体的结果，本质上还是由技术驱动的，是技术导向平台型媒体技术自我进化的结果。因此，围绕着内容的生产与分发，可以将平台型媒体的模式区分为两种类型：秉持内容基因的平台型媒体和秉持技术基因的平台型媒体。此外，科技型媒介组织依托技术力量还发展出了一种新型的"平台中的平台"模式，即所谓的"嵌套型平台"。

**1. 内容导向平台型媒体**

它实际上是秉持内容传统的原生互联网媒体以及传统内容商从单纯的内容产品生产者向媒体平台转型的尝试和努力，或者传统的内容从业者从原媒体游离出来以互联网为媒介继续进行内容产品的生产与经营而形成的一种媒体形态，群体规模十分庞大。这三种方式都试图拥抱互联网，除极少数外，绝大多数由于严重缺乏自主技术研发体系的支撑，核心技术依赖于外部，但本质上还是内容产品型的媒体。

杰罗姆（2017）认为，media 一词在英语中是一个相当宽泛的概念，严格来讲，"内容导向的媒体有一个更精准的概念可以与之对位——publisher。publisher 在传统上被中文翻译成'出版商''出版机构''发行人'，但在许多具体语境中，更对位的中文翻译常常应该是从事内容生产的媒体或者媒体机构，主要指代内容提供商"。② 传统主流媒体们与互联网原生内容提供商们（例如 BuzzFeed、《赫芬顿邮报》等）主动或被动地打造平台型媒体的出发点或思维方式通常指向的是 publisher，而不是 media 或 platform，即依然是内容提供商，而不是更广义的具有良好的技术体验及商业网络效应的平台型媒体。

从经济学的角度分析，在 2014 年前后，传统主流媒体与互联网原生内容提供商打造的这种平台型媒体模式确实曾经有过不俗的表现。但由于自身在资源、体量上存在着较大的局限，以及始终存在的因技术创新能力不足和庞大数据资源积累及处理能力不足所带来的技术鸿沟、数据鸿沟等现实的复杂因素的影响，传统主流媒体通过开放自己 CMS 所构建的平台型媒体模式的风头还是被互联网科技巨头们推出的超级平台型媒体模式压制住了。与互联网科技巨头的超级平台型媒体相比，内容导向平台型媒体都不过是迷你型平台。这些平台上的内容，或多

---

① 杰罗姆：《从内容生产、内容平台再到算法，一文看清新媒体"食物链"》，发布日期：2017-01-15，https://www.tmtpost.com/2557508.html，访问日期：2017-01-16。

② 杰罗姆：《从内容生产、内容平台再到算法，一文看清新媒体"食物链"》，发布日期：2017-01-15，https://www.tmtpost.com/2557508.html，访问日期：2017-01-16。

或少地要通过互联网科技巨头构筑的网络平台进行分发或引流，才能体现出内容的传播力价值，无论是采取付费方式还是免费方式，这一现象都广泛存在。

因此，大多数传统媒体既没有技术应用和数据分析优势，也没有有效的、活跃的海量用户基础，在与科技型互联网媒介巨头的竞争中已失去了先机。正如杰罗姆（2017）所认为的那样，从某种意义上讲，在网络分发渠道已经被互联网巨头严重控制的时候，再来开放自己的 CMS，试图通过引入 UGC 等内容活水，已经晚了。开放 CMS 构建平台型媒体的思维和实践本质上是单行线，如果媒体内容不通平台，就不能将自己的 CMS 有效地发展成为分发平台，更不可能演化为具有自我进化能力的生态平台。因为热门的技术应用早已经完成了自己海量用户的积累和平台建设，形成了用户需求端的网络效应。而推出新的技术应用，对没有技术研发能力和技术创新能力的内容型媒体而言，实在是勉为其难。

因此，对传统内容型媒体而言，所谓平台建设，实际上是指从内容产品思维向互联网平台思维转型，但其天生的内容基因决定了它们依然是以传统媒体的方式而不是互联网技术平台思维方式在互联网上做数字化媒体，互联网只是它们的一种新的介质，而不是新理念、新信条和新惯例。而且，由于技术资源和技术人才的匮乏，在应用平台界面上给用户提供的技术体验和服务体验并不沉浸。所以，除少数媒体外，对大多数媒体或内容提供商而言，虽然这种转型并没有形成质的改变，但依然可以在某一环节或技术运用上得到改善，从而提高效率。当然，内容型媒体的力量，在于其成熟的信息搜集、解析机制与能力，百多年来逐步打磨而成的情怀与追求，以及建筑在此之上的品牌力量，而不在于其原有的物理平台。传统内容产品型媒体借助于互联网应用平台，在绝对量上依然是快速增长的，但在整个媒介经济中的比重则是下降的，在整个媒体版图中的市场份额也是下降的。也就是说，在互联网时代，publisher 群体体量巨大，但权重很小。任何一家独立的 publisher 都可以在单个内容产品上做得十分成功，这也正是内容的本质力量所在，但从经济学角度看，从企业整体发展前景看，其影响力和扩展力都依然相当弱小。

## 2. 技术导向平台型媒体

在互联网时代，正如比尔·盖茨 1998 年所预言的那样，互联网平台型媒体在刚开始的时候，都只不过是技术导向的互联网杀手级应用，最后，这些杀手级应用，都发展成为成功的新媒体或成功的新媒体平台。浏览器、即时通信工具、搜索、电子书自助出版、网络游戏、网络文学、网络音乐、网络有声书、博客、微博，以及各种应用随机混搭并与智能硬件互联互通所兴起的聚合，促使以社交、互动、分享等技术形式满足用户对通信、信息、知识、娱乐等需求为特征的应用风起云涌，并涌现出诸如推特、脸书、微博、微信以及垂直细分领域的奈飞、声田、抖音等巨头，而一些二线、三线的互联网应用平台更是层出不穷。

从传统媒体的定义看,这些好像都不是媒体,但是每一项应用都催生了若干伟大的新媒体,而这些新媒体的共同特征是,最初并不生产内容,但最终都拥有了海量内容和海量用户的媒体"平台"属性。媒体的内容通过互联网技术平台,传播得更快更远,例如腾讯新闻、抖音、快手、新浪微博等。基于种种新技术、新理念、新规则、新应用诞生的各类互联网媒介平台,正在进行以内容为目标的扩张——平台用户生成内容以及不断增加的自制内容。令人尴尬的是,传统媒体常常只是内容的奉献者。

平台型媒体在连接人与人、人与内容、人与机器的基础上,积累了海量内容数据和用户数据资源,庞大的数据资源如果没有新技术进行开发利用,只会加剧平台型媒体的存储成本。但技术创新再一次显示了具有其先进生产力的本质和改变现状、提高生产率的力量,海量的内容数据和用户数据在新一代人工智能算法技术的加持下形成了数据互动。于是,拥有强大技术研发能力和数据分析、输出能力的技术导向平台型媒体进一步进化为算法媒体。

1994年美国明尼苏达大学研究组推出了第一个自动化推荐系统GroupLens,至今已有20多年。算法与媒体的正式结合是2002年9月谷歌推出的谷歌新闻,标志着算法新闻真正的开始。算法既能够实现人性化的人机互动,也能生成MGC内容,并进行个性化的内容推送。个性化内容推送是指互联网内容服务平台采用个性化算法推荐技术向用户推送内容,即通过人工智能分析和过滤机制对海量数据进行深度智能分析,完成内容与用户的匹配,精准推送内容和广告。基于算法的个性化内容推送已经深入各大平台和各类互联网应用中,例如新闻资讯、社交、电商、短视频等平台。算法在传媒业的广泛应用,将传统的编辑分发模式转变为个性化内容推送模式,对信息传播业带来了深刻的变革。据不完全统计,2017年底,基于算法的个性化内容推送已占整个社会信息内容分发的70%左右。

理想的以原创内容生产、审核、分发为核心的互联网媒体生态,必须具备整体性——社会公众所需要的共同化信息内容,群体性——群体所需要的分众化信息内容,以及个体性——个体所需要的个性化信息内容,同时还需兼顾内容的高度和宽度。在传统的编辑分发模式下,编辑人员扮演着"把关人"的角色,由于编辑人员具有一定的主观性、能动性和责任感,他们能够依据自身的经验、态度、价值观对内容进行取舍,以满足用户对内容的多维度需求,但成本高昂,而且效率通常也比较低下。在智媒时代背景下,个性化内容推送顺应了传媒业细分化的发展趋势,通过对海量数据的智能化处理,可以满足用户对个性化信息内容的需求,效率很高。但由于内容数据和用户数据的标签都是由人来完成,算法技术的编程和权重的赋予等技术也是由人完成,因而事实上也存在着一定的算法偏见等问题,加之算法训练和机器深度学习需要大量的数据做支撑,算法模型尚在继续完善中,导致黄色、暴力内容及仇恨言论经常曝光、发生。因此,面对海量受众,基于算法的内容生产、审核及分发虽然效率很高,但在目前的技术状况下,只能采取折中做法,"人工+算法"机制是最佳的现实可行方案。当然,从少量自制内容到 MGC 模式,再到人工编辑介入,几乎所有技术导向平台型媒体的积极意义看,技术导向平台型媒体正在脱离纯粹中介平台性质,具备了内容生产、审核、分发等媒体的一些基本要素和本质特征,已经成为真正意义上的媒体。

### 3. 嵌套型平台

杰奥夫雷·G. 帕克和马歇尔·W. 范·埃尔斯泰恩(Geoffrey G. Parker and Marshall W. Van Alstyne)等在《平台革命》一书中,提出了"嵌套平台"(nested platform)的概念,意指平台的平台,在这个平台上,存在着电商、云计算、物流、广告等多个子平台。帕克和埃尔斯泰恩等将平台企业内部的平台化结构现象称为"嵌套平台"。帕克和埃尔斯泰恩等认为,"平台是促进生产者和消费者进行价值互动的结构。平台可以说是一个市场,其中有两种角色:生产者和消费者,这是它通常被称为双边市场的原因。在其中,生产者和消费者进行信息、商品与服务、金钱的交换。这三种交换被称为'核心互动'(core interaction)。通常而言,平台自己不介入生产,它的角色是构建一个有着活跃核心互动的双边市场"①。

嵌套型平台以技术导向平台型媒体为主体,并形成了不同的组合模式。例如,苹果型模式:硬件+操作系统+应用商店+应用平台;谷歌型模式:操作系统+应用平台;亚马逊型模式:电商平台+应用平台+专用媒体设备(Kindle 等);腾讯型模式:通信社交软件+应用平台。嵌套平台的形成直接促使这些科技型巨头处于互联网媒体生态的最顶端,垄断性极强。

嵌套型平台,通俗地讲,类似于一个小型社会,内容产业链上的所有公司、所有资金和资源,以及所有用户都在其连接范围内,能充分产生互动、分享与合作,并互相为对方创造新价值。从这一点看,只有美国的谷歌、苹果、脸书、亚马逊、微软以及中国的百度、腾讯、阿里巴巴、字节跳动等极少数平台型媒体才有机会和可能进化为嵌套平台。以谷歌为例,谷歌拥有谷歌移动服务(Google Mobile Service,GMS)"全家桶"。谷歌搜索的全球市场份额超过 90%,是当之无愧的"巨无霸";安卓操作系统全球市场份额超过 80%;谷歌地图份额接近 80%;Chrome 浏览器份额接近 70%;Gmail 用户已经超过 15 亿;油管超过奈飞成为青少年观看视频的首选平台;谷歌新闻应用 Google News 为美国 2000 多家新

---

① [美] 杰奥夫雷·G. 帕克、马歇尔·W. 范·埃尔斯泰恩等:《平台革命》,志鹏译,机械工业出版社 2017 年版,第 3 页。

闻机构组成的美国新闻行业服务；云游戏服务平台谷歌 Stadia 高调登场，备受玩家关注；谷歌宣称量子霸权（quantum supremacy），谷歌先是在 NASA 上发表了一篇论文草稿，其后在 2019 年 10 月 23 日出版的《自然》杂志上公开宣称，（经过 13 年时间的研究）谷歌 AI Quantum 研究小组的 53 量子比特处理器实现了量子霸权，目前最强超算需要花费 10000 年的计算在量子计算机上只需要用 200 秒就够了。与谷歌一样，极少数的几家平台型媒体都已经形成了嵌套平台，每个平台都形成了"全产业链"，同时，每个平台都积累了海量用户和大量内容资源，各平台之间可以相互打通，互为流量。传媒业所需要的一切资源几乎都在这些平台上面，在每一个具体的场景运用下都形成了一个小的商业生态系统，共同构成了一个商业生态圈。

## 第三节 生态型媒体平台及生态战略创新

### 一、内容生产者、内容提供商和平台型媒体之间的竞争与垄断关系

所有专注于做内容的公司通常都是内容产品型公司，主要依靠内容产品的策划、制作和发行来营利；而平台型媒体则是以互联网应用为连接界面的具有内容双边或多边市场效应的公司，连接着供给侧的内容产品型公司和需求侧的用户，而所有数字化内容产品都要通过互联网内容平台来分发、销售或吸引广告商。通常而言，平台型媒体的主要功能是内容聚合与分发，控制着数字化内容产品通向消费市场的咽喉，从理论上看，两者分处产业链或者供应链上下游，是互相合作的业务关系。

但出于利益分配及市场扩展的原因，两者在实践中会出现很多矛盾。平台型媒体的跨区域性和业务扩展性都极大，发展空间远大于专注于内容产品的单一型媒体公司，这也是一些内容产品型媒体急于转型为互联网媒体平台的原因。更为重要的是，当平台型媒体形成了需求侧的网络效应后，出于对版权及内容成本控制的考虑，其本身所具有的技术、数据优势和商业模型扩展性决定了它也可以自己策划、制作内容产品，形成部分垂直一体化的格局。从这点看，平台型媒体在某种程度上和内容产品型公司存在着竞争关系的性质，也就是说，平台型媒体一般还具备内容产品的策划、制作、发行等环节一条龙自我运作的全产业链特质。

从市场竞争与垄断的角度看，理论界和业界通常有一个硬性参考指标，就是垄断程度或者市场集中度，平台型媒体占到整个市场的 30% 的份额时，就形成

了"相对垄断",或者在一个重要的细分市场占到50%以上,就形成了"绝对垄断"。一旦平台型媒体达到这一指标范围,或者对相关市场形成相对垄断后,内容提供商和内容创作者与平台型媒体的商业利益矛盾则会存在加剧的可能。

平台型媒体天然带有互联网的属性,而内容的属性是产品,天然不具备互联网平台的属性。在利益的驱使下,平台型媒体和内容产品公司以及内容创作者之间既存在合作关系,也存在垄断、竞争关系。例如,今日头条是信息聚合、分发算法推荐平台,所以今日头条是平台型媒体,而且只要今日头条有竞争策略的需要,它是能够介入除时政新闻以外的原创新闻及资讯信息的生产环节的,这一点并不是不可逾越的。因此,具有一定垄断地位的平台型媒体可能和内容产品型公司在内容生产、分发,以及吸引广告投资等商业利益上产生广阔的垄断与竞争关系。这样,就会导致平台型媒体与内容提供商、内容创作者、甚至应用开发者之间的广泛矛盾。

喻晓马等在2016年由中国人民大学出版社出版的《互联网生态:重构商业规则》一书中提出了一个有趣的生态隐喻,即在一个商业生态系统中存在着所谓的苹果树法则:果实是商业生态系统的上游,以内容及产品生产为核心,参与者可以是专业内容提供商,可以是用户,也可以是平台自身以及机器算法,可以将其理解为内容生态;树干、枝叶是商业生态系统的中游,以平台型媒体的内容审核、内容聚合与内容分发为核心,可以理解为平台型媒体的技术生态;树根是商业生态系统的下游,以用户流量、内容消费及变现为核心,包括用户终端入口、用户流量入口、用户社群运营等,可以将其理解为用户生态以及应用开发者生态。在一个只有竞争与垄断机制的互联网媒体及社交平台商业系统内,三个子系统的参与者往往各自为政,依据所谓的最优选择做决策,没有有效连接,也没有技术赋能,更没有信息和数据共享,因此,三个媒介子生态统是基本隔离的。这就产生了如下弊端:聚焦于内容生态的内容产品型媒介组织没有信息和数据辅助,生产与营销都缺乏针对性,风险巨大;聚焦于平台的媒介组织只是分销渠道或分发平台,很难产生新的内容价值;而单独的流量入口争夺和粉丝圈运营,只是平台运营和内容运营的营销手段而已,不能产生新价值。

那么,平台型媒体能否担当起统合的重任呢?如前所述,平台型媒体有连接性质,具备将媒介三个子系统统合起来的能力,但平台型媒体的垄断特质是主流,合作是有条件的、有限度的,是非主流特质,从这个角度讲,平台型媒体带有天然的掠夺性,对上游的内容提供商和独立的内容创作者如此,对下游的用户或应用开发者亦如此。那么,到底谁能承担起秉承生态思维,承担起具有开放开源、赋能、共生共赢性质的商业生态价值创造统合的重任呢?回答这一理论和实践问题很难,如果有可能的话,答案是少数平台型媒体进化为生态型媒体平台,甚至还可以做得更多更好。

## 二、生态型媒体平台的含义

所谓生态型媒体平台,是指具有一定行业或细分行业垄断或主导地位的平台型媒体,以生态思维战略为指引,采用竞争合作生态系统布局,力图通过媒介产业链整合和用户应用场景创新等竞争策略,通过新物种孵化创新以及投资、开放等形式,进行横向生物圈扩张、纵向生态链深化,不断培育新的盈利点,具备闭环性商业竞争合作体系的新型平台型媒体公司。

生态型媒体平台具有构建生态圈中各子生态系统的相关条件。①生态型媒体平台通常占据产业链价值高点,能够整合产业链,并具有生态定价能力。②平台拥有海量用户规模及社群化运营基因,可以实现相互引流,增强网络效应,在海量活跃用户数据的支撑下,进行生态链的激励性维护。③具备承载生态进化的开放平台,通过创造价值增量形成生态伙伴共存、共荣、共赢的商业机制。④具有跨界创新能力。跨界赋能是生态圈的一个重要特征,而前提是平台拥有很强的通约性技术服务能力、数据整合能力和盈利能力。由于互联网数字经济的本质就是通过信息和数据优势整合资源,数字经济领域的跨界成本比传统物理行业要低得多,因此,互联网数字经济的侵略性和颠覆性也最强,跨界是生态型媒体平台的常态。⑤具有强大的研发能力和投资能力,以及潜在或既成的"新物种孵化"创新能力。所以,即便是一些大型媒体或平台型媒体,如果缺乏独立、内生的技术研发能力,缺乏新物种孵化创新能力,也不能演化成为生态型媒体平台。因此,从演化的角度看,目前,生态型媒体平台是媒介组织的最高形态。

首先,合作共赢的价值思维。生态型媒体平台的价值核心理念是共生、共存、共赢,主流是合作,但也不排斥内部和外部的竞争,因为选择必须通过竞争来完成,而这种竞争是一种优化手段,是有价值观——有利人类素养提高和社会文明进步的竞争,也是媒介商业生态系统向更高级质量进化的推动力,也就是说竞争的结果是有方向的、良性的。20世纪90年代发展起来的核心竞争力理论本质上是"产品思维"。普拉哈拉德和加里·哈默尔(C. K. Prahalad and Gary Hamel,1990)在《哈佛商业评论》上发表了《企业核心竞争力》,提出"核心竞争力"概念,指出企业的关键任务就是使自己的组织能够在产品中加入令客户无法抗拒的功能,或是创造出消费者需要但是还未曾想到过的产品。按照普拉哈拉德和加里·哈默尔的观点,传统媒体的核心竞争力是内容产品,平台型媒体的核心竞争力是"产品创新+数据驱动",但这些都是竞争思维,是"丛林法则",是"你死我活"的关系。因此,核心竞争力强调企业对内部资源的占有和控制,竞争思维上秉承利己思维,本质上是个体和小我思维。但时过境迁,它已经不足以解释生态型媒体平台"价值共生"的思维和战略,自然也不能为互联网媒体及社交平台经济体带来竞争优势。

当我们分析世界级媒体平台时，会发现它们早已从"产品战略"转型为"平台+生态"战略。生态型媒体平台的商业关系的本质是利他，而利他就是生态思维，这种基于"利他思维"的合作、共生、共赢关系，就是生态型媒体平台的竞争合作逻辑。要实现这一转化，则需要生态型媒体平台与内容提供商、内容创作者以及用户之间产生共鸣。例如，2010年之前的腾讯是单打独斗型的，为此，2010年7月，《计算机世界》刊登了一篇封面头条文章，文章把腾讯作为互联网公敌进行批判，将互联网商业竞争写成了不可调和的恩怨，并猛烈抨击腾讯的垄断地位和垄断行为。但在这以后，腾讯逐渐将自己的平台接口都免费开放给所有人，任何创业者都可以免费享受到QQ、微信等平台带来的福利，腾讯也从游戏开发公司变成了"平台+生态"型的经营公司。通过联盟与合作，腾讯将"半条命"交给了合作伙伴，结果我们看到了一个新腾讯，不仅自身创造了更大的价值，更是创造了一种连接、服务众多中小型企业和用户的庞大的生态经济价值。当然，腾讯算不算生态型媒体平台依然是值得争论的话题，因为社会上诸如"腾讯没有梦想"之类的质疑之声仍然很大。

其次，开放的"基石平台"。在由人工智能算法、算力、数据和区块链、物联网等技术驱动的智媒时代，核心技术的研发与运用将有助于生态型媒体平台铸就"软实力"。例如，亚马逊通过数字智能语音系统 Alexa 和云计算服务平台 AWS 构建其生态系统。通过 Alexa 系统，用户可以使用语音与智能设备直接沟通，使得用户体验效果远超智能手机。此外，亚马逊还将基于 Alexa 打造一个类似于苹果 App Store 的云端商店。AWS 则堪称云计算领域的鼻祖，它推出的"合作伙伴计划"旨在帮助独立软件开发商和系统集成商开发出各类管理及优化软件工具或解决方案，一站式满足企业用户对软件解决方案和公有云的需求，推动企业向数字化转型。"基石平台"的核心技术不仅能维护整个媒介生态体系的健康，而且为整个生态体系中媒介物种的多样性、创新性和良性竞争性奠定了基础。生态型媒体平台对核心技术的投资是构建媒介生态系统的必需品，技术和数据乏力的中小型媒体以及传统企业可以利用生态型媒体平台所构建的"基石平台"进行应用开发和模式创新，从而达到借力使力又不费力的效果。

### 三、价值共创共生共赢的生态战略创新

围绕着价值共创，互联网媒体及社交平台已经从单一的知识信息娱乐等内容消费渠道拓展到硬件及系统开发、平台构建，涵盖内容产品的生产、传播、消费、服务、运营等多个维度，形成了复杂的互联网媒介生态系统。系统开发者、App开发者、内容生产者、内容平台、用户以及内容本身等，构成了相互依存的

权益和商业利益关系,这些关系不断嬗变、演进,并相互作用,使互联网媒介生态呈现出多元、繁荣而又充满变异和矛盾的图景。好的互联网媒介生态系统,正如达尔文在《物种起源》一书的末尾发出的感叹:"看一眼缤纷的河岸吧!那里草木丛生,鸟儿鸣于丛林,昆虫飞舞其间,蠕虫在湿木中穿行,这些生物的设计是多么精巧啊。彼此虽然如此不同,但却用同样复杂的方式相互依存;而它们又都是由发生在我们周围的那些法则产生出来的,这岂不妙哉妙哉!"[①]

**(一)内容生态**

内容生态是指围绕内容的生产、传播与交易而形成的生产者、传播者和消费者之间的合作、共生、共赢的商业关系。在智媒背景下,内容生态的形成和作用集中在互联网媒体及社交平台与自媒体作者或个人内容生产者、机构媒体之间的商业关系上。

在互联网平台型媒体现有的内容生态中,内容创作者和专业内容提供商是内容的主要来源,平台自制内容仍处于辅助来源的地位。无论哪种模式,何种来源,什么目的,都反映了一个基本事实:媒体最终的归宿都是内容为王。内容产品型媒介如此,平台型媒体在发展到一定阶段后,也会如此。然而,在一些内容领域,平台方和内容提供方的矛盾十分尖锐。由此,产生了一个现实问题:内容生产者、内容提供者和平台方之间,到底是谁成就了谁?

全球最大的学术内容及服务提供商爱思唯尔(Elsevier)的 Logo 画面是,一颗大榆树枝繁叶茂,葡萄藤沿着树干缠绕其间,结满了果实,榆树上有一条丝带,丝带上写着拉丁文 NON SOLUS,榆树下站着一位长者。这是一幅寓意深刻的 Logo。大榆树象征着出版商,树下的长者象征着一位睿智的学者,葡萄藤上的葡萄象征学术出版成果,榆树和葡萄藤缠绕在一起象征着共生共荣共赢关系。丝带上的拉丁文字 NON SOLUS 的含义是永不孤独。学者/作者需要出版商像榆树那样提供坚实的支撑,而出版商也同样需要葡萄藤/作者结出果实,共同完成人类最伟大的科学、技术、医学成果的发表和传播,推动人类文明的发展。爱思唯尔和作者之间的关系——不是依赖与被依赖,而是相互依存,相互成就。爱思唯尔凭借这种理念,发展成为全球最大的科学文献出版商。爱思唯尔的作者群体遍布全世界,88%的诺贝尔物理学奖得主,95%的诺贝尔化学奖得主,79%的诺贝尔医学奖得主,76%的诺贝尔经济学奖得主,都曾是爱思唯尔的亲密作者。

平台的内容生态除形态化的内容之外,背后的创作者和服务群体才是内容生态的本质。对内容平台来说,内容创作者和内容提供商才是撑起整个内容生态的中坚力量,它们是优质内容的出口,是整个内容生态的"能量之源",同时也为

---

[①] [英]达尔文:《物种起源》,舒德干等译,北京大学出版社 2005 年版,第 289 页。

平台带来了流量。因而，平台与创作者、内容提供商之间理应是相互依赖、相互成就的合作共生共赢的生态关系。

### 1. 扶持自媒体生态

开放连接的互联网兴起之前，内容生产的权力几乎全部掌握在职业媒体人手中，内容生产只是属于少部分专业人士的"特权"，但互联网平台的崛起逐渐改变了这种状态。社交媒体和算法媒体的兴起，普通的网民也因此获得了内容生产与分享的机会。数以亿计的微博账号、超过 3000 万个微信公众账号，以及 2014 年前后崛起的头条号、一点号、百家号，还包括抖音、快手等短视频平台上不计其数的创作者，构成了一支全球最为庞大的内容生产队伍——自媒体。互联网内容生产范式由 PGC 迈入了 UGC，曾经由少数人主导的、自上而下的内容生态格局被彻底改变。一方面，UGC 时代到来，普通大众由单纯的接受者变成内容生产者。海量的草根自制内容一方面制造了网络空间话语表达的繁荣；另一方面，也使得内容生产过度，大量低劣、恶意、非法的内容被"眼球"经济激发出来，极大地提升了人们内容识别的成本。由此，UGC 正以一种新的形式实现着升华，这就是 CGC（社群生产内容）的出现。"内容为王"在众声喧哗的网络空间里，绝大多数内容往往都是过眼云烟，过目即忘；反倒是那些真正用心输出深度且有知识增量的"优质内容"的一小部分生产者能够脱颖而出，而这些创作者的身份更是升级成为某个领域的"KOL"，并持续地受到粉丝们的追捧。此时，内容生产范式也由 UGC 升华为 CGC。更进一步分析，不仅内容创作者需要输出优质内容，各大互联网平台也迫切需要优质内容，优质内容带来了巨大的流量和用户黏性，平台之间的流量争夺越来越取决于内容价值。当 UGC 越来越向专业化转向，并建立起由一大群粉丝组成的社群时，UGC 就转向成为 CGC。CGC 生产的不仅是内容，更是以内容为核心的一系列衍生产品。当前，移动直播、短视频等工具的兴起，体现出 CGC 巨大的价值塑造能力。绝大多数的网络社群都是以"大 V"或网红为核心建立起来的，这些网络社群的联结枢纽就是"大 V"或网红生产的内容，内容塑造起人物 IP，以此凝聚大量粉丝。

无论是以什么样的分类、分级模式展现，内容创作者都在关心两个问题：流量和收益。对一个平台级的 App 而言，核心数据只有两个：高质量的 DAU 和用户平均停留时长。DAU 是多少人喜欢的问题，停留时长是喜欢到什么程度的问题，这两个数据指标决定一个公司的收入。平台的名利是由创作者的数量、质量以及阅读者的数量和质量叠加构成的，所以，给达到某一个水准的（自）媒体更多的推荐或开通收益，标准来源于平台能够得到多少回报。创作者不努力、不发优质文章就能拿到大量回报，会在短时间内耗尽平台的资源；同样，如果平台不去付出而只想去占作者的便宜，无异于竭泽而渔。因此，需要具体的激励机制和激励方式，例如，按照 CPM（千次广告点击结算），将创作者的利益以市场化机制和手段结合在一起，最终实现平衡。同时，优质的内容创作者本身自带一部分流量，为此，自2016年以来，百度、腾讯、阿里巴巴以及抖音、快手、B站等各大平台的内容扶持计划纷纷推陈出新，以百家号、企鹅号、大鱼号等为代表的内容聚合平台在吸引入驻、内容甄别、激励生产等诸多方面为创作者提供各种服务，使得内容生态进化明显。

以百度为例，百度"搜索+信息流"双引擎拥有将用户对信息的需求与相关内容连接起来的天然优势，推出百家号、百科、文库、智能小程序等一系列产品及平台矩阵，众多内容创作者受邀入驻平台，基本完成了"PGC+UGC"内容生态的立体式自建。为了更加凸显优质创作者的价值，一方面，百度生态体系内共拥有10亿规模的庞大用户，通过全面打通所有百度系的移动产品和平台，并推出一揽子资金流量补贴计划持续为优质内容赋能，让创作者能够一次创作、多平台分发，将内容与IP更广泛地触达受众；另一方面，百度和创作者一起，借直播为用户提供更深入的个性化服务，例如基于知识、荐书类直播，向用户提供购书服务等。在平台生态的赋能升级之下，优质的内容创作者们将有望实现从自我流量追逐到平台流量精准匹配的转身，把精力聚焦于内容创作本身。任何一个完善的生态圈，上下游间的物质循环和能量流动都应该是良性的，各主体彼此的资源借助和互推互动不可或缺。内容生态同样如此，无论是创作者还是平台，抑或其他内容服务机构，彼此之间都是依赖共生、相辅相成的。因此，创作者持续输出优质内容，平台则应更加"以人为本"，重视优质创作者的价值，如此方可维持整个内容生态的健康发展。

### 2. 改善新闻业生态

专业新闻媒体机构和社交、搜索等平台间的商业利益争吵由来已久。当大多数新闻用户习惯于通过社交、搜索、算法媒体接收新闻而不是通过报纸、广播、电视等传统媒体或者由这些传统媒体转型而来的媒体平台接收新闻时，新闻内容生态发生了改变。一方面，社交、搜索媒体通过免费向用户分发新闻媒体机构创作的内容吸引、留存用户，并通过流量广告将内容变现，但社交、搜索媒体并没有向新闻媒体机构支付新闻内容的版权费用；另一方面，新闻媒体机构采集、生产优质新闻所投入的成本十分高昂，在失去了庞大的订阅用户后，广告吸引力受损严重，传统新闻媒体的商业模式面临冲击。例如，来自美国新闻业的相关数据显示，2018年，谷歌新闻应用（Google News）通过免费新闻分发获得了主要源于广告的47亿美元收入，而2000多家美国新闻机构组成的美国新闻行业当年从数字广告中共获得的收入只有51亿美元。

新闻流量的入口已经被谷歌、推特和脸书等社交、搜索平台牢牢把握，新闻媒体机构（无论传统媒体还是网络媒体）都只能"寄生"在互联网平台巨头打造的平台上存活。如同《新共和》（*The New Republic*）前主编富兰克林·福尔

(Franklin Foer)在其讨论互联网巨头垄断的著作《没有思想的世界：科技巨头对独立思考的威胁》中所言，新闻媒体机构从最初瞧不上数字平台，到试水进驻数字平台，再到最后不得不依赖于数字平台，这中间的过程不仅仅是载体的变化，还是新闻内容生产的巨大转变。对此，福尔流露出对科技的不信任和对以谷歌、亚马逊、脸书、苹果等为代表的科技型媒介公司权力扩张的警惕，指责它们利用市场支配的地位，以各种方式阻碍市场竞争的多样性。福尔的担忧从另一个侧面表明，在巨型互联网科技媒介公司搭建的平台影响下，传统新闻媒体的自我传播力一直在败退，市场影响力自然也越来越小。

新闻资讯是人们获取外部信息的主要方式之一，其在社会政治、经济生活中的意义不言自明。如果没有新的更有效的新闻生产方式取代当前的新闻媒体机构，那么，双方建立合作共赢的商业生态关系对双方都是有利的。当传统新闻媒体机构与作为互联网新闻分发平台方的科技巨头们不能以自组织的方式达成这一关系时，寻求政府力量的介入也许是必要的。

例如，2020年7月31日，澳大利亚竞争和消费者委员会（ACCC）公布了新闻媒体谈判规则草案。该草案允许商业新闻媒体单独或集体跟谷歌和脸书进行新闻内容交易，以便从这两家科技巨头在线发布的新闻中获得报酬。该法案旨在解决新闻业与主要互联网新闻分发平台之间的议价能力不平衡问题，实现新闻的公平支付。ACCC之前发现谷歌和脸书没有为新闻内容付费，这侵蚀了新闻业的广告收入资金来源。该准则清楚地写明了谷歌和脸书应该对目前的免费转载新闻付费。受影响的脸书服务包括脸书 News Feed、Instagram 和脸书 News Tab，谷歌服务包括谷歌搜索、谷歌新闻和谷歌发现。在此草案颁布的前一周，法国政府也要求谷歌搜索在链接到法国的新闻网站时，必须支付相关费用。脸书反对澳大利亚关于新闻媒体的立法提案，脸书甚至公开宣称称，新闻不会为脸书带来重大的长期商业价值。脸书通过其新闻编辑部发布声明，威胁说如果澳大利亚通过了该草案，则将删除其在澳大利亚社交媒体平台上出现的所有新闻实例。谷歌最近也采取了类似的立场反对这项法律草案，针对澳大利亚互联网用户提出警告，声称如果法案通过，其谷歌服务将面临所谓的"危险"。

### （二）应用开发生态

应用开发者生态主要指操作系统平台与应用开发者的关系。在以智能设备为介质的移动互联网媒体领域，以苹果和谷歌为代表；在主机游戏领域，以微软、索尼等为代表。

苹果推出 App Store 后，一方面，应用开发者可以利用苹果提供的环境，通过开发移动应用软件获得稳定收益，而不需要担忧盗版软件的侵扰。同时，苹果 App Store 和谷歌 Google Play 作为一个应用市场平台，也能替代开发者分发软件，为应用开发者获取用户。谷歌和苹果通过披露应用开发者收益来凸显平台优势，

## 第五章 媒介生态系统及生态战略创新

2020年初，苹果公司就披露了相关数据，自2008年上线以来，App Store已为开发者带来1550亿美元的收入。但另一方面，操作系统平台往往通过抽成获得收益。而且，平台抽成是很常见的商业规则，30%也是业界常见的抽成比例，苹果、谷歌都在使用这一抽成比例。主机游戏领域的索尼PlayStation平台、微软的微软商店等，也均采用30%比例抽成。

然而Epic、声田等公司开始抵制这一规则。以游戏厂商Epic与应用分发平台商苹果、谷歌的商业纷争为例。Epic在旗下热门游戏《堡垒之夜》App加入自家的内购支付方式，试图绕过App Store和Google PLay商店的应用内支付抽成规则，但苹果和谷歌双双在其应用商店中下架了《堡垒之夜》。因为Epic在旗下热门游戏《堡垒之夜》中加入了一个新的支付方式，原本游戏中1000游戏币的价格是9.99美元，但如果使用Epic提供的新支付方式，则仅需7.99美元。按照谷歌和苹果的规则，一般都会对游戏内的内购虚拟商品收取30%的费用，而Epic加入新支付方式的行为，无疑是跳过了App Store和Google Play的支付抽成系统。游戏下架对Epic这样的游戏厂商影响很大：首先，在iOS平台，由于苹果App Store的封闭，用户几乎无法通过App Store以外的形式下载新App，这就阻断了《堡垒之夜》获取新的iPhone用户。其次，在Android平台，虽然Epic失去了Google Play这个应用分发渠道，用户还可以从其他渠道获取《堡垒之夜》的游戏应用安装包，但以Google Play在海外强大的影响力，对Epic获取新用户还是会有较大的影响。

苹果作为商店抽成模式的开创者，开创了正版音乐以及移动App时代，谷歌等公司紧随其后，获得了大量商业红利。应用开发者们期待一个免费的应用分发平台显然是不太可能的，因为它并不符合商业运行的基本规律，而共赢才是。一个典型的案例是主机平台抽成30%，像EA、育碧等大型游戏厂商都没有和微软、索尼闹翻，是因为它们认可这两家公司提供的游戏分发平台价值。一般而言，索尼和微软都会以低于或接近成本的价格销售PlayStation、Xbox硬件，主要通过游戏应用软件分销提成获取收益，而且索尼、微软在推销硬件平台的同时，也会为游戏厂商做推广，例如在PS5和Xbox等新世代游戏主机发布会上，登录新平台的游戏同样是发布会的一个重要环节。索尼、微软作为主机平台的缔造者，主动降低了主机平台的价格以吸引用户，并为游戏厂商提供了部分营销宣传，为游戏厂商带来了不少新用户。同时，索尼、微软也打击盗版，这符合游戏厂商的利益。

苹果、谷歌和一部分应用开发者的商业利益关系正处于积极改善过程中，例如，苹果宣布调整对声田等流媒体平台的抽成方式，允许第一年按30%的比例抽成之后，后续的抽成比例可逐步降到15%，这是否预示着平台和应用开发者之间开始试图建立一种合作共赢生态关系，尚待观察。

### (三)用户生态

在传统单向线性传播体现的单向价值链下,受众概念盛行,受众只是单一的被动的信息接受者或消费者,充当信息传播和内容价值变现的最后一环。但互联网技术赋权使受众向用户转换,用户从简单的信息接受者、消费者变成了互动者、参与者,也是新的内容价值创造者,以及新型要素资源——数据的贡献者,实现了消费者、内容价值共同创作者和数据要素资源创造者的身份叠加,从而形成了新型的用户生态。

#### 1. 用户是新的内容价值创造者

围绕内容进行互动、参与和评论是用户生态中最引人关注的一环。在内容的创造与传播、交易过程中,通常作者、内容提供商和平台方都比较关注与用户互动、参与、分享的过程中用户的言论或评论,因为内容价值的共同创造源于让用户共同参与作品的创作。作品创作的开放度越高,用户的参与力度越大,参与的广度越深,作品越贴近用户;产品内容越贴近用户,越受用户喜爱,产品传播力也越强大,用户购买力度越大,流量也越大,越能衍生出 IP 价值。

日本学者提出了一个 AISAS 理论,即消费过程分为五个阶段:注意(attention)、兴趣(interest)、搜索(search)、购买(action)、分享(share)。用户的消费行为已经不是单纯的理念灌输就可以满足的,更需要参与其中,即 search(搜索)和 share(分享)。作者将正在创作或已经创作完成的作品,放在开放性网络平台上,用户发表自己的看法,宣泄自己的喜怒哀乐,为作者修改或继续创作作品提供帮助,作者及时互动,让用户有共同创造价值的感受。这种共同创造的过程有助于将作者的营销思想贯穿内容作品,让更多的用户感同身受。同时,分享和搜索对内容作品的共同传播与销售功不可没。在社交媒体和自媒体时代,消费者掌握了超乎以往的控制权,消费者唯一真正信任的就是"点对点"式输入:讲述自己和心爱产品的故事。很多人甚至渴望更多:他们会搜寻跟自己社会价值观相符、蕴含着丰富象征意义的内容产品,并以口口相传的所谓病毒式营销方式传播和分享好产品。

例如,2012 年,E. L. 詹姆斯(E. L. James)凭借《五十度灰》(*Fifty Shades of Grey*)全球 4000 万册的销量(电子书和纸质书合计),创造了互联网数字化语境下草根作者、草根文化的奇迹,并据此一举斩获堪称"英国出版业奥斯卡"的 2012 年英国国家图书奖最佳小说奖。起初,作者 E. L. 詹姆斯以笔名 Snowqueen's Icedragon 在小说爱好者网站上陆续发表作品,但作品设计模仿痕迹甚浓。小说以"暮光之城"(*Twilight*)系列中的第一部并早已声名大噪的浪漫小说《暮光之城》为蓝本展开,小说里的主人公也沿用了《暮光之城》中男女主人公爱德华·库伦和贝拉·斯万之名,唯一不同的是作者把吸血鬼的故事换成了其他的故事。这样一部模仿性甚浓的作品在写作和发表过程中不断受到网友的质疑，最后被网站屏蔽。为情势所迫，詹姆斯只好把小说搬到了自己的Fifty-Shades.com个人网站上，并对小说进行了重新设计，重写了小说，主人公的名字也改为克利斯汀·葛瑞和阿纳斯塔西娅·安娜。在和读者的互动交流与分享的过程中，詹姆斯完成了从模仿到巧取创新的蜕变，也奠定了该作品畅销的基础。《五十度灰》在共同创造上也是可圈可点的。首先，作者在一家开放式小说爱好者网站进行创作，在这样的网站上，小说爱好者不仅能够根据原创小说，发挥自己的聪明和想象进行再创作，而且由于参与者甚众，他们从不同的角度对作品进行评价，对作者的创作思维和进程给予帮助。由于批评的声音甚多，才促使詹姆斯摆脱不成熟的模仿，转向成熟的巧取。可以说，后期作品的创新蕴含了作者与读者共同创造营销的佳话。其次，作者在创建个人网站后，在改写作品的过程中，大量粉丝分享式传播基于故事内容的点评式讲述和评论，更具个性、更生动、更亲切、更贫民化，所以更容易被潜在读者接受，传播效果也更好。最后，《五十度灰》自始至终呈现的网络特性将网络搜索力在共同创造营销上的魅力发挥到了极限。作者在写作和发表作品过程中完全以网络为载体，出版商的营销也选择网络自媒体。该书在被Goodread网站评为2011年最值得阅读的浪漫小说候选之一后，该书的搜索功能被进一步放大，关注力也随之提升。借助于强大的网络搜索力，《五十度灰》最终热销全球，可以说是水到渠成、顺理成章的事情。

**2. 用户是平台最大的最有价值的原始数据要素资源来源的贡献者**

出现了"用户即数据"的数据价值新生态，但也产生了一些伦理上的问题。在技术驱动下，互联网媒体平台将不同属性、不同地域的用户群以平台连接及聚集的方式实现了再组织。当数据分析技术被嵌入媒体平台时，用户与媒体平台的关系便被重构了。数据成为媒体平台发展的基础资源，用户也随之成为这一机动过程中的核心，由此便形成了"用户即数据"的媒体平台与用户之间的新的关系模式。互联网媒体平台上的用户不再是活生生的有个性的人，其年龄、性别、地理位置、个人爱好、购物习惯、互联网内容浏览、内容互动等属性和行为，都会被标签化，然后以数据的形式呈现出来。与此同时，通过算法对数据匹配，不同的用户将成为第三方——广告主的购买对象。用户成为媒体平台数据的生产者（或者说数据本身），而第三方成为为数据买单的一方。互联网媒体平台则是双边市场的连接者和匹配者，将"用户"与"第三方"连接起来，并由此产生了一种可持续的流量和数据变现的盈利模式。数据匹配是算法媒体平台商业模式的核心原理，在一切皆可转化为数据并依靠算法进行数据互动的技术和商业语境下，媒体平台能提供的价值不再只有内容商品，而是延展到任何事物：出行、健康、金融……同时，用户用来交换价值的也不仅只是金钱、时间，最重要的是数据。因此，作为交换，用户以一种接近免费的方式享受着媒体平台提供的部分服务，因为有第三方为他们支付。由此可见，"用户即数据"已经成为互联网媒体平台商业模式的底层逻辑。

当"用户即数据"成为基本商业逻辑后,平台与用户的生态关系发生了变化。从用户个人视角出发的权利保护诉求看,既有传统的隐私和个人信息保护问题,也包括媒体平台数据化生产、传播方式发展到深入阶段后,对用户个人基于数据分析而形成评估判断的公正公平问题。因此,在"用户即数据"的智媒时代,要建立良好的用户数据生态,一方面,要求互联网媒体平台自身应加强对用户数据安全的保护,对用户个人数据进行脱敏;另一方面,应加快数据立法制度的建设,明确界定平台方与用户在涉及个人隐私信息方面的责权。

## 四、跨界赋能的生态战略创新

### (一) 跨界与合作战略的经济学线索

互联网科技型媒介组织的生态战略体现的是跨界扩张、赋能与合作思维,这背后有着深刻的经济学线索。

#### 1. 跨界的经济学线索

跨界指互联网科技型媒介组织运用人工智能技术和积累的庞大数据,通过社会化方式打破公司边界,以开放、开源、共享、价值增量交换等全新方式完成对传统商业要素的整合。

首先,从核心生产要素看,人工智能技术和数据要素具有通约性特性,自身可以不断复制和扩张。网络化、平台化、数据化和智能化实践使科技型媒体巨头通常拥有海量数据和算法技术——智能时代最重要的生产要素,伴随着算力的提升和算力成本的降低,技术和数据必然以自然溢出的方式向各个行业和企业扩散。

其次,从商业模式看,以梅特卡夫法则为核心的网络效应决定了企业只有获得尽可能多的用户才能实现价值的指数增长,而规模效应下的边际成本可以实现长期递减,也就意味着当一种技术产品或服务取得优势后,必然会加速向外拓展。这种趋势的强化一方面来自运营主体的推动,另一方面来自用户对追求更大网络价值的自我选择。梅特卡夫效应所带来的指数级增长,不仅有利于网络价值的提升,而且增加了对用户的吸引力。人类构建更大网络的努力,既带来了更广阔的市场,也带来了更强的竞争。互联网时代,竞争的边界在逐渐模糊甚至消失,这包括区域的边界、行业的边界、文化的边界。正如脸书借助互联网的力量,构建了连接全世界27亿人的网络平台一样,在这个平台上,超级网红也可以靠个人IP吸引到来自全球的粉丝,一名电商主播的带货量甚至可以秒杀众多业内知名公司。

最后,从满足用户价值需求个性化看,智能商业时代的产品都变成了端、网、云的概念，平台和用户之间持续的连接在不断地迭代，变得越来越优化。大众市场的概念变成了"精和准"的概念，例如精准医疗、精准农业、精准教育等，整个市场的颗粒度变得极其精细。因此，数据和智能使行业的跨界变得非常容易，因为业务背后沉淀的每个用户的数据可以成为构建跨界新业务模型的重要资源。

2. 合作的经济学线索

首先，知识价值的实现在于被使用，就像一本书，读的人越多、其价值越大一样，封闭知识必然影响其价值的实现，因而需要采取开放和合作的方式。由于种种原因，传统企业，尤其是部分中小企业，在数字化、网络化、平台化、智能化浪潮中面临着技术鸿沟、数据鸿沟等困难，这些困难依靠自身很难解决，而互联网科技型媒介组织拥有这方面的技术能力和数据能力，开放与合作能加速"数字孪生"的实现，帮助传统企业向数字化、数据化、智能化、平台化转型。

其次，在智能经济中，对于互联网科技型媒介组织而言，一方面，数据以指数级方式累计，人工智能技术以惊人的速度发展，促使各学科不断地交叉融合。而知识的非线性扩张和协同效应，也要求其必须不断地学习，甚至只有通过合作才能获得竞争所需要的资源，例如合作研发等，以跟上技术变化的步伐。另一方面，在消费互联网或信息互联网中成长、壮大起来的互联网科技型媒介公司在向产业互联网渗透的过程中，面临着场景差异的难题，对场景差异的跨越，既需要相关行业和企业的配合，也需要双方相互学习，在合作中跨越，在学习中提升，才能更好更有效率地完成跨界。

最后，对传统行业和企业而言，只有建立在知识与智能密集基础上的实体产业及企业才有可能摆脱 U 形成本曲线的困扰，实现边际收益及规模收益的递增，从而改变竞争的落脚点。

### （二）跨界赋能战略创新

科技型媒介组织对社会经济的最大价值和贡献并非体现在商业模式的创新上，而是体现在科技向善的理念和跨界技术赋能的能力及行为上。所谓赋能，是指科技型媒介组织运用人工智能技术和积累的庞大数据，帮助其他企业或组织向数字化、数据化、智能化转型。回顾 21 世纪互联网媒体的技术及商业发展历程，可以发现，2010 年以前的数字技术实际上是"记录革命"，所有信息被移入数字系统中；2012 年以后，智能手机的爆发，消费互联网蓬勃兴起，大型连接公司完成"分发革命"；智能时代，人类的科研体系依赖于以数据与算法为核心的神经网络革新，被称为"认知革命"。而人工智能、物联网变成最大的红利是通过技术和数据对 B 端企业进行全面赋能，也就是借力大数据、云计算、人工智能技术以及网络平台，互联网平台型媒体公司进化为生态型媒体平台公司，为传统企业提供相互连接的智能环境，并成为传统企业提升数据能力的载体和媒介。其中,开源人工智能框架平台和开放数据平台最为关键,也最能体现生态型媒体平台的价值观和跨界技术赋能的能力。

### 1. 开源人工智能框架平台

李彦宏(2020)在《智能经济:高质量发展的新形态》一书中认为,智能经济就是"三个智能化":第一是人机交互方式的智能化;第二是基础设施的智能化,包括深度学习框架等;第三是产业的智能化,人工智能将转变为像网络、电力一样的基础设施。为此,生态型媒介最基础的底层技术深度学习框架和最基础资源数据必须开源、开放。人工智能最后的产业级应用一定不是由某一家企业来主导完成的,最后一定会形成一个角色分明、有上下游的这样一个产业级的生态。分享开源平台,做最底层的基础设施,给各行各业提供从数据、算法、工具到平台的支持,包括在算法层(自研技术)能持续输出顶级实验室矩阵的前沿科技技术;在服务层(赋能),提供覆盖计算机视觉、语音识别、自然语言理解处理、机器学习等众多热门的 AI 技术能力;在生态层(开放合作孵化)提供开发者社区等技术交流平台,通过 AI 加速器、众创空间等向合作伙伴提供政策及资金扶持。人工智能技术开源创新,一方面,可以加速技术的创新发展,不断拓展人类认知边界和技术边界;另一方面,所有开发者都可以基于开源开放的成果开发自己的项目、产品及业务,更便捷、高效、安全地推进技术创新与应用;更为重要的是,开放开源是赋能产业互联网的最直接最有效的表现。李彦宏(2017)在《智能革命:迎接人工智能时代的社会、经济与文化变革》一书中阐述了百度大脑等人工智能技术研发、运用及框架开放开源的理念。在百度 AI 版图中,已打造出百度大脑、飞桨深度学习平台(以下简称"飞桨")、百度智能云、AI 芯片、数据中心等新型 AI 技术基础设施,其中最核心、最基础的是 AI 开源框架——飞桨。作为新基建的关键要素,百度飞桨深度学习平台就是"智能时代的操作系统"。作为开源软件,百度"飞桨"通过开源算法(技术层)、深度学习平台(生态层)和开源社区(应用服务层)服务于广大开发者、企业和社群,在城市、工业、电力、通信等领域发挥着重要作用。

### 2. 开放数据平台

数据赋能有三个表现:一是提供完整数据,为科学决策赋能;二是提供活数据,为生产决策赋能;三是提供场景化数据,为经营赋能。从微观层面讲,生态型媒介的数据赋能就是把数据作为生产要素向传统行业扩散,以数据为载体,重构最小单元的连接,并且形成业务场景闭环。例如,2020 年,腾讯推出了"灯塔增长引擎"数据赋能方案。这套引擎在传统用户增长 AARRR 模型的基础上,结合腾讯产品实践,聚焦真实数据、目标转化、核心用户和关键路径,为企业的数据做出精确指引。"灯塔增长引擎"为企业营销提供了三套解决方案:一是客户数据平台,快速连接来自市场、销售、客服等各部门的各类数据源中存储的客户数据。客户数据平台根据企业业务的定义将数据合并，为企业提供完整的、不断更新的客户画像，快速对接企业内外部的各种数据源，让数据流动起来，产生更大的价值。二是客户数据理解智能分析平台。擅长数据分析的智能分析平台运用智能分析引擎，面向目标受众，灵活搭建契合业务场景的分析系统，运用数据看板，实现分角色分场景的高效分析协作与结果共享。同时，平台将大量数据进行图表化，支持多终端报告查看，为业务人员提供协同分析的能力，为企业的业务决策提供数据支撑。三是营销闭环场景 AB 实验平台。在繁多的营销应用场景中，核心逻辑都是在解决"匹配用户需求与偏好的营销价值传递"，AB 实验平台可以针对不同的人群，挖掘最重要的模拟生物进化功能，通过多次精细化的实验，匹配客户差异化特征和需求，快速制作出大量不同的方案，然后通过实验准确筛选出最合适某个人群的某个方案，向企业提供不同营销闭环路径下更优的客户体验方案。

## 第四节　小生境内容产品战略创新与运用

### 一、小生境战略的经济学线索

规模效应的前提是完全相同的产品或服务，而差异化产品则会阻断规模效应的蔓延。例如，在搜索领域，虽然头部企业占据了绝对领先的市场份额，但并不妨碍垂直搜索网站的出现，通过细分市场的差异化运营，垂直搜索网站依然找到了自己的发展空间。这种差异化所产生的优势，在社交领域也同样适用。面对拥有 27 亿全球用户的脸书，领英在专业人士中依然赢得了认可，其诀窍同样是在细分市场中提供差异化服务。从经济学的基本原理看，取得市场先发优势的互联网媒介产品或服务虽然具有边际成本低的优势，但当创新者引入差异化的产品或服务，原本位居领先地位的在位媒体平台要么看着自己的用户流失，要么投入资源开发性价比更高的类似产品或服务，以留住用户。这样，领先平台的边际成本优势被削弱，规模经济效应受到限制，限制程度则取决于挑战者在产品或服务上的创新力度和受市场欢迎的程度。因此，在互联网媒体平台领域，规模不可怕，可怕的是同质化。

价值创造关键在于利用技术与数据的通约性为用户创造价值。在一个充分竞争的市场中，如果一个互联网媒体产品或服务能吸引用户使用并保持持续的活跃，一定是因为这个产品或服务为用户带来了不可替代的价值。也就是说，互联网媒介产品不仅要为用户创造价值，而且价值要足够大、足够独特，才能形成一道防止用户流失、抵御"野蛮人"进攻的"护城河"。规模并不能为互联网媒介产品或服务构建安全边界,互联网媒介产品或服务所构筑起的壁垒的最核心功能是为用户创造价值。用户价值既是媒介产品或服务运行的前提,也是维护产品或服务持续运营的根本。从经济学投入—产出效率看,互联网媒介产品或服务不仅要能创造用户价值,而且所创造的价值量应大于投入资源的成本。

## 二、案例:学术出版小生境战略创新及运用

在自然界,每个生物物种在其赖以生存的生境(habitat)中都有着特殊的地位、功能和特定的生活习性,即生态位(ecological niche),又称小生境(niche)。由于缺乏竞争,生态位较窄的物种的生存能力要优于生态位较宽的物种。在科技、医学、法律、财经等学术出版领域,学术出版机构的生存类似于小生境中的物种。学术出版机构针对某一特定职业或高度细分学科领域,以高度专业化的内容、信息,服务于具有较高偏好水平的异质读者或客户群体,并体现独特的文化功能、技术功能,以及特殊的社会和市场地位的长远规划和现实行为,可称为学术出版的小生境战略。随着学术出版技术的进化,学术出版小生境战略也越来越具有创新意义,"这一战略不仅专注于新工艺技术的采用,而且能够将其与产品创新的引入捆绑起来,产品创新具有很强的异质特征,能在市场中获得高价"[①]。学术出版小生境战略实际上由四个相互联系、相互制约的过程组成:辨析需求高度异质的小生境市场、进行与新技术运用相联系的学术小生境产品创新、制定小生境定价、构建并利用网络外部性。

### (一)捋清高度异质的学术小生境市场

受到历史、传统、文化和制度的影响,不同学科和职业背景的学术出版消费群体共存于一个复杂的社会系统中,而且每个异质群体的口味和偏好与社会代表性消费者的传统需求相异,那些口味和偏好水平较高的异质群体,决定了学术出版机构的独特生态位,并形成了其学术文化消费的"小生境"。

细分学术文化消费小生境,则形成了小生境学术出版市场,并赋予针对小生境市场的学术产品以独特定位。小生境学术出版市场是这样一种市场:一是生态位聚焦于具有特定职业背景和学术细分领域的特殊人群的专业信息需求;二是读者的高偏好性和高收入性,这部分人群对某一学术出版产品独特的内容、形式和服务有较高的依赖,并愿意为这种独特的偏好支付较高的价格;三是非竞争性,读者偏好的强烈异质性,能赋予在位学术出版社和现有学术出版产品一定时期内

---

① [意]克瑞斯提诺·安东内利:《创新经济学:新技术与结构变迁》,刘刚等译,高等教育出版社2006年版,第112页。

的市场垄断地位。

### （二）以新思想、新工艺引入一种学术小生境产品创新

学术出版产品创新是指采用新思想、新工艺构思，研制生产内容全新型的、异质的学术出版产品，或应用新技术使学术出版产品在产品结构、载体、工艺等任何一方面比原有学术出版产品都有重大改进，并显著提高了学术出版产品性能或扩大了使用功能的改进型学术出版产品。

#### 1. 内容创新和选题创新

所谓学术出版内容创新，包括两个方面的含义：一是学术成果中包含一定数量的新的原生信息的新质，或者经过高度智化的次生信息；二是学术出版机构及编辑围绕学术研究及学术成果创新所构建的选题策划、作者资源关系等方面的新思想、新方法。

由于内容创新的首要因素是科学人员，因此，作为内容创新选题的发起者——学术出版社及学术编辑，应构建与科学人员或作者关系的新思维，以保证学术内容的高质量和具有创新性质的学术内容的稳定来源。这种新思想要求学术编辑积极关注学术活动，参加学术会议、了解学术前沿，直至成为学者型编辑，和真正的学者建立牢固的共识和个人情感，对直接形成学术内容创新的优秀的、独一无二的作者资源的进行垄断。学术出版社在内容和选题方法上的创新还可通过设立各种学科的学术基金，直接对有潜力的青年学者进行科研及项目资助，这种方法既可与青年学者建立亲密、长期的合作关系，又可直接获取优秀学术内容成果的出版权。

#### 2. 运用新技术、新工艺改进原有学术出版产品

学术出版小生境的特征之一就是读者面偏窄，潜在的读者群体的人口密度不大；同时，单个学术产品提供的信息量有限。这些都制约了学术出版产品的出版与销售。基于各种数据库技术的学术数据库完全克服了上述缺陷，将单个学术出版产品按一定的技术结构和技术特征对原内容重新进行解构和集成，并提供个性化的、方便快捷的检索功能，从而形成了载体、功能和使用方法都有重大改进的新型学术出版产品。而传统的学术出版流程是，各类科学工作者将精心撰写、反复修改的稿件投给自己心仪的出版机构，经过严格的同行评议、编辑的审核和再加工，以纸版形式出版，完成一次学术成果的循环。在这一工艺流程下，内容管理和销售管理是截然分开的，运用信息技术新成果创建技术网络平台可以将上述工艺流程进行一体化集成创新，提高出版效率。

### （三）制定学术出版产品的小生境定价

小生境战略的核心是学术出版产品竞争，而不是价格竞争，虽然平均成本比较高，但学术小生境产品的定价原则主要依据读者/订户对产品内容的独特体验，而非成本。所以，通过产品的高定价，依然能够出现成本弥补效应。

高水平和高质量的小生境学术出版产品，在生产过程中需要投入具有稀缺性的出版要素资源，如高水平的作者、高质量的印制品质等；同时，小生境出版产品面向的是专业化小生境的读者环境，只拥有特定的读者群体，因而，产品的平均成本较大众型出版产品要高得多，出现了显著的成本非对称性。

但每个小生境学术出版产品都具有特定的异质的身份，具有高效用的特殊用途，具有较高的市场垄断性。因为这类出版产品既不是对原有出版产品的完全替代，也不可能被新的出版产品完全替代。此外，读者高水平偏好决定了这类学术产品的直接价格弹性较小。因此，异质的、创新的小生境学术出版产品的生产者——出版社就成为一个小生境学术出版市场的垄断者，这类出版企业可以为自己的小生境学术出版产品制定一个高于平均成本的垄断价格，即小生境价格。

### （四）构建并利用网络外部性

网络外部性也称为需求方规模经济，是指产品价值随着购买某种商品及其兼容产品的消费者数量的增加而不断增加，而产品价值的增加反过来又促使更多的消费者购买。这种网络效应依赖于产品的网络规模，即用户基础，用户数量规模越大，网络效应就更强。

建立学术出版网络外部性的核心依然源于读者/订户对学术出版产品内在价值的认同度。定位于小生境的学术产品具有专注于某个高度细分的职业范畴或学科领域，这种行为习性决定了其在狭小生态位上有很强的特化特征。只要能够在特定的信息内容资源，尤其是作者资源上加以创新并再生利用，利用这些特定资源的特殊能力将会优于定位泛化的同类产品，为读者/订户带来独特的使用效用。

小生境学术产品独特的内在价值有助于学术出版企业塑造品牌和声誉，由于学术出版具有全球性特征，这种品牌和声誉的建立既会吸引其他国家或地区的特定读者/订户购买，反过来又会强化学术出版产品的价值，随着学术出版产品的读者/订户规模越来越大，网络外部性效应将逐渐显现，体现出独特的小定位、大市场的网络外部性特征。

# 第六章　媒介产业经济演化增长

媒介产业经济演化增长是指将媒介产业经济增长视为一种演化过程，这种演化过程并不注重短暂的静态数量结果，而是将增长过程看成知识创造与创新的中长期过程，在这一过程中，媒介产业会发生从微观到宏观的数量和质性变化，即在数量变化的同时，质量或结构性也在变化。

## 第一节　偏好与制度

如果将媒介经济理解为一个复杂系统，那么，影响媒介经济增长的因素也具有相应的复杂性。这种复杂性不仅仅表现在媒介组织生产方式的变革及生产要素资源的创新上，也表现在媒介产品适应用户需求的变化上，同时还与制度、文化等相关联。生产方式的变革及要素资源的创新，包括生产模式、交易模式的变革，涉及要素积累或资源使用效率的提高；媒介产品适应用户需求的变化涉及消费模式的变化，消费模式又与社会文化、消费习惯、人口数量和结构等影响因素关联，各种关联要素的交织最终体现为媒介经济体满足人们各种不断增长和变化的新闻、知识、娱乐等需求的能力提升。因此，很难具体区分出某一个因素对媒介经济增长具体的特殊作用。

但在市场经济条件下，我们依然可以将这些复杂因素做一些简单的区分处理。例如，生产方式既包括一定时期内媒介组织拥有的资本、人力资本、技术、数据和内容资源等要素存量和要素结构，以及将这些要素转变为产出的技术水平和组织能力，也包括为适应、影响媒介产品需求对要素资源进行调整与配置的生产结构和交易制度结构。在分析模型中，这类直接因素为内生变量，包括资本、人力资本、技术、数据、制度、偏好等，解释媒介经济增长的理论必须更多地关注内生变量的变化对媒介经济增长的影响；而社会文化、消费习惯、人口等间接影响因素对一个媒介经济体的长期增长也产生重要影响，但这些因素在短期内相对难以改变，为此，在分析模型中，通常被归结为外生的参数，可以被处理成外生变量。

因此，决定媒介经济增长的主要因素是内生变量。在内生变量中，与媒介经济演化增长过程一样，媒介要素资源的累积本身就是一种复杂的变迁现象。例如，技术进步的具体表现通常反映在物质资本、人力资本、数据等要素累积以及对庞大复杂的数据资源的处理分析能力上,而技术进步的方向和速度以及各种决定要素累积的投资决策都受到人们偏好和制度的影响,还受到媒介变迁过程中伴随着种种结构性变化的影响,为此,媒介经济演化增长理论必须转向对影响资源要素积累的深层次原因与演化机制的研究。鉴于前述内容对技术和数据已有较为详细的阐述,本节只阐述偏好和制度两大要素。

## 一、偏好

消费者个人偏好是指一定时期内消费者个人对某类媒介产品或某类/某个内容的喜好程度,前者可以称之为媒介偏好,后者可以称之为内容偏好。消费者个人偏好可以用来反映消费者个人的选择意愿。从短期看,消费者个人偏好比较稳定。但从长期看,消费者个人偏好则会发生改变。影响消费者个人偏好的因素有很多,短期内,技术体验、宣传、广告会对消费者个人偏好产生一定的影响;从长期看,随着年龄增长、文化层次变化、职业变化等,消费者个人偏好会逐步发生改变。

用户偏好是消费者主权的表现,但也受技术变革的影响。技术对人们在阅读、娱乐等领域的媒介需求和使用偏好产生了深刻影响,这种影响来自两个方面:一方面,在现有技术模式下,寻找发现个人偏好,推出新概念媒介产品,满足个人偏好,例如交互式阅读等;另一方面,来自市场需求推动的技术创新推向市场后,"创造"个人偏好,但其实质是激发潜在的个人偏好,将潜在偏好变成现实偏好,从而引致个人偏好发生变化,例如短视频等。这两种创新方式都将形成一种新的细分媒介市场,引领媒介经济的演化增长。目前,这两种影响都有被进一步强化的趋势。

### (一) 发现偏好

偏好发现的例子,以对话体小说的兴起较为典型,对话体小说是一种移动交互式阅读模式。所谓移动交互式阅读模式,就是通过智能终端实现人机交互和人人互动性的阅读。这种阅读方式让阅读不再是单一、单调地一页页翻看文字和图片,而是通过交互应用,将简单的文字图片书籍制作成动画形式,可以通过听、看、玩来进行阅读,还可以实现人机互动,参与其中,不但增加了阅读的愉悦性,同时提高了阅读效率。阅读,本质上是人的行为。阅读偏好,是指人们对某种阅读方式、阅读内容、阅读体验的喜好程度。因此,洞悉、挖掘、开发人的阅读新偏好是阅读媒介创新的前提。与传统的纸质阅读媒介和时下流行的电子书阅读媒介不同,对话体阅读媒介是指将小说文本通过短信对话形式进行呈现的阅读媒介。"对话体"阅读模式由美国 Telepathic 公司首创。Telepathic 推出了一款名为 Hooked 的以对话为交互方式的创意小说阅读 App,从初创到火爆欧美,

Hooked 仅用两年时间就成为现象级互动小说阅读平台。这款阅读产品之所以受到青少年读者的喜爱是有着内在原因的。从生命周期看，11～18 岁的年龄阶段，一般是中学阶段，国外有学者形容这一阶段是"骚动的、矛盾的、动荡的、暴风雨式的时期"，其心理发育滞后于生理发育。少年儿童生理上产生"成人感"，开始对独立自主人格的追求；心理上有直观的形象思维，好奇心强烈，接受新事物快，富于想象；逻辑思维的推理能力、情绪的控制能力、心理的调节能力等方面欠缺，情感丰富且不稳定，注意力难以集中。此外，这一年龄阶段的青少年学习压力比较大，长篇的理性阅读也不现实。"00 后"自出生起就生活在新媒体时代，其阅读方式和阅读体验天生带有移动数字媒体的技术特征。对阅读需求有几个共同特征：一是从单纯的阅读需求向阅读需求、表达需求、写作需求变化（UGC 文化）共存转变；二是从单一的文字表达模式转向多媒介表达，并共存；三是从深度、理性、长时间阅读向碎片化、浏览化阅读转化，并共存。但现有的小说文本在内容创作方式和媒介呈现方式上并不能完全满足"00 后"上述的阅读需求。Hooked 为此进行了小说阅读测试，衡量标准是完成度。首先，节选 50 本青少年畅销小说开头的 1000 字，将内容调节为适应手机阅读的长度，大概 5 分钟的阅读内容，置于适合手机阅读的网页阅读器中，利用脸书广告，将测试内容发送给 15000 名读者，结果完成率大不相同，最好的情况也只有 1/3 的读者能读到最后。其后，进行漫画书测试，但依然无济于事，读者参与度看上去仍然是黯淡无光。之后，将故事以角色间短信对话的形式呈现出来并测试完成度，测试内容仍然是 1000 字，5 分钟的阅读内容，测试结果令人震惊，几乎每个青少年都一直读到最后。"对话体"交互式阅读新概念由此产生：短信式聊天内容写作方式，5 分钟时长的阅读方式，角色转换的交互式方式，移动式传播方式。Hooked 重新定义了小说的艺术形式和阅读方式，并将其融入人们的现实阅读生活中。以 Hooked 为代表的"对话体"交互式小说阅读 App，呈现出以下几大特征：一是文字呈现形式打破了传统写作模式，"对话体"小说形式是在传统小说叙事模式上做"减法"，删去繁杂的场景、心理等描写，只通过简短的对话场景推进故事；二是阅读形式采用边点边读的场景式方式，具有较强的吸引力；三是阅读装置主要以智能手机为载体；四是文本短小，每章的阅读时长通常不超过 5 分钟；五是传播方式呈现交互式特点，实现了人与人、人与物、人与机器间的实时互动；六是内容生产方式采用了 PGC + UGC 模式，用户不仅是内容的读者，也是互动者，还是内容创作的直接参与者。因此，在生命周期的不同阶段，个人或某一群体有着共同的心理和生理特征，阅读需求也会存在阶段性、群体性的特色。

（二）"创造"偏好

短视频是一种典型的运用人工智能算法新技术产生的新的媒介概念。快手创立后，并没有引起广泛关注，但随着基于算法技术的抖音的崛起，最终让短视频走进全社会视野,抖音的海外版 Tik Tok 的推出更是让短视频风靡全球,成为真正的流量"风口"和众多媒体平台的"必争之地",掠取了大量的广告份额。除了算法技术的原因外,短视频引领的视频 UGC 模式意味着大众都是内容的主要创造者,也意味着大众化、生活化、娱乐化的内容能够适应普通用户的心态和趣味,将有相似情感结构和兴趣爱好的大众连接起来,并产生互动,这正是短视频迅速流行的重要原因。张颐武(2020)认为,片断性、表演性和互动性是短视频的三大特点。"片断性"是指在相对短的视频片断中吸引人的注意力,追求一种碎片化的、截取的某些瞬间,这些瞬间让人感兴趣的正是其驳杂丰富的内容中的某些具有某种让它的受众感受到吸引力的片断。"表演性"是指需要在短视频中凸显瞬间所创造的引人注目的某种戏剧性,这往往是一种偶发式、有某种即兴性表演的记录,以模仿流行歌曲或舞蹈等"秀"作为基础,但其中心是一种对趣味性的追求,一种片断的、瞬间性的"流"状的生活记录"表演性"的展开。"互动性"指观看者的反应通过各种方式形成了一种社交效应,让短视频可以被观看的同时还能够随时被讨论、品评,具有和多人互动而产生的交流。因此,"片断性"让短视频能够随时进入也几乎可以随时离开,具有高度的灵活性,而"表演性"则构成了其吸引人的效果,"互动性"则形成了其黏着性和交流效应。①

上述两个例证说明了一个基本事实:用户的媒介偏好和内容偏好与媒介创新和媒介经济增长是可以互动的。创新造就了媒介的多样性,媒介的多样性赋予了个人或群体阅读、娱乐的选择性、主动性、创造性和互动性。在具体的媒介技术功能、内容形态和社会文化、生活、工作场景下,受生命周期不同阶段特定的心理、生理需求(人性)驱使,个人或群体会主动选择适合自己需求的媒介和内容;反之亦然。

## 二、制度

### (一) 制度的一般含义

制度通常被定义为一套行为规则。诺斯(North,1990)认为,"制度是一个社会的游戏规则,更规范地说,它们是为决定人们之间的相互关系而人为设定的一些制约"②。进一步讲,"……制度常常是那些诱致生产率增长的部分和那些抑

---

① 张颐武:《短视频文化的三大特点:片断性、表演性、互动性》,《北京日报(理论周刊)》,2020 年 10 月 22 日。

② [美] 道格拉斯·C.诺斯:《制度、制度变迁与经济绩效》,刘守英译,上海三联书店 1994 年版,第 3 页。

制生产率的部分的混合"①。制度安排是制度的具体化。舒尔茨（Schultz）在 1968 年发表的《制度与人的经济价值的不断提高》一文中提出了制度为经济提供服务，应经济增长的需求而产生。例如，降低交易费用的制度，影响生产要素的所有者之间配置风险的制度，提供职能组织与个人收入流之间的联系的制度，确立公共品和服务的生产与分配的框架的制度，等等。

制度虽然具有内在稳定性，但并非一成不变，而是随着环境变化而发生变迁。制度变迁的基本问题是变迁的特性、变迁的主体、变迁的动力与变迁的方式。诺斯（1973）认为，制度变迁是指制度的替代、转换与交易过程。他在《制度、制度变迁与经济绩效》一书中，把制度变迁主体赋予了"企业家"的性质，私人部门的所有者，在资源稀缺下的竞争导致企业家和组织加紧学习以求生存，并在学习过程中，发现潜在利润，创新现有制度。制度变迁的动力只有在变迁改变了潜在利益以及变迁成本的降低使制度的变迁变得合算时才会发生。可以说，制度变迁是制度主体根据成本效益分析进行权衡的结果。"变迁的代理人是对内含于制度框架中的激励做回应的单个企业家。变迁的原因是相对价格或偏好的变化。变迁的进程主要是渐进式的。"②林毅夫在《关于制度变迁的经济学理论：诱致性变迁与强制性变迁》一文中，将制度变迁方式划分为诱致性变迁与强制性变迁两种。其中，诱致性制度变迁是指一群（个）人在响应由制度不均衡引致的获利机会时所进行的自发性变迁；而强制性制度变迁是指由政府法令引起的变迁。由此可知，诱致性制度变迁是个人和群体为追求自身利益而自发倡导组织的制度变迁，具有盈利性、自发性和渐进性的特征；而强制性制度变迁是由政府主导的自上而下强制实施的，由纯粹的政府行为促成的制度变迁，具有强制性和利益双重性的特征。③

制度效率存在宏观与微观两个层次。在宏观层次上，诺斯主张制度对国家的经济增长是起决定性作用的。诺斯认为，"制度在社会中起着更为根本性的作用；它们是决定长期经济绩效的基本因素"④。之后，诺斯（1977）在《西方世界的兴起》一书中开门见山地指出："有效率的经济组织是经济增长的关键；一个有

---

① ［美］道格拉斯·C.诺斯：《制度、制度变迁与经济绩效》，刘守英译，上海三联书店 1994 年版，第 11 页。
② ［美］道格拉斯·C.诺斯：《制度、制度变迁与经济绩效》，刘守英译，上海三联书店 1994 年版，第 112 页。
③ 林毅夫：《关于制度变迁的经济学理论：诱致性变迁与强制性变迁》，见《财产权利与制度变迁》，上海三联书店出版社、上海人民出版社 2014 年版。
④ ［美］道格拉斯·C.诺斯：《制度、制度变迁与经济绩效》，刘守英译，上海三联书店 1994 年版，第 144 页。

效率的经济组织在西欧的发展正是西方兴起的原因所在。……有效率的组织需要在制度上作出安排和确立所有权以便造成一种刺激,将个人的经济努力变成私人收益率接近社会收益率的活动。"① 在微观层次上,诺斯认为,"制度安排能够使经济单位实现规模经济,鼓励创新,提高要素市场的效率,或者减少市场的不完善"②。

### (二) 社会技术

制度安排在技术创新与经济增长过程中的地位和作用十分明显。演化经济学的代表人物理查德·纳尔逊认为,技术与制度的协同演化是经济增长的驱动力。纳尔逊在《作为经济增长驱动力的技术与制度的协同演化》一文中将生产性技术称为"物质技术",将制度称为"社会技术",并将其作为起关键作用的惯例看待。纳尔逊说:"有几个新的惯例起着关键作用。第一个是创造新的合成染料的新的'物质技术',它是以大学培训的化学家作为关键投入。……第二个关键性的因素是组织化学家们协同为雇主而工作的'社会技术'发展,即现代工业研究室的发明。第三个因素是另一种社会技术:对年轻化学家们理解和研究有机化学的方法进行训练的培训体系。这种社会技术是以大学为基础的并由国家来融资的。最后,存在着有其特定规则和规范的市场。一种市场把化学家的供给与对雇佣化学家感兴趣的企业联系起来了。而另一种市场则把合成染料企业与新的合成染料使用者联系起来了。"③

在纳尔逊看来,合成染料工业创新除与大学相关的人力资本提供与培训外,组织形式的创新、融资制度以及市场制度都是关键因素。因此,纳尔逊进一步总结道:"作为每个时代核心的特定技术的有效开发和利用,都需要必要的制度结构提供支撑。""经济再次迅猛增长需要新一套核心技术的推动,要求重塑制度结构以适应新的需要。"④

对微观层面的科技型媒介公司,尤其是对初创型创新企业而言,能否延续生命周期或进入成长、成熟阶段,在制度层面可能面临两个真正的危机:一是融资制度。事实上,现在的互联网媒体及社交媒体巨头们在创业初期以及发展早期都

---

① [美] 道格拉斯·C.诺斯、罗伯特·托马斯:《西方世界的兴起》,厉以平、蔡磊译,华夏出版社 2009 年版,第 1 页。
② [美] 道格拉斯·C.诺斯、罗伯特·托马斯:《西方世界的兴起》,厉以平、蔡磊译,华夏出版社 2009 年版,第 6 页。
③ [澳] 约翰·福斯特、[英] J.斯坦利·梅特卡夫主编:《演化经济学前沿:竞争、自组织与创新政策》,贾根良、刘刚译,高等教育出版社 2005 年版,第 27 页。
④ [英] 弗里曼、卢桑:《光阴似箭:从工业革命到信息革命》,沈宏亮译,中国人民大学出版社 2007 年版,第 3~4 页。

经历了数轮大规模风险融资。二是企业治理制度，具有激励约束机制的企业治理制度安排。前者对企业而言是外生的，对整个媒介经济系统而言则是内生的；后者虽然是内生的，但也受宏观经济制度的约束。因此，必须有一套符合市场经济规律和规范的、有效率的、鼓励创新的市场制度做保证。

### （三）融资制度安排

企业融资的方式不外乎两种：债权融资和股权融资。由于互联网媒介组织发展过程中面临着诸多的不确定性，互联网媒介组织不可能以大量借债方式获取巨额发展资金，因此，引入具有股权融资特征和性质的风险投资则成为互联网媒介组织融资的主要渠道和方式。

互联网媒介组织可以在不同发展时期，即种子期、初创期和成长期分别引入风险资本，从而获得发展资金，以规避利益风险。

在种子期阶段，互联网媒介组织的主要任务是研究开发，即数字出版产品在技术形态、产品形式及发布方式等一系列新创意过程的可行性研究。这一时期的研发资金投入相当可观，但投入不会产生任何现金收益。由于数字出版产品在技术上、商业上的可行性难以确定，属于高风险区，需要精明的风险资本商对"种子"企业进行"孵化"，快速度过种子期。

在初创期，互联网媒介组织已掌握了新产品的出版、传播等技术及商业模式，但其数字产品的内容、形式以及发布方式等还需要逐步为读者所接受。因此，这一时期互联网媒介组织的投资主要用于形成大规模的内容生产、整合能力，将研发阶段的产品构想进行大规模产业化、市场化运作，以开拓新的出版市场，并进一步完善和发展数字出版技术。这一时期互联网媒介组织对资金的需求远比种子期要大，大约是种子期所需资金的 10 倍以上，虽然它有一定的现金收入，但总的来看，投入仍大于收益。因此，互联网媒介组织一方面出于谨慎考虑，一方面又由于企业没有以往的经营记录，因而会感到市场经营风险仍然比较大，对是否大规模投入难以决断；但对风险资本商而言，由于看到了数字出版的"钱景"，会加大风险投资的力度。

在成长期，互联网媒介组织在出版、传播、服务方面基本上有了成功的把握，新的盈利模式日臻完善，但品牌形象需进一步巩固，以确立数字企业在业界的主导地位。互联网媒介组织要围绕打造企业品牌、新产品品牌甚至作者品牌，将更多的资金用于大量的广告和宣传，以提高知名度和美誉度，同时，大量出版产品销售也需要个性化、特色化的营销及推广，费用巨大。因此，在这一时期，互联网媒介组织对资金的需求达到最高点。由于这一时期影响互联网媒介组织发展的不确定因素大为减少，市场风险和技术风险也随之降低，风险资本会继续加大投入以获得巨额回报。

互联网媒介组织具有高技术、高投入、高风险、高回报的特征，这与风险投资的特点极为契合：风险资本分阶段投入，追求高风险后隐藏的高收益，看重被投资企业的中长期成长潜力及市场发展"钱景"，而非短期盈利能力。最为关键的是，风险资本在每一阶段上的投入都是一种以获取企业一定比例股权为基本方式的权益资本，其退出或转让不影响互联网媒介组织的资金安全。双方这种共同特点为互联网媒介组织引入风险资本、缓解资金压力、化解利益风险提供了坚实基础。

例如，漫画消费平台快看漫画，用条漫打破次元壁，较早获取了大量非二次元用户，最大程度地扩大了漫画用户的边界，开发了全新的漫画用户。快看漫画在2014年12月上线后不到1个月，用户总数突破100万人，迅速获得300万美元的A轮投资。接着在不到一年的时间，用户总数突破1500万人。因此，快看漫画在创立15个月后，再获得包括A轮投资方在内的顶级机构超过1亿元的B轮投资。B轮融资后，用户数再次快速飙升，截至2016年3月，快看漫画的总用户数突破3000万户，MAU突破1100万户，DAU更是突破了350万户。B轮融资的资金集中被用于：①开发原创自制IP，引进国内外优质内容IP，完善平台的内容体系；②继续做极致的用户体验，持续拉大与其他竞品的产品体验差距；③加大对国内漫画家和漫画工作室的扶持力度，实行稿费薪酬改革，提供行业较高的稿费薪酬体系；④挖掘和激励更优质的新人作者和漫画作品；⑤社区运营团队的投入；⑥品牌推广。创业两年多后，快看漫画宣布完成2.5亿元C轮融资，由天图资本领投，红杉资本、今日头条、光信资本、亦联资本跟投。完成C轮融资后，快看漫画的资金主要投入到服务优秀作者、孵化实力IP、提升用户体验、打造优质内容等方面。2017年12月，快看漫画宣布完成D轮融资，由Coatue Management领投、华人文化产业投资基金、襄禾资本等跟投，融资总金额为1.77亿美元，光源资本担任独家财务顾问。截至2017年12月，快看漫画总用户量达1.3亿户，MAU近4000万户，DAU近1000万户。快看漫画签约作品近2000部，签约作者约1000位，成为年轻一代的潮流文化阵地。

**（四）同股不同权制与新合伙人制**

科斯（Coase，1960）在《社会成本问题》一文中认为，产权的界定和产权的安排在经济交易中具有重要性。在效用最大化下，由于存在外部性和市场交易费用，只有在产权明确界定的情况下，相互作用的各方才会利用市场机制，通过合约，寻找到费用最低的制度安排，制度安排的选择以它所能带来的生产价值的增加大于它的运作所带来的费用而定。阿尔钦和德姆塞茨（Armen Alchian and Harold Demsetz，1972）认为，企业的本质是一种合约结构。也就是说，企业的本质是各种生产要素所有者之间契约的集束，企业是所有这些契约的建立过程和执行过程的总和。契约是现代媒介经济活动的纽带，在保护私产和人身自由的经济体内，媒介要素资源的取得和使用实际上是一个订立契约和执行契约的过程。

合伙人制度作为一种古老的企业制度形态，在法律上有明确的定义，在中国或其他主要国家的合伙企业法中，普通合伙人是指共同出资、共同管理企业，并对企业债务承担无限连带责任的人。合伙人既是企业的所有者，又是企业的管理者，还是企业债务和责任不可推卸的责任人。由于风险的无限性，随着现代公司制的兴起，合伙人制度仅在律师事务所、会计师事务所以及私募投行等不需要实物资产，更看重专业人力资本的行业存在。但随着互联网的兴起，一切都发生了变化。首先，庞大的资金需求要求进入风险投资，通常情况下，经过数轮融资后，必定稀释创始人对媒体公司的控制权，必须有一种新的制度安排以保证创始人对媒体公司的控制权。其次，巨大的风险必定要求与巨大的收益相匹配。最后，优秀人才的引进必须有强大的激励机制做保证。显然，传统的、单一的公司制无法满足上述三个基本要求，在公司制架构下再安排一种新的契约形式——一种既保证创始人团队在少数股权形态下依然能保持对媒体公司的实际控制权，又不损害投资人的投资收益权，同时激励优秀人才尤其是核心技术人才团结奋斗的契约——"同股不同权"的 AB 股制度以及新合伙人制度应运而生。

**1. "同股不同权"的双层股权结构（AB 股）的治理架构**

国内赴海外上市的中国互联网科技公司普遍采用了双层股权结构（AB 股）的公司治理架构，例如新浪、搜狐、网易、百度、斗鱼、趣头条、36 氪等，其他未上市的互联网媒体公司，如喜马拉雅 FM、快手、字节跳动等也有类似的契约安排。"同股不同权"的双层股权结构不同于以往"同股同权"的股权安排。"同股不同权"是指公司的股票分为 A 类股份和 B 类股份，A 类股份持有人每股投票权为 10 票，B 类股份持有人每股投票权为 1 票。在这一特殊的股权机制的安排下，创始人持有大部分 A 类股和一部分 B 类股，虽然仅持有少数比例的股权，却因此拥有超过半数比例的投票权。所以，我们看到，互联网媒体公司的大股东很多都不是公司的创始人或创始人团队，但创始人或创始人团队凭借着同股不同权的治理机制依然保持着对公司的实际控制权。"同股不同权"制度兼顾了公司的融资需求和自身对公司的控制权，也能保证公司发展的稳定。例如，据百度向美国 NASDAQ 提交的招股说明书，该公司共发行了 3230 万股股票，分为三类：美国信托凭证（ADR，相当于一股普通股），普通股（A 股）和优先股（B 股，有更大的投票权，为普通股的 10 倍，并可随时转换为普通股如被股东售出，则自然转换为普通股），股票的发行价定为 27 美元。根据 2012 年 9 月 6 日递交的 2011 年报 20F 文件，李彦宏持股 5580928 股，持股比例 16%，其中，李彦宏通过其控股位于维京群岛的 Handsome Reward Limited 持有 5490000 B 类股，其妻马东敏持有 1676667 B 类股。为防范恶意收购，百度将股份分成 A 类和 B 类两种，B 类的表决权是 A 类的 10 倍。从理论上讲，只要李彦宏等创始人大股东持 B 类股在 11.3% 以上，即可获得对公司的绝对控制权。在"同股不同权"实施较多的美国股市，大多数是和互联网相关的新经济公司，除中国互联网科技型公司外，也包括美国本土的互联网科技巨头谷歌的母公司 Alphabet 等。尽管美国股市是对"同股不同权"最开放的资本市场，但目前仍属于非主流。

**2. 新合伙人制度治理架构**

新合伙人制度在互联网科技型公司的制度安排中相当普遍。如前所述，现代互联网科技公司的发展需要插上资本的翅膀，然而，大量资本的涌入又必然削弱创始人或创始人团队的股权控制力，作为掌握互联网科技企业发展核心竞争力（知识和人力资源）的管理团队企图通过创新公司的治理结构，一定程度上否决公司法的"资本多数决定"基本原则，从而实现创始管理团队对公司的控制权和个人利益。以小米科技（集团）（以下简称"小米"）为例。小米自 2010 年 3 月 3 日成立始，就在管理团队内部试行合伙人制度，建立企业内在动力机制。10 年后，创始人雷军正式宣布小米将实行事业合伙人制度。小米合伙人制度不仅是集团核心事项的集体决策机制，也是小米文化价值观和互联网方法论的传承机制；同时还实现了一定程度上的集体分工领导，有利于建立公司内部激励机制，实施专业化、专家化创新管理。小米合伙人制度主要有以下几个特征。

一是小米合伙人制度将公司的控制权在形式上归于九人左右的核心高管团队。根据 2018 年 5 月 3 日小米集团向港交所提交的首次公开发行股票招股书，小米创始人、董事长兼首席执行官雷军持股 31.41%，联合创始人、总裁林斌持股 13.33%，联合创始人、品牌战略官黎万强持股 3.24%，此外，合伙人黄江吉持股 3.2375%、洪锋持股 3.2207%、刘德持股 1.5494%、周光平持股 1.4317%、王川持股 1.1149%。

二是小米合伙人制度体现了吐故纳新的包容性和可延展性，在小米创业早期，一共有八位联合创始人，在小米成立的第 10 年，有三位联合创始人功成身退的同时，又有四位"践行小米使命、捍卫小米价值观"的新合伙人被吸纳到核心团队。

三是合伙人制度与 AB 股架构相结合，有利于合伙人团队保持对公司的控制权。小米招股书显示，公司股本分为 A 类和 B 类股份，其中，A 类股份持有人每股可投 10 票，B 类股份持有人每股可投 1 票，也就是说，通过双重股权架构，雷军通过 31.41% 的持股比例的表决权可以完成对公司的绝对控制。同时，由于合伙人制度和持有的股权结合并不十分紧密，有利于包括创始人在内的现有合伙人实现一部分套现，但依然能继续保有公司控制权。

四是公司的核心控制权由少数合伙人管理团队掌握，在信息不对称的情况下，存在一定的道德风险，客观上不利于对其他股东尤其是公众股东利益的保护，这对市场监管机构也提出了更高的监管要求。

## 第二节 媒介产业经济增长是技术、制度与偏好共同演化的结果

### 一、媒介产业经济增长的共同演化观

演化经济学所倡导的演化增长理论和内生增长模型所揭示的知识、技术是经济增长的内生因素和主要动力的观点是基本一致的，但演化增长理论走得更远。按照演化经济学的观点，为解释持久的媒介经济变化过程，媒介生产要素资源的投入（指新古典经济学给定外生变量条件下的资源配置机制）只是必要条件，而充分条件则来自新古典经济学给定前提的变化，即新偏好的形成、技术和制度的创新以及新的媒介生产要素资源的创造。换言之，媒介经济演化增长关键取决于媒介经济系统中"新奇的创生"。新奇的创生是永无休止媒介进化和媒介增长的原因，因此，新奇的创生在演化经济学的框架中被处理为经济系统内生的。也正因为如此，媒介经济演化增长被看成研究生成的经济学，被定义为对媒介经济系统中新奇的创生、传播和由此所导致的结构转变进行研究的科学，也就是说，在这一视野下，对媒介经济增长的衡量指标更看重因创新引致的媒介经济质的提升以及由此带来的产业结构向更高层级跃升的动态变迁。

从经济学的基本原理看，媒介产品的供给和需求在数量和结构上的匹配、适应是媒介产业经济规律的基本要求，也是衡量媒介产业经济良性发展的主要原则之一。但这种匹配和适应总是因为创新的出现而处在不断变迁的过程中，任何一方的变化必然引起另一方的适应和变化。媒介技术的变革必然产生新的媒介形态、新的媒介产品、新的内容生产传播方式、新的交易方式，其直接结果就是媒介市场供给形态和结构发生了演变，这种演变必然引致用户消费偏好的演化，反之亦然。媒介产品供给和需求的形态与结构演变，实际上是一个硬币的两个面，供给形态、结构的演变需要需求的形态、结构演变来匹配，同样，后者的演变也需要前者的支撑。因此，因创新引致的媒介技术、制度和偏好的演变是媒介产业经济增长的深层次原因。在媒介产业经济演化增长过程中，技术、制度与偏好的演化会相互作用，相互促进，共同决定媒介产业经济的演化轨迹，影响媒介产业经济增长的速度和方向。

根据纳尔逊和温特（1982）的研究，当企业在市场竞争中处于不利地位、不能保证自身继续存在时，就需要搜寻新的生产技术和惯例。搜寻是在已知的技术和惯例中寻找适合自己需要的，创新则是通过研究与开发去寻找原来没有的技术

和惯例，创新意味着改变原有的惯例。因此，媒介技术、制度和偏好的演化过程实际上是媒介产业经济体系内的生产经营参与者之间通过创新、互动学习、复制或者搜寻效率更高、收益更大、竞争力更强的技术、制度和偏好的过程。在这一创新、搜寻和惯例改变过程中，创新交流、学习规则、搜寻方式和更好的收益共同决定了媒介经济体中的互动参与者在演化过程中的"适应度"，并在媒介经济体系中竞争、适应与共生过程中，相互改变、相互适应，共同构成了一幅"适应度图景"。因此，从本质上讲，媒介产业经济增长可以被理解为技术、制度、偏好三者在多主体、多类别和多层级上的互动演化机制，即所谓的共同演化机制。

因此，所谓媒介产业经济增长的共同演化机制，是指作为互动者的两个或多个媒介形态和媒介组织，在不断的创新、竞争和相互影响中的演化轨迹，而这种演化轨迹能够改变彼此的适应图景。这一相互影响的适应图景既是媒介产业经济演化过程的反映，也是媒介产业经济演化层次的表现，这种演化机制既能反映单个媒介的创新机制，也能反映新的媒介子群的形成机制，同时还能反映新媒介子群与原有媒介子群之间的竞争与融合，从而能够更加准确地理解媒介产业经济演化增长的过程和深层次动力机制，并且可以解释传统经济学无法解释互联网媒体经济体中的很多现象。因此，对共同演化机制的深入研究是媒介产业经济演化增长理论的重大主题，也构成了媒介产业经济演化增长理论的核心命题。

关于媒介产业经济共同演化增长的动力，经济学界普遍认为，企业做出改变的动力主要来自对收益的追求。由于媒介组织不仅仅是生产经营的主体，更是信息、知识的传播主体，因此，媒介组织的技术和惯例改变动因既来自对收益的追求，也来自对提高传播力和提升社会主流价值观的追求，如一些报纸、广播、电视等国有传统主流媒体等。因此，媒介经济组织的收益既包括可货币化的收入收益，也包括传播力和社会主流价值观在内的社会价值收益等。从这个角度看，媒介产业经济体的共同演化机制比一般纯粹企业式经济体的共同演化机制更复杂。

根据黄凯南（2013）的归纳和研究，媒介产业经济体的共同演化（动力）机制有两种重要方式[①]。媒介产业经济体的演化也如此，一是通过创新导致媒介产业经济体中的互动参与者的"收益"改变而引起的共同演化，即技术、制度和偏好的共同演化源于各自演化会引起对方"收益"的变化，这种机制可以成为引致性演化机制。当率先进行成功创新的媒介组织获取较高收益时，其他参与者就会搜寻收益更高的技术、制度和偏好，进行转型。例如，当某一技术型媒介平台率先采用"大数据＋算力＋算法"这种技术构建智媒体模式，吸引大量用户规模和流量收益时，原有媒介组织就会搜寻这种融合技术，并进行惯例改进和

---

① 黄凯南：《演化增长：特征及其解释机制》，《光明日报》2013年6月21日。

转型,从而建立共同演化关系。这种因"收益"改变而引致的共同演化轨迹是较为直接、普遍和表层的演化机制。二是改变媒介产业经济体中的参与者的学习规则,从而引起共同演化。相对于收益引致共同演化的机制,学习规则改变引致的共同演化机制更为深刻,更难以解释,因为学习来自人脑的感知和认知模式或学习规则的变化。伴随着知识的增长,参与者的认知和认知模式都可能发生变化。一方面,参与者尤其是拥有技术背景的参与者,对媒介技术、制度和偏好的演化过程的学习会更加自觉、更加全面,理解也会更加理性、更加深刻;另一方面,以内容见长的参与者可能会对技术、制度、偏好演进的认知和学习较为迟缓,对改变获取新技术知识的方式和学习规则更为迫切。因此,较之于收益带来的直接、快速的变化,认知模式和学习规则的变化通常表现得较为缓慢和间接。

## 二、既是演化过程也是演化层次的媒介经济演化增长理论描述

从媒介发展的历史进程看,媒介产业经济的演化增长是非均衡的动态演化过程。媒介产业经济系统是由新闻资讯、娱乐、知识、社交搜索等细分媒介子群构成的,各子群的创新演化则是由媒介子群产业内部的参与主体的创新、竞争、扩散及互动演化构成的。由于创新的不断涌现,媒介经济演化增长过程始终伴随着新的媒介形态、新的媒介类型、新的媒介产品、新的媒介内容生产流程的创生,伴随着媒介产业内和细分媒介产业间的竞争与知识、技术扩散的过程及层次演化。因此,媒介产业经济体实际上是一个多主体、多类型、多层级的复杂系统演化增长体。

将媒介产业经济体增长理解成一个多主体、多类型、多层级的复杂系统演化增长体的见解与纳尔逊和温特的主张是一致的。纳尔逊和温特在1982年出版的《经济变迁的演化理论》一书中认为,经济演化的长期动态由两个搜寻的随机过程决定:第一个过程产生新奇性或发明,作为暂时的私人知识;在第二个过程中,私人知识扩散到其他厂商,并最终变成公共信息。在有几种可供选择的方案时,企业要进行选择。选择过程通过市场机制、以熊彼特式竞争来进行。在熊彼特式竞争下,潜在生产率和增长率高、模仿困难、投资政策有侵略性、技术研究与开发成果优异的企业比其他企业更有优势,生产上也有集中的趋势,从而形成了新的产业结构。也就是说,从复杂的媒介产业经济增长体看,这种演化过程是指作为媒介产业经济实体的单个/私人企业内部演化和作为媒介产业经济实体构成的企业群体在竞争过程指引下的创新与适应过程的统一体,既反映演化过程,也反映演化层次。从演化过程看,要经历三个阶段,即创新产生差异—环境选择和创新扩散—产业宏观结构。这一演化过程实际上也意味着媒介产业经济从微观

到宏观结构的层次演化,这种演化可以描述为三个层次的演进:差异化个体创生,形成新惯例,接受市场选择与竞争;成功的惯例被复制、模仿与扩散,形成新的媒介子群;最终引致媒介产业结构变迁。媒介产业经济演化增长过程见表6-1。

表6-1 媒介经济演化增长的过程和层次

| 演化过程及层次 | 内容 | 指标 | 方式或结果 |
| --- | --- | --- | --- |
| 创新(微观个体) | 创生 惯例形成 (做事的规则、基因) | 技术 产品 组织 市场 | 新媒介个体形成 (水平/垂直创新) |
| 创新(微观个体) | 选择、竞争 | 有效用户规模 单位成本 交易价格 增长率/扩张率 | 新媒介稳定/增长 |
| 扩散(中观子群) | 惯例扩散 | 学习 复制 模仿 | 新媒介种群形成 |
| 扩散(中观子群) | 替代/适应/共生 | | 部分媒介退出市场 原有媒介转型升级 在位媒介多样性 |
| 产业(宏观结构) | 媒介经济结构变化 | | 媒介信息承载力增加 媒介传播力增强 媒介收入结构改变 |

**(一)惯例创新**

按照演化经济学的观点,经济演化增长的核心是"新奇的创生",或者是一种惯例创生或为适应环境进行的惯例改变,惯例即是企业做事的规则。"关于组织的惯例的思想。在任何时候,组织都在它们内部建立一套做事的方式和决定做什么的方式。我们关于惯例的概念与较为正统的关于能力(一个企业能够使用的技术)和选择(正统企业理论的最大化部分)的观念相反,并把能力和选择当作一个企业相似的特点。把企业行为看作受惯例支配,并不是说它是不变的,或者它是无效的,或者它是'非理性的',……最重要的是要认识到,惯例行为的灵活性是范围有限的,而且一个变化的环境可以迫使企业在试图修改它们的惯例时冒生存的风险。"① 对以知识、信息等内容传播为目的的媒体而言，惯例是指媒介组织创造或运用一种或多种新技术，在一定的社会价值规范和组织准则下对原创内容进行记录、存储、编辑加工、制作、分发、交易、互动以及市场开拓的做事法则。从抽象的意义上讲，构成媒介组织惯例本质的内容生产与传播本质是不变的，否则就不是媒体，而是其他类型的社会组织。从这一点看，惯例变迁的方式是生产、传播技术的变革，以及由此导致的内容生产、传播流程和商业逻辑等具象化做事方式的变化。因此，惯例变迁的本质是以技术、制度、偏好为核心的新知识创造和创新。

"新奇的创生"是演化的第一步，是作为企业的单个媒介组织的演化（个体的创生与选择过程），也是最为关键的一步。单个媒介组织的演化主要表现为两种方式：第一种方式是完全创新式演化，表现为异质性的创生，即媒介组织通过技术和制度创新形成一种新的媒介形态、推出新的媒介产品、构建新的组织制度、引导新的市场偏好、产生新的商业模式等；第二种方式是渐进式演化和适应性转型，表现为既有媒介组织依靠技术和制度的渐进式创新，不断进行迭代和转型，提升自身的生产率和市场竞争力。"我们使用了搜寻一词来表示组织的所有那些活动，它们与评价现有的惯例有关，而且它们可能导致修改惯例，导致更急剧的变化，或者导致取代惯例。……在我们的演化理论里，惯例一般起着基因的作用。搜寻的惯例随机地产生变化"②。媒介个体的多样性和人类的试错性创新是媒介产业演化的基础。多样性的表现是差异性或异质性，后者直接来自人类的创新。媒介组织的异质性是某单个媒介组织通过创新至少在一个具有显著意义的特征上出现了差异。由于媒介组织是从事生产经营的主体，一般认为，具有经济意义和效率的异质性主要集中于：新技术知识的发明与运用，用同样的成本生产同一媒介产品或提供同一服务的不同的生产技术，或者媒介组织在不同的媒介产品空间寻找产品或服务创新，并赋予不同的产品或服务特色；创造或引进一种更具效率的企业组织制度；以及寻找未被满足的新偏好并满足之。

创新存在着数量型和质量型两种方式。在水平技术创新模型中，新知识与原有知识之间既非互补关系，也非互相替代关系，因此可以看作是共生关系。经济增长实际上是多种新技术产业化的表现。从媒介经济的角度理解，媒介经济增长就是新技术不断产生新的媒介形态和媒介类型，新的媒介形态和媒介类型不会替代原有媒介形态和媒介类型，媒介形态和媒介类型呈现多样化共存和发展的格

---

① ［美］理查德·R. 纳尔逊、悉尼·G. 温特：《经济变迁的演化理论》，胡世凯译，商务印书馆1997年版，第432页。
② ［美］理查德·R. 纳尔逊、悉尼·G. 温特：《经济变迁的演化理论》，胡世凯译，商务印书馆1997年版，第432页。

局。在垂直创新模型中，新技术对原有技术是毁灭性的，是熊彼特式"创造性破坏"——新知识产品将使老知识产品过时。同样，从媒介经济的角度理解，媒介经济增长不仅是新技术不断产生新的媒介形态和媒介类型的过程，而且新的媒介形态和媒介类型与原有媒介形态和媒介类型存在替代关系，虽然这种替代和竞争关系可能需要存在较长时间，但无论如何，新技术集群必将以毁灭性的方式淘汰原有的媒介形态和媒介类型。

### （二）选择与选择环境

选择过程是演化增长的第二步，一旦新奇被创生或创新出现，就成为被选择的主体，接受来自市场或环境的选择，包括选择、竞争、适应三个阶段。

#### 1. 选择

选择是指在特定的市场环境中，某些媒介组织通过自身独有的特征更好地适应占据主导地位的演化压力，相对于适应能力较差的媒介组织，取得较高的市场地位和市场份额的过程。完整的市场环境不只是企业的内部环境，还包括阅读、听、看、互动等技术环境，购买习惯环境和市场制度环境。在选择环境中，用户的人机交互、阅读、听、看、体验、互动等环境起着主要作用，在数字和网络环境下，用户从生理、心理到行为都会有很多变化，用户偏好的满足变得轻松、普遍。市场制度环境决定着媒介产品和服务的交易价格，从而决定了市场竞争的程度和速度。在选择环境中，媒介组织的内部特征也是极为重要的因素之一。作为选择单位的媒介组织因经济适应性差异，其增长率或扩张速率也会出现差异，从而导致媒介组织呈现差异化的增长，有效用户规模、利润（率）的差异等是衡量标志。"一个组织的选择环境是影响它优裕情况从而影响它扩张或收缩程度的全部考虑。选择的环境部分地决定于所考虑的行业或部门里企业的外部情况——例如，产品需求和要素供给的情况——但也决定于该部门其他企业的特点和行为。不同的增长，在我们的理论里起的作用，与在生物学理论里起的作用非常相似；特别是，群体或遗传类型（惯例）的命运，而不是个人（企业）的命运，是最终关注的焦点，记住这一点是重要的。"[①] 选择环境包括外部环境（市场环境，如产品需求、要素供给、价格等因素）和内部环境（行业内和媒介组织内的环境，如创新引起的变化）。选择环境的变化对媒介组织的成败兴衰有很大影响。当新的异质性出现后，为生存与发展而进行的竞争、选择和适应就从未曾停止过。新老媒介组织通过竞争而产生分化，通过选择以适应市场消费环境。

#### 2. 竞争

媒介组织间的竞争是一种演化式的变迁过程，即所谓的演化竞争：在同样的

---

① ［美］理查德·R. 纳尔逊、悉尼·G. 温特：《经济变迁的演化理论》，胡世凯译，商务印书馆1997年版，第433页。

市场环境压力下,各媒介组织积极努力地试图实现差异化,确立竞争优势,接受市场消费者的选择。在竞争中,决定差异化竞争优势的主要要素有三种:通过现有媒介产品和服务赚取利润的能力;使用所得利润扩展产能以适应市场增长的能力;发展媒介产品、服务范围的技术及开发新市场的创新能力。这种竞争优势可以由异质性形成的单位成本优势来衡量。

3. 适应

面对市场环境变迁,不能适应这一变迁的单个媒介组织必须面对生存压力或生存适应,而生存适应的直接表现就是适应能力。所谓适应能力,是指媒介组织以恰当的方式适应不断变化环境的潜力。在数字化、网络化、平台化及智媒化环境逐步强化的趋势下,客观地讲,所有传统媒体都面临着因适应能力下降而导致的生存适应压力。一部分传统媒体凭借原有市场地位和经济实力开始数字网络化平台化智媒化转型,并逐步适应了新的市场环境,但仍有相当大一部分传统媒体存在的固有劣势使其原有的商业模式不能够应对剧烈变化的市场、技术和商业环境,生存适应矛盾凸显,只有重构生态位,形成互补效应,才能提高适应能力。即重新实施差异化定位,在服务群体、服务方式、产品结构等方面重构异质性,并尝试引进新技术,从而在一个开放、竞争的市场中,在没有政府或其他外力的扶持或保护的情况下,获得市场上可以接受的正常利润率。

(三) 知识/惯例扩散形成媒介子群

扩散则是演化增长的第三步,意味着媒介新子群的形成以及各媒介子群间融合的加深。从个体群层次来看,任何个体的决策,无论是创新、模仿或保守,都会影响到个体群中其他个体的行为。个体对创新者是模仿还是反对,依赖于群体中有多少成员已做了这种选择,依赖于个体对报酬递增效应的理解。当创新导致创新者产生收益递增和竞争力增强时,这一显著变化必然引致模仿、学习甚至复制,同时,创新者也会将成功的惯例进行复制、扩散,两者的共同作用导致新子群的形成。此外,从创新个体中游离出来的原雇员在独立创业时,也会复制创新个体的惯例,导致创新扩散的发生。

创新扩散的特征主要有三点。其一,扩散表现为知识扩散。所谓知识扩散,是指在经济上有用的知识在媒介组织之间以不付费的方式转移。格里奇斯(Griliches,1991)认为,在讨论知识扩散对生产增长的意义时,主要关注研发的溢出作用。知识扩散的观点至少可以追溯至马歇尔,他在研究企业群集时,考虑了企业间知识扩散的重要性。在内生增长理论中,递增报酬来自经济中知识的扩散,扩散的成本至少要低于创新的成本才能导致经济的递增报酬,才能达到持续增长。创新的扩散对增长的意义还体现在如果技术扩散的成本低于技术创新,则部分媒介组织就能通过模仿而转型。其二,知识扩散的过程呈逻辑斯蒂 S 形曲线,即遵循所谓的传染病模型。在知识的扩散中,得到扩散的是有关技术本身的信息。在一项创新尚未被广泛采用之前，媒介组织关于该创新的信息很少，因此需要冒很大的风险。随着更多的媒介组织采用这项创新，提供给潜在采用者的信息基础增大，同技术有关的风险相应减少，因此，扩散速度加快。其三，随着潜在的采用者数目的减少，扩散的速度就会逐渐地减少，直到这一过程终止。相关研究表明，这一扩散过程呈现出逻辑斯蒂S形曲线，例如亨德里对收音机、黑白电视机、彩色电视机的扩散速度研究。但传染病模型描绘的是无摩擦世界，技术流动是无障碍的。最后，知识扩散是需要成本的，巴罗和萨拉·伊·马丁（Barrow & Martin, 1995）通过引入国际技术扩散模型显示，长期中经济增长由领导国的技术发现驱动，而由于模仿的成本低于创新的成本，跟随国将趋于领导国。这表明，（媒介）技术扩散不可能是无成本的，模仿成本并不能忽视，一般为创新成本的60%～90%，依据（媒介）产品不同而差异较大。

（四）子群演化

创新的扩散导致媒介产业内部存在由多个参与主体互动构成的子群体，这种互动伴随着技术、制度和偏好的共同演化，会产生一定的融合。同时，子群内部的单个媒介组织也存在着激烈的价格竞争和内容产品竞争，影响媒介组织的生产率和效益，而市场机制促使高效益媒介组织扩张和低效益媒介组织收缩，也伴随着新媒介组织的进入和落后媒介组织的淘汰。在这一过程中，媒介产业内的子群的增长率是不同的，子群的增长率可以通过媒介产业子群不同技术形态的媒介组织的平均增长率来描述。同样，伴随着技术、制度和偏好的共同演化，媒介产业子群内不同技术形态的媒介组织的增长率也发生变化，在生命周期的不同阶段，整个媒介产业子群内部的技术结构、制度结构和偏好结构都可能存在明显的差异。

（五）媒介产业经济结构变迁

最后，随之而来的是媒介产业经济结构发生改变。由于水平技术创新会导致新质的媒介形态、媒介产品出现，但通常不会对原有在位媒介形态、媒介产品产生替代，因此，会导致媒介产业中出现多样化的新格局，媒介产业经济表现为量的提升。但垂直技术创新具有替代性，属于熊彼特式竞争。由于熊彼特式竞争是基于产品和服务的竞争，具有毁灭性，旧的、落后的、无法适应市场新偏好的媒介组织、媒介产品和媒介技术将被市场抛弃，因此，媒介产业经济表现为质的飞跃。两种创新模式的公正将促使媒介产业经济同时在数量和质量上得到提升。

与传统的微观经济学认为的将微观个体简单加总就是宏观经济的看法不同，演化经济学更注重结构性变化，认为如果"相互联系的规则和相互联结的群体呈现出某种结构特征,就可以被看成是宏观领域"①。规则是无形的,体现的是经济结构的定性特征,群体结构是有形的,可以被观测并用统计方法来描述,体现的是定量特征。演化经济学依靠这种无形和有形的结构性关系的变化,来考察经济增长的核心事实,即结构转换就是经济增长的核心事实。媒介经济系统内部的结构区分一般是以业态来划分的,业态是指媒介组织运用一定的技术和组织制度,通过媒介产品的技术结构及服务功能、成本、场景设计等具体方式,满足市场新偏好的经营形态。其中,技术和组织制度是核心,是规则;技术结构及服务功能、成本、场景特征等要素是技术和组织制度的具体形式表现,是实体。市场通过规则的复制、学习和模仿,形成新的媒介子群体,从而构成媒介经济系统内新的群体结构形态。因此,媒介子群体间的市场结构关系变化既能反映媒介产业的宏观演化,也能反映媒介产业的结构变化。

总之,媒介产业经济体演化增长的过程和层次揭示的基本规律是:单个媒介组织在媒介产品/偏好、组织/制度、生产方法/技术上的创新产生异质性,市场评价这种异质性,并把它转化成盈利可能性,竞争选择的动态过程又把这种盈利可能性转变成不同程度的增长,显著的盈利性和环境的压力引致其他媒介组织模仿、学习、复制,形成新的媒介子群,再通过市场机制进行选择、竞争和适应,随之而来的则是媒介市场的结构变迁。只要媒介组织不断挖掘市场偏好,不断进行技术创新或致力于新技术引进,并辅以适当的制度安排或制度协调,媒介产业经济的演化增长就不会停止。

## 第三节 新闻及娱乐媒介产业经济演化增长的实证描述与分析

### 一、美国新闻媒介产业经济的演化增长

美国新闻产业十分发达,媒介多元化的特征比较明显,竞争比较充分,其变化趋势能够反映偏好、技术、数据、制度等因素的变迁所带来的影响,反映新闻产业结构变动,进而反映新闻产业经济的增长状况。

**(一)用户对新闻媒介的偏好演变**

美国新闻产业结构构成泾渭分明。除美联社等全球知名的通讯社外,美国传

---

① [瑞士]库尔特·多普弗主编:《经济学的演化基础》,锁凌燕译,北京大学出版社2011年版,第41页。

统新闻机构的影响力也十分强大。美国三大有线电视新闻频道（CNN、Fox News 和 MSNBC）是很多美国人获取新闻的重要渠道，以《纽约时报》《华盛顿邮报》《华尔街日报》《时代周刊》等为代表传统新闻报刊也是美国新闻版图中的重要力量。美国的广播新闻形式也十分多元，主要由传统的无线电广播（AM/FM）和数字广播（如在线电台和网络播客）组成，而 ABC、CBS 和 NBC 三家网络电视媒体是晚间新闻收视的典范。此外，还有 BuzzFeed、VICE、《赫芬顿邮报》、雅虎（Yahoo）等这类原生互联网新闻媒体新锐。但随着谷歌、脸书、推特等搜索、社交媒体的兴起，美国人消费新闻的媒介渠道不断转向互联网媒介，尤其是社交平台，对互联网数字新闻媒介特别是算法新闻媒介的偏好不断攀升。

美国人对新闻媒介消费偏好的变化过程和趋势得到了皮尤研究中心发布的历年调查数据的验证。1995 年，由于互联网的商业化处于发端阶段，受设备、网速、成本等因素的影响，只有 2% 的美国人通过互联网获取新闻，当时的频率只是 1 周 3 天而已；然而仅仅 5 年之后的 2000 年，随着互联网商业化的加速普及，PC 迅速进入普通家庭，以及原生新闻网站的创立，互联网消费新闻的人口比例就增加到了 23%。进入移动互联网时代后，手机及平板电脑等智能终端普及到个人，进一步加速了互联网新闻的消费。截至 2018 年 6 月，皮尤研究中心的调查数据显示，已经有 93% 的美国成年人通过网络获取和消费新闻。[①]

对皮尤研究中心的调查数据进一步分析后发现，美国人新闻消费方式转向移动互联网媒介的变化趋势十分明显。2016 年，大约有 45% 的用户专门上网搜索新闻，另外的用户是在进行其他上网行为时，查看了新闻内容。进入移动时代后，移动新闻偏好占据统治地位，用户获取新闻的渠道转向了移动端。2018 年，88% 的美国成年人至少在某些时候通过移动设备获得新闻，这一数据远高于 2016 年的 72% 和 2013 年的 54%。[②]

**（二）算法新闻媒体子群的兴起**

用户新闻媒介消费偏好的变化直接源于技术创新和对新闻传播新惯例的采用。美国互联网科技巨头依靠技术、数据优势创建社交、搜索、短视频、播客等媒介产品矩阵或嵌套平台，使用户产生了强大的技术体验感和互动感，增强了用

---

[①] 腾讯传媒：《一年收入达 47 亿美元，Google 是如何利用新闻内容获利的?》，发布日期：2019-07-05，https://36kr.com/p/1723967930369，访问日期：2019-10-12。

[②] 中国人的新闻媒介偏好也经历着相同的变迁。2019 年 11 月 16 日，中国人民大学国家发展与战略研究院发布《5G 时代中国网民新闻阅读习惯的量化研究》，并指出，在受访者中，阅读新闻使用最多的终端是智能手机，占 99.82%。研究还显示，受访者每天获取新闻信息，75.25% 来自微信群，39.02% 来自抖音，26.61% 来自今日头条，20.03% 来自微博，纸媒、电视和其他只分别占 0.68%、6.56% 和 4.24%。

户黏性，而用户黏性带来的海量用户规模又产生了强大的网络效应和数据优势，为互联网科技巨头将算法引入平台奠定了基础，在"数据+算力+算法"的推动下，传播效应和流量优势显露无遗。例如，脸书的新闻信息流算法的进化速度非常快，对任何一条动态，由计算用户评论或者分享的概率到判断用户是否会认为这是有信息量的概率的预测，再到现在预测用户对一条视频可能会观看多久或者一篇文章会阅读多久。脸书的算法模型通过调整一些判断变量价值的权重，还可以从预测用户有多大可能性会阅读某篇文章，或是某个视频会看多久，到现在预测用户有多大可能就此与朋友交流讨论。推特则基于算法指标的处理，将不需要根据内容的调性或者倾向性判断的政策推及全球范围的用户。Google News 也推出 AI 算法解决方案，针对相同的新闻信息，算法能为用户提供广阔的视野，尽管 Google News 会根据用户的兴趣口味来推送文章，但是它更致力于向用户展示所谓的"完整的新闻故事"，而非断章取义，并且推送给相关用户的都是一样的新闻内容，而非像脸书的新闻信息流那样"千人千面"；Google Newscasts 则利用人工智能算法为用户预告新闻，展示值得用户期待的新闻内容，Google Newscasts 的价值在于可以让用户直接发现自己感兴趣的观点，从而进一步阅读新闻；Google 旗下的油管推出的算法新闻内容对于视频平台同样重要。

### （三）美国传统广播电视报纸新闻媒介群

美国传统新闻媒介是新闻内容的主要创造者，这一点毋庸置疑，这也是这类新闻媒介存在的主要逻辑，但由于技术、数据等方面的牵制，在传播方式和商业利益上裹足不前，竞争力不足的缺陷开始显现，其中，纸媒新闻业甚至受到了熊彼特式竞争的"毁灭性"冲击。

#### 1. 有线电视和网络电视新闻

据 SNL Kagan 估算，有线电视新闻媒介虽然收视率下降，但收入和利润依然保持较好的增长趋势，从更长期的趋势看，2006—2017 年，即便是在移动新闻媒体兴起之后，也一直保持平稳增长状态，这说明美国有线电视新闻媒体的发展前景依然良好。相较而言，三大金融频道即美国消费者新闻与商业频道（CNBC）、福克斯商业频道（Fox Business）和彭博频道（Bloomberg）的广告和牌照收入保持平稳，增长不明显（如图 6-1 所示）。

与有线电视新闻媒介一样，网络电视新闻媒介也出现了收视率下滑的状况，但收入和利润依然保持平稳。来自 comScore TV Essentials 的数据显示，2017 年，ABC、CBS 和 NBC 三家网络电视媒体的晚间新闻收视与 2016 年的 560 万相比下降了 7%，共计 520 万。其中，早间新闻栏目的收视率有 10 个百分点的下降，但收入和利润方面则保持平稳，根据 Kantar Media 披露的数据，三家网络电视媒体的晚间网络新闻节目 2017 年的广告商支付数额达到 55.2 亿美元，早间新闻的广告商支付亦与 2016 年基本持平，稳定在 11 亿美元左右。

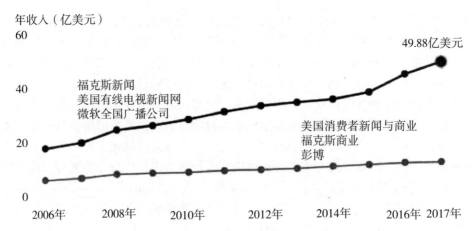

图6-1 美国有线电视新闻频道的年收入呈增长趋势（2006—2017）

资料来源：皮尤研究中心：《美国新闻媒体行业核心数据及趋势：谁在增长？谁在衰落？》，吴静雅编译，发布日期：2018-08-14，https://new.qq.com/omn/20180814/20180814A1MB2I.html，访问日期：2020-08-20。

### 2. 广播和音频新闻

在2008—2018年间，美国新闻广播和音频新闻媒介的消费出现了分化走势。网络播客新闻保持了增长趋势，而传统的无线电新闻仅维持了平稳的收入增长。调查数据表明，在收听量方面，在2017年有90%的12周岁以上美国人在一周之内收听过无线广播，这一数据与2009年的数据不相上下。而收听网络广播的用户比例却在持续增长，Edision Research & Triton Digital 的报告数据显示，截至2018年初，12周岁以上的美国人中，有64%在过去一个月之内收听过网络广播，57%在过去一周之内收听过网络广播。而在2017年，这两个数据分别为61%和53%，可见网络广播的收听量保持了稳定增长。同时，车载网络广播的收听量也实现了稳定增长，2018年，有44%的美国手机用户曾在汽车内使用手机收听网络广播，而2010年的这一比例只有6%。播客的收听量则出现了"雪崩式"的增长。2018年的调查数据显示，12周岁以上的美国人中，有44%的人曾经收听过播客，有26%的人曾经在过去一个月之内收听过，而在2008年，这个比例只有9%。令人惊讶的是，有17%的人表示在过去一周之内收听过播客，在2013年这一比例只有7%。至于收入方面，皮尤研究中心的分析表明，2017年广播新闻行业的总体收入保持稳定。在2011—2017年，每个新闻基站的年收入保持在2100万美元和2300万美元之间浮动，而网络广播和播客的增长趋势是明确的。（如图6-2、图6-3所示）

第六章 媒介产业经济演化增长

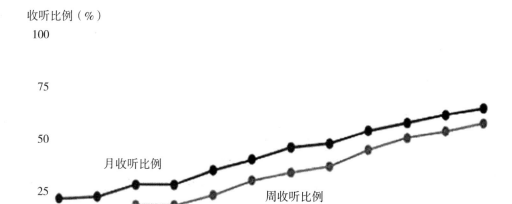

**图6-2 2008—2018年美国在线广播新闻周收听和月收听趋势变化**

资料来源：皮尤研究中心《美国新闻媒体行业核心数据及趋势：谁在增长？谁在衰落？》，吴静雅编译，发布日期：2018-08-14，https://new.qq.com/omn/20180814/20180814A1MB2I.html，访问日期：2020-08-20。

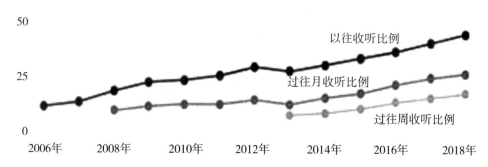

**图6-3 2006—2018年网络播客新闻周收听和月收听趋势变化**

资料来源：皮尤研究中心《美国新闻媒体行业核心数据及趋势：谁在增长？谁在衰落？》，吴静雅编译，发布日期：2018-08-14，https://new.qq.com/omn/20180814/20180814A1MB2I.html，访问日期：2020-08-20。

### 3. 新闻报纸

自20世纪初以来,美国报业新闻的发展状况有喜有忧,但忧大于喜。数字化、网络化转型使美国各报业集团旗下的新闻网站的浏览量和订阅量保持了稳定增长,但纸质报纸的持续衰落趋势已不可逆转,从而使报业的总体收入和订阅量都出现大幅下滑,周报的发行量也有所下滑。

首先,从发行量上看,从图6-4显示的运行趋势数据可以看出,报纸发行量在互联网大规模商业化之前,一直保持平稳状态,但在1990年后开始下降,在移动互联网兴起后,呈现断崖式下跌。然而也有例外,《纽约时报》和《华尔街日报》在其发布的数据统计中声明,2017年,《纽约时报》的数字订阅量增长了42%,《华尔街日报》增长了26%。

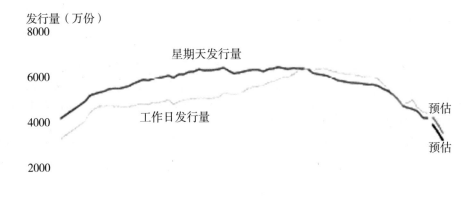

**图6-4　1940—2010年美国报纸发行量变化趋势**

资料来源:皮尤研究中心《美国新闻媒体行业核心数据及趋势:谁在增长?谁在衰落?》,吴静雅编译,发布日期:2018-08-14,https://new.qq.com/omn/20180814/20180814A1MB2I.html,访问日期:2020-08-20。

其次,从收入上看,数据同样表明了互联网新闻媒介对传统新闻媒介的冲击,对报业的冲击比对广电冲击的程度更大。从图6-5显示运行数据趋势可以看出,报纸的发行收入和广告收入在移动互联网兴起后,也出现了"雪崩式"下跌。结合图6-4的趋势,可以得出一个结论:传统纸质新闻媒体受到了熊彼特式"毁灭性"的冲击。

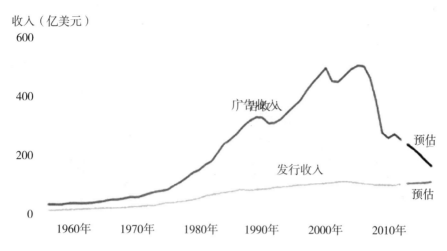

图6-5　1960—2017年美国报业广告收入和发行收入的变化趋势

资料来源：皮尤研究中心《美国新闻媒体行业核心数据及趋势：谁在增长？谁在衰落？》，吴静雅编译，发布日期：2018-08-14，https://new.qq.com/omn/20180814/20180814A1MB2I.html，访问日期：2020-08-20。

**（四）网络数字新闻**

为进一步比较传统新闻媒体和互联网新闻媒体的结构变化，我们有必要按照技术特征和传播方式，将上述传统新闻媒体中的数字新闻媒体业务分离出来，连同原生互联网新闻媒体及社交、搜索平台归类为网络数字新闻进行分析。

在美国，有93%的成年人每天会从网络渠道获取新闻。美国网络数字新闻媒体可分为两类：传统新闻媒体和互联网新闻媒体。总的来看，在新闻媒介产业经济结构版图中，包含网络数字新闻在内的所有数字媒体的广告收入都在持续增长，而互联网科技媒体公司在新闻的传播和资本的流通中扮演了重要的角色。

首先，在新闻媒体的商业运营上，尽管数字新闻媒体触达用户的传播方式多种多样，但都逐渐融入了技术特征，试图平台化，并和社交、搜索平台保持合作，力图保持新闻传播渠道的多样化。一是新闻媒体机构开发自己的App、月报、播客和类似于Apple News这样的信息平台。相关数据表明，各家新闻媒体除了推出安卓、苹果系统的App外，有83%的媒体提供月报，86%的媒体在Apple News上供应内容，71%的媒体生产自己的播客，并有63%的媒体支持对文章的在线评论。二是新闻媒体机构乐于通过社交媒体平台传播自己的原创新闻内容。相关数据表明，所有新闻媒体机构都开设了自己的脸书和推特主页，94%的媒体拥有油管频道，89%的媒体拥有Instagram主页。原因不言自明，社交媒体平台拥有庞大的全球用户群和超强的传播力、渗透力、互动力。相关数据表明，截至2018年5月，Google News在美国每月拥有约1.5亿的访问量，整体远远高

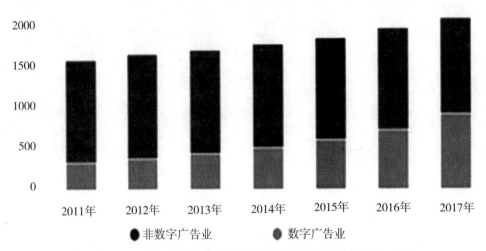

图6-6 2011—2017年美国新闻行业数字和非数字广告收入比例

资料来源：皮尤研究中心《美国新闻媒体行业核心数据及趋势：谁在增长？谁在衰落？》，吴静雅编译，发布日期：2018-08-14，https://new.qq.com/omn/20180814/20180814A1MB2I.html，访问日期：2020-08-20。

于《赫芬顿邮报》（1.1亿）、CNN（0.95亿）和《纽约时报》（0.7亿）等顶级新闻出版机构。2018年，用户在线获取新闻的主要平台之一的油管平台上保持活跃的全球注册用户达到18亿，而且2018年的一项调查发现，美国20%的在线新闻消费用户使用的是油管平台；与此同时，皮尤研究中心2018年的一项研究数据也发现，近1/4的油管用户会从该平台获取新闻内容（38%），而这一数据在2016年仅为21%。

其次，美国新闻媒介总体广告收入结构发生了巨大变化。这一变化有以下几个特征。一是美国互联网数字媒体新闻的收入保持增长，移动广告的增长趋势尤为强劲（如图6-7、图6-8所示）。

根据eMarketer的估算，2017年的美国数字广告收入达到900亿美元，占所有广告收入的44%，与2016年（720亿美元，37%）相比有较大的增长。移动广告收入在2017年保持了增长趋势，从2016年的470亿美元增长到610亿美元。虽然网页广告也在2017年实现了增长，但移动端广告占所有数字广告收入的3/5。[①] 二

---

[①] 皮尤研究中心：《美国新闻媒体行业核心数据及趋势：谁在增长？谁在衰落？》，吴静雅编译，发布日期：2018-08-14，https://new.qq.com/omn/20180814/20180814A1MB2I.html，访问日期：2020-08-20。

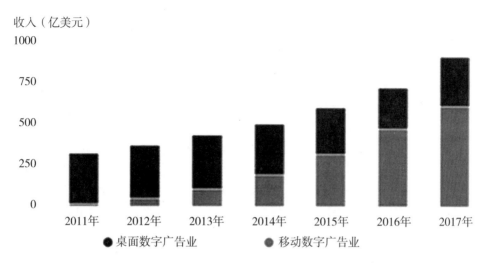

**图 6-7　2011—2017 年美国移动广告收入和非移动广告收入及比例**

资料来源：皮尤研究中心《美国新闻媒体行业核心数据及趋势：谁在增长？谁在衰落？》，吴静雅编译，发布日期：2018-08-14，https://new.qq.com/omn/20180814/20180814A1MB2I.html，访问日期：2020-08-20。

**图 6-8　2018 年数字、电视、广播和印刷等各类媒体广告收入预测增长率**

资料来源：Vincent Létang, Lucas Shaw《美国 2018 年媒体广告收入将创 2000 亿美元历史新高》，陈梦甜编译，http://new.qq.com/omn/20181015/20181015A1UVMM.html?pc，访问日期：2019-10-19。

是分化严重，社交媒体平台优势巨大。据 eMarketer 的估算，2017 年，数字广告市场依旧被几家互联网社交及搜索巨头占据，脸书占 39%，谷歌占 13%。除了这两家之外，没有其他占市场份额超过 10% 的公司。在移动广告市场，脸书占行业总收入的一半左右，除脸书外，也没有其他占市场份额超过10%的公司。[①]

最后，互联网数字新闻媒介和传统新闻媒介的分化趋势在今后将持续强化，新闻媒介产业经济格局将持续演化。2018年，美国数字媒体广告收入持续增长，实际收入达到1070亿美元，同比增长16%，首次超过传统媒体广告销售额，占美国广告总销售额的51.5%。根据MAGNA和彭博社（Bloomberg News）的数据，2018年，美国社交媒体广告收入较2017年增长32.6%，在线视频广告收入增长24.7%，搜索广告收入增长15.8%。在具体细分媒介领域，与用户移动媒介偏好相适应，移动媒体广告增长强劲。来自皮尤研究中心的数据显示，移动数字广告2018年增长30%左右，达到700亿美元，超过了电视广告收入，是PC电脑广告收入的两倍。与此同时，纸媒和广播广告收入持续下跌，据MAGNA的数据，2018年，美国纸媒广告收入下降17%，至149亿美元，日报（-18%）和杂志（-16%）也出现类似趋势。纸媒来自数字业务的广告收入目前占总广告收入的1/3，尽管仍然保持着一定比例的增长，但远低于互联网数字广告（主要是搜索和社交媒体广告）的增长率，不足以抵消传统印刷广告收入的大幅下降。将纸媒广告与其数字业务的广告收入结合起来，纸媒2018年的广告总收入下降了11%。

### （五）传统新闻媒体机构的数字化转型有待观察

如前所述，由于社交媒体平台的强劲表现，新闻媒体机构往往通过和社交媒体的合作以期获得新闻传播力并导入流量，但这种合作通常以免费提供新闻内容的方式进行。这样就产生了一个问题，免费新闻内容的价值很难被精确衡量，结果是给合作双方带来的好处尤其是商业收益难以量化判断。例如，据研究者推断，2018年谷歌通过Google News获得7亿美元收入，通过Google Search获得40亿美元收入，新闻媒体机构提供的新闻内容给谷歌创收47亿美元。同时，新闻内容不仅提升了谷歌的用户参与度和活跃度，增加了巨额流量，而且给谷歌带去了不可估量的巨大的数据价值。也就是说，来自新闻媒体机构的原创新闻内容不仅有助于提升Google Search搜索结果的新鲜度和质量，还有助于维持谷歌不断改进其技术功能，最终有助于建立起用户对其产品的信任并长期留存在谷歌的产品生态系统中。其他社交媒体巨头脸书、推特等从新闻媒体机构的原创新闻内容中获得的益处也一样。另外，苹果公司在这种合作中的角色也十分引人注目。Apple News+是一款为iPhone和iPad用户提供热门新闻高端产品，Apple News+包括《人物》《名利场》等杂志、《洛杉矶时报》《华尔街日报》等报纸，以及

---

[①] 皮尤研究中心：《美国新闻媒体行业核心数据及趋势：谁在增长？谁在衰落？》，吴静雅编译，发布日期：2018-08-14，https://new.qq.com/omn/20180814/20180814A1MB2I.html，访问日期：2020-08-20。

*Vox*、《纽约杂志》等在线出版物。用户可以每月9.99美元的价格阅读300多种顶级出版物。用户只需每月支付9.99美元，便能阅读超过300款覆盖生活方式、杂志、美食等各类型的付费杂志，甚至包括《洛杉矶时报》《华尔街日报》等传统数字媒体推出的付费内容。

但这种合作似乎并没有让新闻媒体机构更满意。互联网新闻媒体机构单一的商业模式严重依赖于由脸书、推特和谷歌等科技媒介公司控制的数字发布平台，但这些社交媒体平台似乎没有给新闻媒体机构提供商共生的经济动机，因而，这种合作可能并不长久。《纽约时报》和《华盛顿邮报》率先否认了这种模式。据《纽约时报》公布的2018年第四季度的财报，其业绩超出预期。当然，业绩增长的原因并不是印刷广告的重新振兴，事实上，印刷广告收入从2017年到2018年下降了6.5%，而纸质报纸订阅总收入2018年只增长了3.4%；但该公司的数字业务正在蓬勃发展，《纽约时报》发布财报的数据表明，2018年其数字收入为7.09亿美元，主要得益于数字订阅收入增长了17.7%。《纽约时报》在2018年第四季度新增数字用户26.5万户，使数字用户总数达到340万户，比2017年底增长了27%；预计到2020年，数字收入将达到8亿美元，到2025年，数字用户将达到1000万户。《纽约时报》的数字化商业模式很简单：提供人们想读的新闻，免费让用户先尝试，然后让用户付费。到目前为止，《纽约时报》似乎运行得很好。

《纽约时报》的数字化商业模式取得了短暂的胜利，能否持续还待观察，但它确实提供了一个可供参考的范例。无论如何，从创新和演化增长的角度看，真正的胜利者只有一个——创新。不断的创新推动新闻产业实现技术上质的飞跃，拥有更好的传播方式和更广的传播范围，实现更便捷的新闻消费和更民主的用户互动。当然，还能够获得更多的广告收益，从而完成新闻产业经济在质和量上不断进化。

## 二、美国视频产业经济演化增长的实证描述与分析

### （一）用户偏好的演化

自20世纪80年代以来，预约观看电视节目是美国用户选择视频消费时的主流偏好。随着有线电视广泛普及，成就了Comcast、时代华纳、Viacom、哥伦比亚广播公司（CBS）等电视巨头公司，它们的传统电视服务业务横跨内容制作和内容整合领域，内容分发渠道的集中度也非常高。截至2017年，Comcast、Charter、DirecTV和Dish等七家电视巨头一度占到传统电视近90%的市场份额，最终导致传统有线电视付费价格居高不下以及捆绑销售的出现。高昂的价格、繁多的广告、客户体验差等引起人们对传统电视服务的不满。

流媒体视频的出现源自数字网络技术的商用化所形成的互联网平台，以及基于"数据+算力+算法"的大规模运用。自1984年后，随着VCR尤其是DVD等技术的商用化，数字视频碟片播放一度短暂地走进普通家庭，人们仅仅依靠电视获取视频的偏好发生了些微的变化。真正的变革出现在2007年以后，奈飞、Snapchat等互联网流媒体视频平台的涌现激发了人们对传统电视价格垄断和体验不佳的不满情绪，用户逐步选择流媒体视频平台观看视频，而良好的技术体验、丰富的视频源和合适的订阅价格也进一步强化了这一选择。随着奈飞、Snapchat等流媒体视频平台用户规模的扩大，网络视频平台形成了网络效应，个人偏好真正发生了变迁，迅速促成了互联网流媒体视频产业的崛起。

视频用户的这一偏好变迁得到了来自美国最流行的电视节目收视人数的逐步走低的变化趋势数据的印证。来自Snapchat网站的调查数据表明：收看电视节目的观众，20世纪80年代为1.25亿人，90年代为0.94亿人，21世纪00年代为0.80亿人，10年代为0.42亿人；到2018年时，收视率最高的电视节目的观众人数仅为0.27亿人。从总的趋势上看，电视节目观众减少的变化趋势也得到全球数据的支撑：全世界用户观看电视节目的时长从20世纪50年代的最高的35%持续下降到2016年的不足10%，已经下降到历史低点。[①] 这其中在2000年以后经历的两拨显著下降，都与互联网视频的兴起直接关联。可以预计，随着马斯克星链计划的正式商业化，移动互联网将覆盖边远和偏僻地区，使用移动智能设备的用户将进一步增长，传统电视节目观众人数继续走低的长期变化趋势会持续下去。

尽管用户从传统电视获取视频的人数和时长在显著下降，但并不意味着用户观看视频的人数和时长在下降。据调查，2018—2019年，视频占媒体使用总量的一半以上（中国占70%），用户观看视频的人数规模和时长的增长速度比其他所有类型的媒体都快，在媒介使用时间中，每11小时就有6小时用于观看视频，而且这一趋势没有放缓的迹象。导致这一结果背后的原因就是流媒体视频平台为用户提供了更多的观看选择和高质量的内容，并最终成为人们观看视频的主要来源。这一变化趋势也得到了来自Snapchat的一项旨在对美国不同年龄段人群媒介使用主题的相关调查数据的支撑。调查数据表明了如下趋势（如图6-9所示）。

首先，成年人平均每天使用移动视频的时长从2013年开始持续上升，而传统电视则持续下降，形成了此消彼长的效应，至2019年，移动视频的使用时长超过传统电视的使用时长，在坐标曲线上形成了明显的"剪刀差"走势。其次，移动端App视频使用时长持续增长，美国成人平均每天花将近1个小时在手机上

---

① Julia Berk：《从Snapchat白皮书看视频帝国变迁史》，孙敏译，发布日期：2019-06-03，http://kuaibao.qq.com/s/20190603A0JEOQ00?refer=spider，访问日期：2020-09-23。

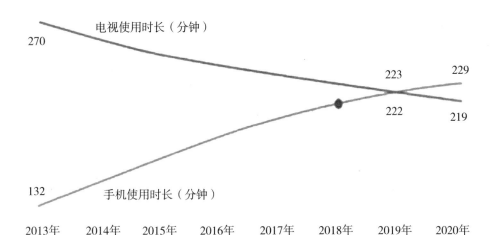

注：2018年后的时间为预测数。

图6-9 美国成人平均每天花费在电视和手机上的时间趋势

资料来源：Julia Berk《从Snapchat白皮书看视频帝国变迁史》，孙敏译，http://kuaibao.qq.com/s/20190603A0JEOQ00，访问日期：2020-09-23。

观看视频；更为重要的是，"千禧一代"和"Z世代"引领了这一趋势，他们每天的手机使用时间为将近5个小时，其中37%的时间都用于观看视频，近2/3（65%）的"千禧一代"和"Z世代"表示，他们在2018年增加了观看移动视频的数量。所谓得年轻人者得天下，年轻一代对流媒体视频，尤其是移动视频的偏好，会持续发酵，未来趋势的走向已经不言自明了。

用户将流媒体视频使用增加的原因归结为技术、视频内容以及互联网使用偏好的不断增长。来自Snapchat的调查数据显示：青少年和年轻人认为移动视频是一种受欢迎的消遣方式（92%同意），这有助于他们发现新的兴趣点（89%同意）并让他们了解"内情"（83%同意）——而这一系列因素都能让他们在观看视频后产生积极和振作的感受（88%同意）。移动内容的观看量也非常个人化，个人兴趣是视频观看量的最大影响因素。同时，流媒体视频平台的搜索、发现和聚合等技术功能特性是促进移动视频情感优势的关键，通过简单的搜索功能或个性化的推荐来帮助用户找到想要的内容，能够促进用户较高的视频参与度与互动率。

**（二）流媒体视频平台的创生**

用户偏好的变化与流媒体视频平台的创生与演化息息相关。油管、奈飞等在其中起了关键作用，而奈飞的影响尤为显著。

1988年，具有数学基因的哈斯廷斯拿到了斯坦福大学计算机科学的硕士学位，开始了创业历程。1997年，哈斯廷斯建立一家线上的租赁网站，让顾客在家即可选择他们想看的DVD，下单后以快递的方式"隔夜送达"。进入21世纪后,哈斯廷斯引入算法—电影匹配 CineMatch 技术,使每一个顾客都能及时通过网站搜索引擎功能和"电影匹配"功能快速选出适合自己喜欢的 DVD,网络影碟租赁业务一度达到顶峰。2005 年,流媒体视频网站油管成立,哈斯廷斯预感到变革即将来临,免费视频播放应用程序将会大行其道。2006 年,哈斯廷斯开始自我革命,2007 年,奈飞上线了流媒体视频业务。2011 年,哈斯廷斯将奈飞影碟租赁业务彻底剥离,从此成为一家只提供在线流媒体服务的视频平台,并逐步将市场拓展到了英国、加拿大、巴西、澳大利亚等 190 多个国家和地区,完成流媒体视频业务和全球化市场的转型。

2013 年是奈飞铸就辉煌的一年。奈飞利用大数据和算法对视频网站的搜索词进行清洗、标签,追踪出 BBC 出品、政治剧、凯文·史派西以及大卫·芬奇这几个关键词具有极高的热度,然后将其融为一体,进行作品的构思和创作,并斥巨资投入此后风靡全球的自制剧《纸牌屋》的拍摄,由此创作出了具有互联网媒体时代高质量剧集标志性意义的开山之作。这种将"技术+数据+偏好+内容"融为一体的内容产品生产方式,不仅开创了一个时代,而且彻底颠覆了传统影视行业的内容生产观念。这背后的原因在于奈飞对技术研发的重视以及巨额投入,奈飞在 2015 年的技术研发投入为 6.51 亿美元,2016 年为 7.80 亿美元,2017 年为 9.54 亿美元,2018 年达到 12.22 亿美元(见表 6-2)。在"数据+算力+算法"的智能媒体发展趋势下,这种技术研发投入是流媒体视频平台成功的基础条件。

表 6-2 奈飞 2013—2018 年技术费用、内容费用及利润

(单位:亿美元)

| 报告年份 | 2018 | 2017 | 2016 | 2015 | 2014 | 2013 |
| --- | --- | --- | --- | --- | --- | --- |
| 营业收入 | 157.90 | 116.90 | 88.31 | 67.80 | 55.05 | 43.75 |
| 研发费用 | 12.22 | 9.54 | 7.80 | 6.51 | 4.72 | 3.79 |
| 内容费用 | 120.40 | 89.00 | | | | |
| 净利润 | 12.11 | 5.59 | 1.87 | 1.23 | 2.67 | 1.12 |

资料来源:奈飞历年年度财务报告。

一系列自制原创剧的成功,引发了奈飞内部组织架构的调整,在继续加大技术研发投入的同时,哈斯廷斯认识到原创内容的重要性,构建高质量的内容"护城河"才是赢得用户、赢得市场、赢得竞争力的核心。因此,哈斯廷斯组建了自己的电影原创部门,并不断加大对原创剧或原创电影的投资。2017 年,奈飞的内容投入为 89 亿美元,2018 年,内容投入达到 120.4 亿美元,2019 年,内容投入达到创纪录的 150 亿美元。哈斯廷斯认为,内容策略是一个良性循环:投入越

多，吸引的观众就会越多，整个平台的价值也会越高。奈飞还在视频内容的呈现方式上进行技术性变革，将互动模式引入视频内容，打破了视频单向线性传播的传统模式，在多个节点选择分叉，多方向式展现故事的情节和走向，让用户按照自己的偏好选择观看，"技术+数据+用户"参与视频内容创作的互动模式在原创剧《黑镜》中进行了有益的尝试，虽然不算完全成功，但仍不失为一种对创新的有益尝试。除了在电视剧市场发力外，奈飞还在传统电影产业的顶级争夺中，以影片《罗马》打开了奔向奥斯卡的通途。2019年2月，奈飞以流媒体科技公司的身份，获得15项奥斯卡提名，《罗马》更斩获了最佳导演、最佳外语片及最佳摄影三大奖项。之后，奈飞被美国电影协会（MPAA）接纳为新成员，成为历史上首个加入MPAA的非传统电影公司。

奈飞以完全异质于传统电影院线和电视台的"技术+数据+用户偏好+内容"的流媒体内容生产和播放新模式，积累了大量订阅用户，数据显示：奈飞在2007年推出Watch Now时，用户数量仅为600万人；2011年底，用户数量增加到2300万人；2017年，奈飞用户数量超过美国有线电视用户总数（如图6-10所示）；2018年，奈飞美国用户数达到6020万人。更为重要的是，奈飞的全球化布局赢得了全球市场份额，截至2018年，奈飞全球用户人数达到1.39亿人。同时，庞大的营业收入形成的现金流不仅保证了奈飞加大技术研发投入的能力和内容支付能力，而且很早就实现了较大的盈利。

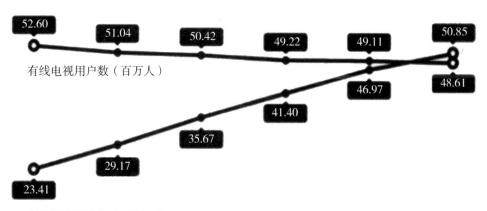

图6-10　2017年奈飞订阅用户超过美国有线电视订阅人数

资料来源：Leichtman Research《Netflix美国付费用户首次超过有线电视，流媒体获得阶段性胜利》，发布日期：2017-06-16，https://www.sohu.com/a/149410037_114778，访问日期：2017-06-26。

奈飞在视频领域获得主导地位的原因可能有许多，但归结起来就是偏好、技术、内容、制度共同演化的结果。奈飞利用技术和数据分析以满足不同用户偏好，利用算法向用户进行个性化推荐，使用更便利，交易成本也更低，而且较为充分的需求信息和数据为奈飞的内容原创部门创作出诸多受到广泛好评的影视剧集奠定了良好的基础。

### （三）惯例扩散：流媒体视频子群的形成

奈飞通过互联网媒体平台播放聚合和原创影视综艺视频的做事规则，改变了原有的视频内容生产、播放规则，不仅让传统电视商和有线电视商感受到了前所未有的压力，纷纷转型效仿，而且引致一些互联网科技媒体及社交媒体巨头学习和复制。于是，流媒体视频纷至沓来，形成了新的媒介子群，并引发了一场前所未有的互联网视频媒体竞争大战。自2013年《纸牌屋》横空出世后，谷歌旗下的油管以及亚马逊等开始进入流媒体视频领域，传统电视服务商——迪士尼及旗下的福克斯（Fox）、电信运营商AT&T及旗下的传统传媒巨头时代华纳、Dish Network等也将业务延展到流媒体视频行业。2015—2016年，大量用户从传统电视服务转向流媒体服务，纷纷取消有线电视和卫星电视等付费服务。至2019年，已有包括传统电视服务商和互联网科技巨头在内的迪士尼、奈飞、AT&T（时代华纳、HBO Max）、亚马逊Prime Video、Comcast（NBCU）、苹果Apple TV+等先后入局流媒体视频领域，成为美国六大流媒体视频平台，形成了一个强大的区别于传统电视的视频新子群，其中传统电视服务商迪士尼转型尤为引人注目。

为完成流媒体视频转型，迪士尼对内部组织架构进行了调整，并搭建流媒体视频平台。

首先，迪士尼将原先分属于媒体网络和影视娱乐两大部门的流媒体业务剥离出来，整合成独立的直接面向消费者和国际的Direct to Consumer and International（DTCI）部门，负责流媒体视频的运作。

其次，通过一系列收购完成技术支撑、内容扩充和构建流媒体平台。技术方面，2016年8月，迪士尼收购BAMTech 33%股权，2017年8月，迪士尼再次收购BAMTech 42%股权，以整体75%的股权成为BAMTech控股股东，获得了为ESPN和迪士尼ABC电视集团提供流媒体和数字产品的技术支持资源。内容方面，从2006年开始，迪士尼先后收购皮克斯（Pixar）、漫威（Marvel）以及卢卡斯影业（Lucas Film），3次并购累计斥资157亿美元，加上2019年收购成功的国家地理频道，这些和迪士尼原生内容一起构成了迪士尼的主要原创内容矩阵。最引人注目的是，迪士尼在2019年3月以713亿美元的价格收购了21世纪福克斯，此次收购使迪士尼在葫芦（Hulu）的持股比例上升至约60%，之后，再通过购买AT&T手中的葫芦股份，迪士尼持有葫芦的股份比例上升至约70%，2019年5月，迪士尼又与康卡斯特达成协议，收购葫芦剩余全部股份。"Hulu + Live

TV"模式为迪士尼提供了丰富的有线电视新闻和直播节目。迪士尼通过对21世纪福克斯的收购,既获得了20世纪福克斯的优质内容,也完全拥有了葫芦流媒体视频平台,成为全球流媒体视频的内容王者。

最后,搭建流媒体视频平台矩阵。迪士尼搭建了全家庭维度的"数字电视+流媒体"的全面视频娱乐平台,包括 Disney+、对标油管的葫芦、体育频道 ESPN+三大平台矩阵,为用户提供完整的视频娱乐需求服务,甚至还包含奈飞所没有的电视频道和体育直播。

### (四) 流媒体视频媒介子群竞争加剧
#### 1. 内容库竞争

迪士尼寻求流媒体视频平台的差异化定位,利用内容构建"护城河"。

第一,Disney+以高质量的内容 IP 储备为特色,从上线首日 Disney+首页可以看出,内容覆盖了迪士尼动画、皮克斯动画、漫威影业、卢卡斯影业、国家地理频道五大板块,共计 500 部电影和 7500 余集电视剧、10 部原创电影。用户可以在苹果、安卓等主流应用商店上下载 Disney+进行收看,除了智能手机、iPad、智能电视、机顶盒等之外,迪士尼还与索尼 PS4 主机游戏平台合作,这意味着主机游戏机也可以使用 Disney+。

第二,葫芦平台定位于迪士尼流媒体平台中主要针对成年观众,并以广告收入叠加电视直播走出差异化路线。内容上,葫芦出身于传统媒体,因此内容库包含了丰富的有线电视剧集,拥有超过 8.5 万集电视剧。通过"Hulu + Live TV"的模式,逐步模糊流媒体视频点播和传统电视直播模式的界限,将自己打造成观众的在线电视平台,将传统电视广告收入模式向流媒体视频延伸,形成协同促进。

第三,ESPN+在流媒体平台中定位为附加服务。内容上,ESPN+主打全球规模最大的体育电视网络平台 ESPN 主流比赛之外的体育赛事,增加体育迷的差异化选择。ESPN+的内容差异化也为广告商提供了新的投放平台和传播形式。

长期以来,奈飞不惜重金,在全球范围内大量收购影视剧和电视节目的版权,并注重自制原创内容,这一布局让其在流媒体视频战役初期占尽了优势。但随着流媒体视频商业模式逐渐成熟,各大公司意识到线上平台将变成主战场,此时,内容成为形成核心竞争力的关键因素。在面临被众多版权合作方"釜底抽薪"的局面后,奈飞加速了自制内容的革命。自 2017 年开始,奈飞试图将重心转移到内容原创作品上,不断增加对自制原创内容的制作投入。但奈飞平台上的最新数据显示,奈飞平台上观看次数最多的节目大多都是版权购进的,可供观看的奈飞自制剧不多。而这些热播的授权剧,都将因版权到期、授权方不再续约,被转移到其自家即将上线的流媒体平台上。例如,2017 年 8 月,迪士尼宣布终止与奈飞的内容分发协议,之前授权给奈飞的"星球大战"和"漫威"系列电影均会从 2019 年开始仅在 Disney+平台播出。再如,从 2020 年 1 月 1 日起,华纳媒体的《老友记》也不再在奈飞上播放，而是回归华纳旗下的 HBO Max。另外，由 AT&T 华纳、迪士尼、康卡斯特将等公司授权的影视剧节目在奈飞上占据了用户近 65% 的观看时间，一旦 AT&T 华纳、康卡斯特将版权收回，奈飞将会受到很大影响。虽然奈飞也可以继续收购其他热门内容，加上正在制作的原创剧，但毕竟不是长久之计。据统计，奈飞平台上的自制剧仅占内容库的 8%（如图 6-11 所示）。

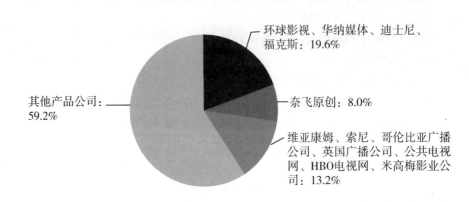

**图 6-11　奈飞内容库（以时长计算）仅 8% 为原创**

资料来源：何翩翩、雷俊成、马赫《美国流媒体平台大战》，http://baijiahao.baidu.com/s?id=1649557008482232658&wfr=spider&for=pc，发布日期：2019-11-07，访问时间：2019-11-12。

亚马逊 Prime Video 服务为全球目前第二大视频流媒体服务商，但其内容多而不精。亚马逊 Prime Video 一年 50 亿美元的内容投入在亚马逊本身的投资中仍较边缘。据 Realgood.com 统计，2019 年亚马逊 Prime Video 内容库虽然包含超 14000 部电影，远超奈飞的 3803 部和葫芦的 1437 部；但在电视剧储备上，三家公司内容库数量较为接近。而从质量上看，以 IMDB 评分 8 分以上为"高质量"剧集，葫芦和奈飞反超亚马逊 Prime Video，而且"高质量"比例也高于亚马逊 Prime Video。另外两家以自制精品剧集出名的有线电视台 HBO 和 Showtime，内容库"小而精"。对非原创内容，葫芦与各大电视网络如 NBC、ABC、Fox 等均有签约，剧集更新通常在有线电视放送后第二天上线，奈飞则在剧集全季放送完毕后与相关版权方协商再上线剧集，而亚马逊 Prime Video 提供的剧集更滞后，且观看当前热播剧需单独订阅。亚马逊 Prime Video 的内容来源一大部分来源于 Epix，一家由 MGM、派拉蒙和 Liongate 合资的传统有线电视商，Epix 和亚马逊 Prime Video 签订的合约与奈飞相同，存在较大的同质性和竞争性。

苹果公司则宣布向内容服务转型，"以硬件为平台（剃须刀），内容服务套餐（刀片）"的软硬件生态模式正在逐步落地，并于 2019 年 11 月 1 日上线流媒体 Apple TV +。苹果对 Apple TV + 的定位更多是内容服务完整生态圈的用户获取入口之一，意将用户导流到 Apple TV 等其他设备服务内容中以实现进一步变现。但 Apple TV + 存在内容库先天不足的缺陷，虽然苹果投入 60 亿美元进行原创内容的制作，但原创内容打造实力迄今还未被证实，纯靠名演员和名导演的明星模式进行美国文化输出，也有可能"水土不服"。若没有持续的优质内容做支撑，其用户留存率堪忧。

### 2. 价格和用户获取竞争

在市场竞争中，价格依然是较为有效的竞争手段，尤其是对新进入市场的流媒体视频平台而言，短期内可以起到吸引、积累用户规模的作用。

奈飞以领先者的身份和卓越的品牌效应，在技术和内容服务上领先于后进入者，并积累了丰富的流媒体视频服务经验，不仅没有低价促销竞争，而且还经历了涨价过程。尽管如此，截至 2019 年 12 月 18 日，奈飞仍以全球用户 1.58 亿，其中美国和加拿大用户 6710 万的成绩遥遥领先于竞争者。[①] 迪士尼为谋求竞争优势，实行了差异化分类分层定价。葫芦采用广告订阅和价格分层的定价策略。葫芦在 2019 年初将原本每月 7.99 美元的有广告方案费用降至 5.99 美元，为其带来了更多对价格敏感的用户，葫芦美国用户体量接近奈飞一半，并且增长迅速。ESPN + 实行相对灵活的"订阅 + 广告 + 单次观看"的网络播放模式，每个月用户只需花费 4.99 美元，或者全年 49.99 美元，就能订阅 ESPN +。对于有跨平台视频观看需求的用户，Disney + 也推出了"多平台绑定套餐"，绑定平台包括 Disney +、葫芦、ESPN + 三个平台，统一绑定价格为 12.99 美元/月。Disney + "多平台绑定套餐"一经推出，第一天注册用户就超过了 1000 万户。迪士尼还加速推进流媒体视频的国际化战略。例如，迪士尼通过持有 MAU 达 3 亿并占印度市场 40% 长片视频版权的最大流媒体平台 Hotstar 站稳根基。Apple TV + 在美国的订阅价格仅为 4.99 美元/月，远比奈飞、迪士尼低。Apple TV + 上线伊始在全球超过 100 个国家地区同步推出。从用户规模上，苹果以基本免费赠送的方式吸引客户，可为 Apple TV + 贡献理论合计 1.5 亿订阅用户。亚马逊 Prime Video 的订阅价格为 8.99 美元/月，虽然亚马逊从未公布过 Prime 的用户数，但估计其全球付费用户约为 1 亿，亚马逊在 190 多个国家和地区推出了自己的 Prime Video 流媒体服务。（如图 6 - 12 所示）

---

① 站长之家：《Netflix 首次按地区发布全球订阅用户统计数据》，发布日期：2019 - 12 - 18，http://finance.sina.com.cn/stock/relnews/us/2019 - 12 - 18/doc - iihnzhfz6715087.shtml?source = cj&dv = 2，访问日期：2019 - 12 - 19。

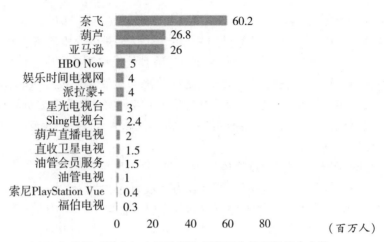

图6-12 2018年美国（境内）主要流媒体视频平台的订阅用户人数

资料来源：何翩翩、雷俊成、马赫《美国流媒体平台大战》，发布日期：2019-11-02，http://baijiahao.baidu.com/s?id=1649557008482232658&wfr=spider&for=pc，访问日期：2019-11-12。

**（五）偏好、技术、内容的协同演化才是增长**

流媒体视频行业并不是一个"零和游戏"或者赢家通吃的市场，一个平台的成功并不意味着其他平台的失败。频道之间的竞争从不是频道生死存亡的决定性因素，真正起决定作用的是新的技术和消费者的选择。

视频被科技发展和庞大的用户群体解锁，改变了视频媒体公司的商业模式。各内容创作公司不再将电视频道批发给有线电视和卫星电视公司，而是将内容发布、流媒体科技、计费系统和用户获取整合在一起，流媒体公司只能从足够喜欢该公司的节目而直接付款订阅的用户处变现，一些流媒体公司因而放弃了传统电视行业赖以营利的广告收入。但支出无处不在，除了研发成本及技术基础设施建设开支，竞争性的内容创作开支和宣发成本带来了更高消耗。

据独立市场研究公司MoffettNathanson在Code Media大会上给出的数据，2019财年，美国前十大娱乐投资方一共拿出了814亿美元制作电影、电视节目，值得注意的是这个数字并不包括体育节目。在内容制作上，迪士尼投入了196亿美元，Comcast投入了159亿美元，AT&T投入了122亿美元。数据显示，814亿美元的制作费用中，科技公司出了170亿美元，占比约20.88%。高达814亿美元的制作费最后会给到以好莱坞为主的大大小小的工作室，这将直接带动行业的繁荣。流媒体的高投入，无论对用户偏好的满足还是对视频经济的数量和质量，以及对整个视频产业的良性循环来说，都具有促进的作用。

内容只是满足用户偏好的一个方面，用户对技术体验的偏好也在提高。互联网科技公司技术储备丰富、技术研发能力强,相较而言,传统电视媒体转型流媒体,面临的技术问题更严峻。例如,从 Disney + 上线初期来看,暴露出比较严重的技术能力问题:Disney + 用户报错率居高不下,有用户访问 Disney + 庞大的内容目录时遇到了一系列技术上的问题,还有一些用户根本无法连接服务,画面格式也因技术问题出现失真,或画面呈现受到影响,甚至影响到剧情的表达,与 Apple TV + 流畅的画面技术体验差距较大。更为严重的是,Disney + 出现了用户信息安全隐患。据 BBC 报道,数千个 Disney + 用户账户被黑客窃取,并在"暗网"上以最低 3 美元的价格出售。

流媒体视频的多方角力让用户有了更多的选择,即用同样的或差不多的价格消费比有线电视更好、更多、更方便的内容和服务。2007 年,奈飞发布"即刻观看"的那一年,有线电视服务费是平均每月 66 美元,有 9700 万美国家庭观看付费电视。在奈飞点播平台发布的 12 年后,媒体公司已经开始将其创作的内容从有线电视网络撤离,用户们可以不使用任何试用和优惠,用与 2007 年有线电视一样的价格,分别订阅 HBO Max、奈飞、葫芦、Amazon Prime Video、Disney +、Peacock 和 Apple TV + 的视频服务,不仅得到远多于前者的内容,而且全部即点即看。同时,更多的订阅用户也为这些流媒体公司带来更多的收入,后者可以创作更多的高质量节目,整个视频细分产业进入良性循环。流媒体视频峥嵘初露,"数据 + 算力 + 算法"大战,订阅用户数量竞争,以及内容创作投入大战等必将随之而来。然而,在流媒体视频战争中,不会只有一个单一的赢家。

## 三、文学阅读媒介产业经济演化的一个视角:上海文学媒介产业经济结构变迁

文学媒介是公众文化生活空间的一部分。从进化论看,文学媒介的形态一直处于持续变化中,普遍而有说服力的证据是:主流的文学媒介形态经历了印刷文学形态、网络文学形态、网络音频文学形态的嬗变与开新,交织与共存。这一过程在 1998 年后的上海表现得尤为明显。

**(一) 上海文学媒介的嬗变**

上海是中国现代印刷出版业的发源地,20 世纪 30 年代,上海成为中国名副其实的印刷出版中心,并形成了影响深远的海派文化。新中国成立后,上海印刷出版业几经调整,上海文艺出版社、《上海文学》《收获》等文学期刊先后创办。改革开放后,上海印刷文学进入黄金发展期。进入 21 世纪后,上海逐步形成了现阶段的印刷文学出版格局:隶属于上海世纪出版集团的上海文艺出版社,以及隶属于上海作家协会的纯文学期刊《上海文学》《收获》和青年文学期刊的《萌芽》等。上海印刷文学总体上保持平稳发展态势,但也出现了一些隐忧。一方

面，文学图书品种大幅增加，文学出版景气度上升；另一方面，大多数单品种书刊的发行量经历了不同程度甚至是断崖式的下降，这种变化仅从纯文学印刷期刊发行量的变动就可见一斑。例如，《上海文学》在20世纪80年代的发行量曾高达40万~50万册，2013年之后的发行量基本稳定在1万多册。再如，《收获》作为中国当代文学史上最有影响力的期刊之一，很多知名作家的重要作品都是首先在《收获》上发表的，包括老舍、柳青、冯骥才、王蒙、余华、莫言、贾平凹等，在印刷文学的黄金时期，《收获》的发行量最高曾达到100多万册，到2013年时，其发行量下滑到10万册左右。时至今日，传统纸质文学总体萎缩的趋势依然看不到明显改善的迹象。

20世纪末，伴随互联网的发展与商业化普及，一批文学爱好者凭借个人兴趣，在BBS和天涯等网络平台上发表原创文学连载作品。1997年，"榕树下"的兴起标志着原创网络文学媒介正式诞生。2002年5月，起点中文网在上海创立。Web 2.0技术的强交互性和参与性，赋予了个人任意创作和发表作品的权利与自由，起点中文网迅速吸引了大量青年作者和读者的关注与参与，成为中国最大的单一型网络文学生产与传播平台之一。2009年11月，原起点女生频道独立，成立起点女生网。两者与原腾讯文学合并后，成为阅文集团旗下的原创网络文学主力平台。相关数据显示，截至2018年12月，阅文集团的月活跃用户数突破2.14亿户，平台拥有770万位作家和1120万部作品，原创文学作品数高达1070万部。同时，文学内容创作者和在线阅读用户也发生了巨大变化，"Z世代"正逐渐成为生力军。2018年新增的网络文学作家群体中，"90后"作家占比73%，"95后"作家占比48%，优秀年轻作者不断涌现。[1] 同时，据统计，上海网络文学平台集中了全国90%的原创网络文学作者，全国原创网络文学收入的40%来自上海原创网络文学平台。[2] 这些数据表明，上海是名副其实的中国原创网络文学出版中心之一。

2010年后，电台聚合形态的网络FM开始出现。2011年9月，蜻蜓FM在上海创立。2012年8月，喜马拉雅FM在上海诞生。随着大数据、人工智能技术在阅读领域的广泛运用，以喜马拉雅FM为代表的网络FM引入素人主播概念，把录音工具交给怀揣主播梦想的用户，只需要通过手机和耳机就能运用录音工具配音、去噪音、调电平来创作有声书，有声书内容创作和传播被彻底激活。同时，喜马拉雅FM等还开发智能设备终端，将人工智能引入有声书。由此，网络FM

---

[1] 《阅文集团2018年财报》，发布日期：2019-04-09，http://pdf.dfcfw.com/pdf/H2_AN201904091317498400_1.pdf，访问日期：2019-04-20。

[2] 徐翌晟：《网络文学作者九成签约上海》，发布日期：2019-03-29，http://www.xinhuanet.com/book/2019-03/29/c_1210094597.htm，访问日期：2019-04-20。

实现了从单一 FM 聚合到以原创有声书为主的多元化、智能化网络音频生态平台的飞跃,又一个新的文学媒介物种诞生。2018 年的相关数据显示,蜻蜓 FM 已成为国内首个生态流量月活用户数量破亿的在线音频阅读平台,日活跃用户 2500 万,总用户规模已超过 4.5 亿。在物联网生态中,蜻蜓 FM 已内置智能家居及可穿戴设备 3700 万台,汽车 800 万辆。[①] 喜马拉雅 FM 的主播数量超过 700 万,手机用户超过 4.7 亿,汽车、智能硬件和智能家居用户超过 3000 万,此外,还拥有超过 3500 万的海外用户。仅喜马拉雅 FM 一家就占据全国网络音频市场的 70% 多。[②] 喜马拉雅 FM 还通过开发小雅 AI 音箱 Nano 和网络音频平台打通,实现了全场景式阅读模式。喜马拉雅 FM 和蜻蜓 FM 两大网络音频文学平台的强势崛起,使上海成为全国最大的有声书生产与传播基地,有声书也正逐步成为读者阅读文学作品的主要方式之一。

### (二)上海文学媒介嬗变的本质是协同创新

从创新和演化经济学角度看,创新是异质性被创生、增强与普及的过程。上海文学媒介从印刷媒介向网络媒介、智能媒介的嬗变过程,本质上也是开新的过程。创新是嬗变的动力,嬗变是创新的结果和体现。理解创新的过程,也就理解了上海文学媒介嬗变的本质。创新可以用异质性来表示,异质性是指所考察对象之间的差异化程度或一个主体与其他主体的不同特征。从上海文学媒介嬗变现象观察,一种新的文学媒介的兴起总是伴随着一个或少数几个新的文学媒介组织的崛起,也就是说,文学媒介的嬗变过程是由新的媒介组织发起、推广并逐步扩散的;同时,新的文学媒介组织改变了既有文学产品的生产方式和经营方式,出现了不同于既有文学媒介的异质性。这些异质性主要包括:一是生产、传播技术和物理介质的差异性;二是基于这些技术的差异,文学作品的创作方式、叙事方式、内容表现方式、文化交互融合方式等出现了差异;三是基于这些技术的差异,文学媒介组织的商业模式出现了新变化,商业模式是指阅读媒介组织运用一定的技术和/或商业模式实验,通过选择、提供不同的阅读产品结构及服务功能等具体方式,获取收益,并赋予其具体的、异质的经济意义的过程(见表 6-3)。

---

[①] 王福凯:《蜻蜓 FM 月活跃用户破一亿,发布 2019 全场景生态战略》,发布日期:2019-01-22,https://www.iyiou.com/news/2019012290786,访问日期:2019-04-20。

[②] 喜马拉雅:《关于喜马拉雅》,发布日期:2019-01-22,https://www.ximalaya.com/more/aboutus/,访问日期:2019-04-20。

表6-3　上海三种主要文学媒介的演化及比较（1998—2018年）

| 类型 | 印刷文学 | 网络文学 | 网络音频文学 |
| --- | --- | --- | --- |
| 典型媒介 | 《上海文艺》《收获》等 | 起点中文网等 | 喜马拉雅FM、蜻蜓FM |
| 传播介质 | 印刷书刊 | 电脑、平板、手机 | 手机、音箱、音箱频 |
| 内容形态 | 文字、图片 | 文字、图片、音/视频 | 朗读+音乐背景 |
| 语言类型 | 正统文学语言 | 正统文学语言+网络语言+网络符号 | 声音+正统文学语言 |
| 创作壁垒 | 高，专业作家 | 较低，非专业写手为主 | 较高，认证主播 |
| 内容生产 | 专业出版社 | UGC/PGC | PUGC/PGC |
| 交互属性 | 弱 | 强，有评论、投票等功能，作者与读者互动较频繁 | 强，有评论等功能，读者和主播互动较频繁 |
| 技术迭代 | 弱 | 有技术研发 | 有技术研发 |
| 资本介入 | 弱 | 高 | 高 |
| 盈利模式 | 书刊出售+少量广告 | 内容付费+流量+IP | 内容付费+流量+IP |

首先，技术上存在三个差异。一是传播介质存在着一定的异质性。网络文学较印刷文学的进化标志是电脑、手机代替了纸质，网络音频文学较网络文学的进化是出现了智能音箱。二是交互技术和交互方式出现了质的飞跃。网络文学基于Web 2.0、Web 3.0技术实现了人与人、人与媒的实时强交互性；网络音频文学的AI技术进一步实现了语音交互，将内容平台和智能设备打通，例如可穿戴设备、智能音箱等，通过语音识别和语意理解实现人与机器的交互。例如，喜马拉雅FM利用多种算法模型和大数据技术对1亿多条的音频数据和海量用户数据进行分析，构造智能系统。喜马拉雅FM将小雅智能音箱和网络音频内容App平台打通，用户通过语音和智能音箱交互，智能系统使用语音识别技术将声音翻译成准确的文字，语意理解则将指令发到云端内容平台，实现用户指令，较网络文学更前进了一大步。三是在技术迭代上，和以较为稳定的印刷技术为基础的印刷文学不同，网络文学和网络音频文学是互联网媒介，特别是在移动阅读状态下，既要注重读者阅读的舒适感、代入感、参与感，又要追踪读者的阅读状态，进行个性化的推荐，还要为作家、主播提供技术服务，必须实时研发技术软件，快速迭代，实现微技术创新。

其次，在内容层次上有三个显著的异质性。一是内容创作壁垒不同。印刷文学的壁垒最高，作者以专业作家为主，读者参与性极低；网络文学的门槛较低，作者的平民化特征明显，群体庞大，参与性最强，一度被打上草根文学的印记；

网络音频文学的作者以主播为主，具有较强的艺术性要求，有一定的参与门槛。二是与技术相关联的内容文本表现形态差异明显。印刷文学以静态的图文为主要文本形态；网络文学可以在图文文本的基础上，加入音视频和游戏等多媒体文本；网络音频文学则以声音为基本文本，呈现出流媒体的形态。三是在语言和叙事上的差异。印刷文学是严肃的、严谨的文学语言方式和线性的叙事结构；网络文学呈现较多的网络语言和网络符号，叙事结构具有一定的跳跃性和可选择性；网络音频文学以朗读加音乐背景的语言形式和叙事方式，更具感官刺激。

最后，在商业层面上存在两个明显区别。一是在资本运作和资金量上，印刷文学通常单文本经营，不需要太多的资金；而网络文学和网络音频文学以网络平台的形式运作，属于互联网生态型媒介，构建网络生态需要强大的资本运作和充沛的资金量。二是在盈利模式上，印刷文学相对单一，而网络文学和网络音频文学则丰富得多，而且对通过读者检验的优秀作品可以 IP 的方式转化为印刷文学。

### （三）技术和内容创新：交互性与文学、文化共振

文学媒介是作者、读者和媒介共同参与的结果。文学媒介开新、进化的本质体现的是以技术工具为形，以文学内容和文学展示的文化为体的内在辩证关系。从技术角度看，网络文学、网络音频文学与印刷文学媒介之间的最大区别在于因技术差异导致的交互属性和交互方式不同，表现为人与人、人与文学媒介、人与机器的强互动。从文学内容角度看，强交互属性和多元的交互方式导致了网络文学和网络音频文学产生了创作主体间性、文本间性和文化间性。技术和文学的交融共构了文学和文化的多样性、繁荣性。

#### 1. 人际交互与文学间性

拉法利（Rafaeli，1988）最早提出交互性的概念，认为交互性是一种可以递归的交换传播。网络媒介中交互性是作为两种手段存在的：技术性手段和对话性手段。递归具有两种形式：一种是叙述者的改变和不同真实性之间的转换。前者指作为技术性手段的交互性，使作者和读者的身份发生改变，产生文学创作主体间性；后者指作为对话性手段的交互性让读者和作者进行对话共同呈现内容，产生文本间性。另一种是主体间性和文本间性往往交织在一起。周宪（1999）认为，文本间性实际上是指任何一个文本都是对其他诸文本进行吸收与转化而形成的复合体。例如，文学作品是由作者→文本→读者和读者→文本→作者的互动共构而成的。在印刷文学中，作者常常独自完成作品，偶尔和编辑产生互动，但编辑并不参与作品的创作，双方的身份常常是固化的，在接受作品文本时，作品文本已经预先成形，读者也无法介入它的原始生成过程。但在网络文学和网络音频文学中，作者或主播和读者间具有强烈的交互性，作者或主播在创作过程中，随时接受读者的反馈意见，进行实时交互，并根据读者的反馈意见进行相应的反复修改。同时，在文学文本的生成过程中，作者或主播和读者身份的互换十分容

易，作者或主播的写作和读者的再创作可以交合而为互生性文本，共同完成作品的创作。超链接作为一种交互性手段运用于网络文学创作，形成了所谓的超文本小说，构成了网络文学间性的典型特征。所谓超文本小说，是指小说文本中的文字包含可以自由跳跃到其他字段、文档甚至链外文本的链接，读者可以从当前阅读位置直接切换到超链接所指向的位置。纳尔逊曾用超文本界说突出超文本小说的三个特点：链接、分叉选择和非顺序性。"链接"是指通过原文本与副文本链接，产生互文性关系。"分叉选择"则构成文本多义性生产新空间，既可以进入各式新的视频和音频等多媒体副文本，又可为读者进入新的叙事文本提供路径。"非顺序性"形成了超文本小说特有的跳跃性阅读范式。[①] Web 3.0 时代的合作和分散创作趋势进一步强化了网络文学间性。网络音频文学则通过语音识别和语音交互等人工智能技术重塑文学的创作方式、叙事方式和叙事文本。例如，喜马拉雅 FM 通过自身构建的智能系统，以素人主播和 PUGC 模式创作大量的有声文学作品，同时推出虚拟主播作品，虚拟主播通过语音识别模拟不同主播人的声音和风格，提供不同主播的声音选项，产生不同的语言、风格、音色，朗读界面可进行语速调节、设置背景音乐，实现个性化和沉浸式的叙事方式。用户可以通过语音指令与智能音箱交互界面进行交互，搜索、播放有声书，并在有声书和音乐等不同类型的内容和不同文本间随时转换，实现阅读和娱乐的非线性无缝转换。随着语音交互技术的发展，未来读者可以通过直接与人物对话的方式来决定故事走向，进入新的叙事文本。

### 2. 人媒交互与文化间性

人之所以与媒介交互，主要在于媒介的内容属性，即通过和不同媒介的内容交互，达成文化间性，获得愉悦感和精神升华。"文化间性"一词是最早由哈贝马斯提出的文化哲学术语。文化间性"intercultural 本来指的不同文化间交互作用之内在过程这个本义，"[②] 正在此过程中，凸显了每一种文化引起多方关注的间性特质。"文化间性体现了从属于两种不同文化的主体之间及其生成文本之间的对话关系"[③]，"文化间性使不同民族的人们顺利地进行跨语际、跨文化的交往"[④]。印刷文学一向被誉为正统文学的阵地，并固守纪实文学与虚构文学，或

---

① 周宪：《从"沉浸式"到"浏览式"阅读的转向》，《中国社会科学》2016 年第 11 期，第 154 页。
② 王才勇：《文化间性问题论要》，《江西社会科学》2007 年第 4 期，第 44 页。
③ 邱国红：《文化间性的例证：中国诗歌审美范式对美国诗歌创作的影响》，《云梦学刊》2005 年第 1 期，第 96 页。
④ 韩红：《文化间性话语中语义研究的自我理解》，《外语学刊》2004 年第 1 期，第 72 页。

诗歌、小说、散文、剧本类型划分,被麦克卢汉称为"冷媒介"。网络文学则打破了这一文学分类,起点中文网在保持玄幻、言情、同人等传统热门非主流原创文学作品题材的基础上,出现了现实主义、二次元、科幻等垂直细分题材作品,现实主义、科幻题材文学作品的出现,是网络文学与主流文学文化间性的表现。喜马拉雅FM等和大量传统出版社签下版权合同,以声音重塑正统文化,拥有市场70%畅销书的有声版权;与阅文集团等原创网络文学网站合作,拥有85%的网络文学的有声书改编权;同时,引进外国文学作品,拥有6600多种英文原版畅销书的有声书版权。[1] 相关调查显示,用户对有声书深度读物的偏好度明显上升:一线城市用户最为偏好的品类是人物传记类有声书,占比29.8%;二线城市用户最为偏好的品类为都市生活类有声书,占比36.5%;三四线城市用户偏好文学名著类有声书,占比34.7%。[2] 不同群体的文化诉求与满足正通过网络文学和网络音频文学媒介所蕴含的文化间性释放出来。

**(四)商业模式创新:媒介的资本化与商业化**

从形态上看,文学媒介的开新主要表现为技术创新。所谓技术创新,是指某项新技术的首次商业化运用。从实验技术到技术运用于媒介,并产生新的媒介形态的过程,是源于技术又脱离技术的过程,这一过程的实现与资本和商业紧密交织在一起。

自工业文明以来,出版传媒业的发展始终和资本、商业相联系,规模化的出版公司既是出版资本化的外在体现,也是出版商业化的内在根源。进入数字化、移动网络、人工智能时代后,资本、商业和网络文学、网络音频文学媒介的关联进一步被强化。

这既与互联网媒介的商业逻辑密切关联,也与技术创新的要求关联。互联网媒介通常遵循"梅特卡夫法则"。梅特卡夫(2013)认为,网络的价值随着用户数平方的增长而增长,与用户数的平方成正比。同时,互联网媒介的技术创新和技术迭代也比较频繁。因此,当源于某一新思想、新概念的技术产品出现后,用户的迅速获取成为经营成败的关键,同时,大规模的营销推广、优质内容激励和技术升级随之而来。一方面,新概念网络媒介需要大量资金投入;另一方面,如果风险资本和产业资本看好新概念媒介的商业模式和未来变现能力,双方就会一拍即合,网络文学、网络音频文学媒介的资本化迅即形成。

起点中文网等早已成为腾讯旗下阅文集团的最大原创网络文学平台,前几年

---

[1] 晓雪、陈莹:《有声书成内容付费市场新主力?》,发布日期:2018-05-23,http://www.cbbr.com.cn/article/122021.html,访问日期:2019-04-20。

[2] 孙亚慧:《新技术为有声读物带来惊喜》,《人民日报(海外版)》2019年2月18日,第8版。

已赴海外上市,背靠腾讯,资本运作自不必说。这里仅以网络音频文学为例。网络音频文学以其特有网络有声书概念和全场景覆盖的手机、智能音箱和可穿戴设备听读的商业模式迅速吸引了资本的目光。蜻蜓 FM 是国内第一家以网络电台形式为用户提供有声书内容服务的移动音频平台,创立后多次获得资本投资。2013年,获得李开复旗下创新工场的投资,其后又获得中金公司等资本的青睐;2015年,获得了中国文化产业投资基金等相关机构的投资;2016 年,蜻蜓 FM 完成 D 轮融资;2017 年,蜻蜓 FM 获来自 BAT 等方面 Pre-IPO 约 10 亿元的融资。[①] 喜马拉雅 FM 则于 2014 年 5 月成功获得 1150 万美元的 A 轮风险投资,2018 年 8 月,喜马拉雅 FM 又完成新一轮 4.6 亿美元融资,投资方包括腾讯等机构。[②] 资本的快速、规模化介入使网络音频文学平台在短期内聚集了大量用户,并通过频繁的技术迭代为用户提供优质的功能体验,使网络有声书得以快速推广和普及。

随之而来的必然是商业变现,形成新的、清晰的盈利模式或现金收入流。不同于印刷文学媒介较为单一的盈利模式,网络文学、网络音频文学是互联网内容经济,在变现方式或盈利模式上虽然有一定的共性,但成本与收益结构并非一一对等,且变现方式是多元化的。首先是内容付费。网络文学、网络音频文学是原创或原创改编的深度内容作品,用户从开始就有付费预期,通过付费阅读建立起内容变现模式。其次是版权出售。例如,阅文集团财务报告显示,2018 年的版权运营收入高达 10 亿元,而起点中文网是阅文集团的主要版权来源。三是 IP 开发变现。IP 开发是内容媒介延伸产业链和价值链的最好模式之一,网络文学和网络音频文学依靠新的叙事建构和超链接、语音交互等来实现意指过程的艺术形式,综合了语言或语音描述、图像或对话表意以及多媒体呈现等多渠道的表意功能,为跨媒介接受提供了强大的内在驱动力,影视改编、游戏改编、电子出版物改编以及实体出版物改编等是其最好、也是最受欢迎的 IP 变现方式。四是流量及数据变现。广告是基于内容驱动和技术驱动的流量和数据变现,既可以通过内容载体对流量进行变现,也可以通过用户阅读行为数据分析找准用户的属性和偏好,提高付费内容的转化率和广告投放的精准度实现变现。起点中文网和喜马拉雅 FM、蜻蜓 FM 等都拥有庞大的内容库,并以良好的用户体验吸引留存了海量用户,庞大的用户基础以及大数据、人工智能技术带来的精准广告投放,为网络文学、网络音频文学媒介带来了可观的广告收益。

总之,上海文学媒介 20 年的演化进程只是整个媒介进化与交织的缩影,但

---

[①] 腾讯科技:《蜻蜓 FM 完成 10 亿元融资 微影资本百度领投》,发布日期:2017 – 09 – 28,https://tech.qq.com/a/20170928/024891.htm,访问日期:2019 – 04 – 20。

[②] 新浪科技:《喜马拉雅:今年 1 月已完成 E 轮融资》,发布日期:2018 – 08 – 22,https://www.sohu.com/a/249317987_483293,访问日期:2019 – 04 – 20。

充分而系统地诠释了文学媒介形态嬗变与开新的本质和意义：每一次新技术的出现和运用都会导致新的文学媒介出现，也不同程度地改变了文学本身，给文学带来了新质；而每一种新型文学形态的出现，都会与此前的文学形态产生激烈的碰撞与交织，文学及文化交融都会达到一个新的高度；新文学媒介的资本化和商业化让新的文学形态快速普及，让读者拥有全新的阅读体验，推动文学媒介的嬗变与开新。文学媒介的演化如此，其他类型的媒介演化也是如此。

# 第七章　政府与创新政策

媒介经济发展的历程已经表明，从长期来看，媒介经济增长的速度、方向取决于技术进步及创新扩散。政府作为市场管理者甚至参与者应全面考虑影响技术进步及创新扩散的因素，制定符合技术进步及创新扩散规律的创新政策。同时，对互联网数字经济模式下因市场失灵造成的行为垄断进行规制，对数据及算法的负面效应进行治理。

## 第一节　创新激励及垄断规制

### 一、影响技术研发及创新扩散的因素

**（一）企业规模**

关于是大企业更有利于技术创新还是小企业更有利于技术创新，存在明显争论。熊彼特在晚年强调大企业更有利于技术创新，加尔布雷·奈特（Galbrain Nutter）、弗里曼等学者也持大企业更有利于技术创新的观点。在本轮以大数据、云计算、人工智能算法等为核心的技术创新过程中，中美两国的一些大科技型媒介组织处于领先地位，尤其是美国的谷歌、苹果、亚马逊、脸书以及垂直内容型媒体领域的奈飞、声田等在全球范围内影响深远。究其根本原因在于大科技型媒介组织能够承担巨额技术研发费用，具体表现在以下几点：一是大科技型媒介组织不仅在全球范围内设立专门的研发中心，而且研发团队水平很高，内部专业分工和团体合作的研发机制完善，从而增加了科学发现和技术发明的机会。相反，绝大部分中小型媒介组织，尤其是内容型媒体，虽然数量占比很高，但由于成本等方面的限制，不可能设置专门从事技术研发的机构。二是大科技型媒介组织能为研发人员提供更多的资金，抵御研发不确定性风险的能力很强，而中小型媒介组织的经营流动资金尚显不足，因而不可能承担研发及创新失败带来的巨大风险。因此，只有大科技型媒介组织才能通过向不同研究项目进行分散化的投资以降低风险，从而减少创新的不确定性和风险性。三是大科技型媒介组织挖掘自我研究成果的产出能力比小型媒介组织强，即较强的声誉有利于大科技型媒介组织的新技术产品进入市场。

## (二) 规模经济与网络效应

经济学的基本原理告诉我们，当初始固定成本很高时，生产就会存在很强的规模经济特征，而规模经济特征会强化自然垄断倾向。以新知识创造为对象的研发成本主要是固定成本，依托新技术的创新必然产生垄断效应，这种垄断不仅受知识产权的保护，而且带有自然垄断的属性，这表明成本会影响研发和创新扩散。

首先，媒介组织的研发费用属于固定成本，即研发会形成某种新媒介技术，但研发成本不随生产中使用该新技术的次数的变化而变化。作为固定成本的研发费用最终会分摊到平均成本。初始平均成本将提高，但由于平均成本随产量或市场规模的扩大而下降，在新的媒介产品的市场规模达到一定的范围后，运用新技术生产的媒介产品的平均成本将低于运用原有技术生产的媒介产品的平均成本。同时，随着市场对新产品功能的逐步认可，原有媒介产品的市场份额将被进一步压缩，于是，通过技术创新的媒介组织将逐步垄断这一市场。

其次，技术扩散是模仿、复制、学习的表征和结果，在正常的市场经济条件下，技术不是纯粹的信息，研发也不完全是信息产品，既不可能以低边际成本再生产，也不可能以零边际成本或低边际成本扩散。较慢的技术扩散意味着扩散成本是很显著的，实际上，在很多情况下，扩散成本是巨大的，正如帕维特（Pavitt, 1987）所认为的那样，技术不是无成本再生产的，它在每个地方都一样，而且其吸收也不是无成本的。

网络效应在某种程度上可以被看成需求方规模经济的表现形态，那么，这就意味着内容产品或服务价值会随着购买某种商品或服务及其兼容产品的用户数量的增加而不断增加，而产品价值的增加反过来又促使更多的用户购买。这种网络效应依赖于产品或服务的网络规模，即用户基础，用户数量规模越大，网络效应就越强。事实上，科技型媒介组织构建的互联网平台产品及提供的服务已形成网络效应：以数据前置为特征的选题会提升内容质量和服务针对性；媒介新技术的运用会增加媒介产品的功能，提升媒介产品的附加值，增强用户使用满意度；新技术的运用会扩大市场传播范围，突破市场准入壁垒；同时，新技术的运用降低了媒介产品成本，使媒介产品更具市场竞争力；等等。也就是说，媒介技术创新扩大了用户数量或规模，出现了显著的网络效应，而网络效应的形成和增强反过来又巩固了科技型媒介组织的市场地位，出现了正向反馈机制效应。但网络效应也具有一定的内生性和竞争替代性，首先，互联网媒体平台的构建以及符合用户体验的新技术都建立在新知识的研发基础上，技术研发需要庞大的资金规模投入和人力成本支出，服从研发的固定成本趋势，同样具有自然垄断的特征；其次，网络平台在用户规模达到临界点之后，用户数量的增长产生了自发性，这是市场竞争规律使然，也具有一定的垄断属性，但这种垄断属性仍然受竞争规律支配，当一种技术更先进、用户体验更好的产品出现后,替代性就会出现。

## (三) 外部性

所谓外部性,是指当媒介组织的一种行为直接对他人或社会并产生了物质或者精神影响,却没有给予支付或他人、社会没有得到相应补偿。也就是说,影响他人、社会的媒介组织没有承担其行为的全部后果。如果私人边际效益等于社会边际效益或者私人边际成本等于社会边际成本,这就说明没有对他人或社会福利产生影响。但媒介组织常常导致生产部门的私人边际效益不等于社会的边际效益或者私人边际成本不等于社会边际成本,这种现象就是效益外溢现象或外部性。媒介组织的活动对他人、社会的影响,既有正面的,也有负面的。

社会边际收益大于私人边际收益的差额部分称为外在收益。当社会边际收益大于私人边际收益时,说明媒介组织产生的社会效益并没有完全反映在现有收益中,即出现了正的效益外溢现象或正外部性。有人认为,研发的某些方面以及信息的生产和收集都显著受正外部性的支配。第一,"公司在某个特定领域内进行项目研发的事实可以传递技术可行性或者潜在利润的信息。或者,一个公司的研发或信息收集可能会通过人才流动以及信息包含在该公司生产的产品或服务中的事实而溢出到竞争对手那里",而原创公司没有得到相应的回报。第二,合作研发会使"创新公司不能享受创新的好处:即创新或信息收集的私人收益少于社会收益。"或者"社会收益超过了研发成本,因此,会减少他们的研发支出。"第三,"如果一个公司的研发为邻近的公司产生了益处,那么,可以认为,他们作为一个整体是不存在扩散问题的,因为信息太容易溢出。……即使研发是对社会有益的"。①

当社会边际收益小于私人边际收益时,即出现了负的效益外溢现象或负外部性。除了技术的社会伦理性外,研发也可能通过下述情形产生负的外部性。第一,达斯古普塔和斯蒂格利茨(Dasgupta and Stiglitz, 1980)等通过检验寡头垄断情形下的竞争性研究表明,一个公司的研发可能会对竞争对手产生负的外部性,例如,减少竞争对手的市场份额。在这种情形下,创新公司的研发支出所获得的私人收益大于社会收益——新的收益,新的市场份额,但用户新增收益却没有创新者的私人收益多,或者对现存非竞争性公司的损失远大于对消费者的好处。第二,按照斯通曼(Stoneman, 1987)的说法,还可能存在过度研发的现象,或者正如达斯古普塔和马斯金(Maskin, 1987)所说的,在竞争公司的研发项目上有过多的相似之处,从而产生社会浪费。但如果是用于复制扩散,则另有意义,正如帕维特(1987)指出的那样,如果研发支出是被用来吸收现存技术知

---

① [英] 斯旺:《创新经济学》,韦倩译,上海人民出版社2013年版,第213页。

识，那么复制可能不是浪费，相反，对扩散来说，却是至关重要的。

## 二、科技型媒介组织对技术研发及创新扩散的垄断情形

创新理论表明，完整的技术变革过程由发明、创新和创新扩散三个环节组成。发明提供新思想、新模型；创新将新的产品、工艺、方法或制度首次引入经济生活；创新扩散则是创新成果在经济体中被吸收和传播的过程，对生产率提升有决定性影响。三者在媒介经济增长过程中，缺一不可。

**（一）技术研发垄断**

科技型媒介组织在技术研发和运用过程中，对投入的时间、资源和精力进行调整和分配，给包括媒介经济在内的整个经济增长和全球用户福祉造成了严重影响，缘于它们在过去、现在引导整体科技变革中所扮演的角色。一个最有力的证据是在人工智能技术的研发与运用上，科技型媒介组织一如既往地加大投入。据麦肯锡全球研究所估计，少数中美大型科技媒介组织对人工智能的研发投入已占到全球总投入三分之二的水平。科技型媒介组织对数据和人工智能的应用前景有着共同的看法：取代人工，实现自动化，并改进监测。因此，人力资本的培养和获取成为竞争的关键。科技型媒介巨头加大对高校等教育机构的影响力，通过与顶尖大学和咨询机构建立联系，每年都有不计其数的毕业生和学者踏入这些大型科技媒介公司的大门，这些最具天赋的人才巩固了这些大型科技媒介公司在全球范围内的寡头垄断地位。同时，大型科技媒介公司重金挽留最优秀的员工，令其跳槽到创业公司显得并不合算。例如，2017年，Alphabet、亚马逊、苹果、脸书和微软对员工的股权激励支出合计高达237亿美元。科技型媒介公司囤积人才的垄断行为，一定程度上阻碍了创业公司的技术研发和技术创新。

科技型媒介巨头的研发垄断及影响具有三个特征。一是科技型媒介公司的研发动机比较复杂，"对于以营利为目的的企业来说，新技术未来应用的市场大小是企业投资决策的一个重要参考因素。然而，企业对科技的需求、企业的商业模式，以及企业对未来远景的规划，这些因素对科技创新整体发展趋势的影响可能更大。"二是科技型媒介公司的技术运用受当前经济利益、商业模式和远景左右，"今天的高科技巨头也不可能推动那些会蚕食其利润的技术，因此，当脸书、谷歌、亚马逊和奈飞费尽心思去展示在科技领域的领先优势时，更多是因为这些优势符合其自身商业模式和经济利益。此外，推动这些科技巨头进行科技创新的动力不单单是为了扩大收入和扩展服务，实现公司未来的远景也是促使企业进行科技创新的一个重要动力。每家企业的管理层都会将自身的风格、喜好以及对未来

的设想融入产品创新当中"①。三是大型科技媒介公司对研发的垄断造成了较严重的问题,"今天的问题,不仅在于科技巨头在行业里一家独大,它们对研发的投入将直接决定行业科技变革的总体趋势。更严重的是,面对这样的局面,除了让自身的产品与大公司的产品保持兼容,市场上其他参与者几乎别无选择,其结果是大多数公司最终不得不依赖甚至依附于这些巨无霸企业。正是由于科技研发的高度集中,导致我们无法接触到更多科技创新和平台。"②

### (二) 创新扩散垄断

经济史学家罗森伯格(Rosenberg, 1972)在近半个世纪前就已观察到,创新扩散的速度总体较为缓慢,而且不同发明被接受的速度存在很大差异。创新经济学领军人物鲍莫尔(Baumol, 2010)等人坚定地认为,进入信息技术时代后,美国生产率提高的源泉是信息技术的变革,未来信息技术的发明创造或许仍不断出现,但技术扩散会逐渐放慢,这必然导致生产率增长减速。经合组织的实证研究也表明,进入21世纪以来,前沿创新企业与非前沿传统企业的生产率差距越来越大,这也印证了安德鲁(Andrews, 2015)等人的一个观点,即主流经济学主张技术扩散是可以自动实现的假设与现实不符,技术扩散并不能自动实现,技术扩散速度放缓,甚至出现停滞不前的迹象。

究其原因在于在真实世界中的生产和交易中,不同的媒介经济主体不仅存在明显的个体差异,而且在社会、经济网络系统中所处的位置、权势和影响力也大不相同,导致它们的连接性或者说穿透性存在很大差异。虽然鲍莫尔(2010)认为大部分突破性创新一度皆由小企业完成,而大企业更擅长的是将创新活动常规化,运用其规模经济和资本实力等优势将突破性创新进行渐进性改良。但现在情况发生了改变。

第一,市场进入壁垒高,行政、法律等管制成本增加了小企业的进入成本,严重束缚了企业家的创新自由,阻碍了创新扩散效应的产生。

第二,进入市场的初创企业面对来自拥有大量数据并能以前所未有的速度发现新生对手的互联网科技型媒介巨头的竞争,这些科技巨头能迅速复制初创企业的功能,控制初创公司的分发平台,压缩创业公司的生存空间,或者直接对它们进行收购。

---

① 德隆·阿西莫格鲁:《分拆巨头解决不了创新窘境》,发布日期:2020 - 11 - 02,http://baijiahao.baidu.com/s?id = 1682253216754380885&wfr = spider&for = pc,访问日期:2020 - 11 - 10。

② 德隆·阿西莫格鲁:《分拆巨头解决不了创新窘境》,发布日期:2020 - 11 - 02,http://baijiahao.baidu.com/s?id = 1682253216754380885&wfr = spider&for = pc,访问日期:2020 - 11 - 10。

第三，科技型媒介公司对专利的申请、转让和使用更重视战略层面的考量，导致其他媒介组织模仿、复制和学习新技术的能力下降，从而限制了企业之间的知识流动，降低了知识传播强度。因此，阿克西吉特（U. Akcigit，2019）等认为，鉴于专利仅用于防止竞争对手使用专利持有者的技术，这些趋势可能意味着市场领导者大量使用专利可能导致知识从最好的企业向其他企业扩散的速度下降。[1]

### （三）双轮垄断与"猎杀式"并购

所谓双轮垄断，是指大型科技媒介组织利用互联网平台基础服务形成的流量优势、数据集中优势等，通过运用"杠杆"，推动其垄断地位延伸到其他领域，从而在多个新领域形成第二轮垄断。在竞争的前半段，科技型媒介公司利用极低的准入门槛、对称的信息、无竞争压力的优势，迅速积攒用户基数、数据基础和流量优势，形成"赢家通吃"的市场局面；竞争的后半段，科技型媒介公司则利用大数据、云计算、人工智能技术的通约性将优势传导至产业互联网等关联领域，并以极低的成本阻击竞争对手。在数据竞争环境下，科技型媒介公司在生态构建和完善的过程中，一方面，通过收购、兼并等方式获得标的方的技术和人才，在继续加大研发投入后，强化、完善原有技术，并借此不断扩展市场势力版图；另一方面，通过一定比例的入股加强双方之间的连接，或者共同出资举办包括内容媒体在内的企业组织，扩展市场版图。更为重要的是，科技型媒介公司对一些初创企业实施双轮垄断的成本极低、效率极高，且可以不断累积、叠加，在梅特卡夫法则的指引下呈指数型加速发展，尤其是对用户黏性强、数据基数大、社交属性浓郁的互联网媒体和社交平台而言，其加速累积效应尤甚。

伦敦商学院、耶鲁商学院的 Colleen Cunningham、Florian Ederer 和 Song Ma 于 2018 年联合在《政治经济学杂志》发表了《猎杀式并购》一文，该论文认为，美国制药行业中 6% 的并购属于"猎杀式并购"。为打压竞争对手，维持市场优势，药企在并购创新公司之后，会停止创新公司相关竞品的开发，目的是消除潜在的竞争对手。美国众议院在 2020 年 10 月 6 日发布的《数字市场竞争状况调查报告》中指出，2000—2019 年间，谷歌、苹果、脸书、亚马逊共参与数百起并购交易，而反垄断执法机构并未阻止其中任何一宗。在以谷歌、脸书、百度、腾讯、字节跳动等为代表的科技媒介公司的寡头垄断格局渐趋成型后，如今的互联网媒介经济俨然蜕变为资本游戏，即便有新的入场者、新的经济模式诞生，也会迅速被先入场的垄断者阻击而消亡，侥幸成功者也只能等待被寡头收购，套现后

---

[1] U. Akcigit, S. T. Ates, "Knowledge in the Hands of the Best, not the Rest: The decline of US Business Dynamism", 发布日期：2019 - 07 - 04, https://voxeu.org/article/decline - us - business - dynamism, 访问日期：2021 - 07 - 20。

退场。面对科技型媒介巨头通过各种方法将潜在竞争对手排除在外的形势，融资困难的初创企业的动机发生了改变：从原来争相打造互联网大平台变成只想创建特色小公司，转变为能够吸引某个科技媒介巨头收购就好。自 2001 年以来，谷歌已经收购了 270 家公司，微软在 2010 年后的 10 年中进行了 100 多起收购，包括收购 Skype、LinkedIn 和 GitHub，亚马逊也进行了类似数量的收购，脸书收购了 90 家公司，主要是初创企业。对这些大型科技媒介公司大肆收购所产生的结果和影响，格里克和鲁特斯林（Glick & Ruetschlin，2019）认为进一步为科技巨头企业巩固和保护其优势地位提供了战略手段[1]。国内的百度、腾讯、字节跳动等科技巨头的收购、兼并与入股的行为同样如此。

## 三、对研发及创新扩散垄断的不同看法

今天，众多科技型媒介公司面临政府、经济学界、媒体的垄断指控。美国国会就涉嫌垄断问题对谷歌、亚马逊、脸书、微软等公司进行了多次听证，欧盟对美国科技巨头进行了数次巨额罚款，部分媒体不断鼓吹分拆科技巨头，经济学学术界也有反垄断的声音。一般来说，处于前沿创新企业（通常指排名前 5% 的企业）地位的科技型媒介巨头大多是"双头兽"：一方面，在内部投资开发新技术；另一方面，收购创业公司来补强业务，科技型媒介巨头有动力通过游说、设置进入壁垒和启动一系列防御性的收购计划，以巩固自身主导地位。从这个角度说，垄断所产生的后果要更加严重。"对科技媒体巨头的市场主导地位进行限制固然重要，但只限制公司规模的大小还不够。即便分拆这几家公司，也不足以恢复全社会创新所需的多样性生态。我们还需要拥有不同发展远景的新公司，政府可能也需要像过去那样，重新成为主导科技变革的掌舵人"。"纵观历史，最伟大的科技进步往往诞生于百花齐放、百家争鸣的时候"[2]。

事实上，经济学界对垄断的看法存在着明显的分歧，并没有取得理论上的共识。"垄断"一词，作为一个特定的经济学概念已有 200 多年的历史了。早在 1776 年，被誉为经济学之父的亚当·斯密就在《国民财富的性质和原因的研究》中有过论述，但亚当·斯密所说的"垄断"指的是因各种行政限制和法律限制所产生的"特许权"，这就是垄断的原型与前身。工业革命后，新古典经济学家

---

[1] M. Glick, C. Ruetschlin, "Big Tech Acquisitions and the Potential Competition Doctrine: The Case of Facebook", The Institute for New Economic Thinking Working Paper, 2019 (104).

[2] 德隆·阿西莫格鲁：《分拆巨头解决不了创新窘境》，发布日期：2020 - 11 - 02，http://baijiahao.baidu.com/s?id = 1682253216754380885&wfr = spider&for = pc，访问日期：2020 - 11 - 10。

们跳出传统视野,"垄断"一词的内涵才变得更加丰富、更加理论化。"垄断"被定义为"竞争的缺乏"。在新古典经济学看来,"垄断"与"完全竞争"是截然对立的,"垄断"会通过价格调节损害社会福利,这不仅赋予"垄断"全新的经济学含义,也使市场独占、掠夺性定价、倾销、捆绑销售、限制竞争等经济现象纷纷成为"垄断"的标签。

但这不是唯一的声音。熊彼特提出的"创造性破坏"的创新理论描述了经济发展过程中技术演进的方式,从根本上否定了技术垄断、技术独占的可能性。而这种可能性几乎是反垄断不可或缺的基石。奥地利学派将市场看成一系列行动交互作用的连续过程,产品定价、捆绑销售、技术开发等都面临着无数的可能性与挑战,没有什么因素可以维持长久的垄断地位。在奥地利学派看来,真正的垄断只有行政垄断或政府垄断,即牌照管制。从美国百年反垄断的实践看,反垄断并没有解决垄断问题,拆分也不能解决垄断问题。人们曾普遍认为对美国电话电报公司的拆分,推动了通信领域的竞争与创新。不过,人们很快就反应过来,打败垄断的并非反垄断,而是技术创新——后来蓬勃发展的信息革命。著名经济学家保罗·萨缪尔森在《经济学》一书中就美国电话电报公司的解体认为,迅猛发展的技术革新,并不需要依赖于垄断的力量。芝加哥学派也认为,没有真正的垄断,没有永久的垄断,唯有不断前行的技术浪潮。自由资本主义的倡导者、诺贝尔经济学奖得主米尔顿·弗里德曼(Milton Friedman,1979)认为,因发明专利、商业秘密、自由竞争所造成的垄断根本就不能算是垄断,只有因政府管制而形成的垄断才是最大的祸害。诺贝尔经济学奖得主罗纳德·科斯说:"我被反垄断法给烦透了。当价格上升的时候,法官就说这是垄断;当价格下降的时候,法官就说这是掠夺性定价或者说是倾销;当价格不变的时候,法官又说这是一种价格勾结。法官到底想怎么样呢?"[①] 美国著名法官、法学家、法律经济学派创始人波斯纳(Richard A. Posner)甚至认为:"就我们目前对垄断的全部理解而言,我们不能以缺乏价格竞争会阻碍发明或者使企业怠于控制成本为由来谴责垄断,无论它采取独家企业垄断还是卡特尔的形式。"[②] 在自由市场上竞争出来的垄断公司、大公司的创新是最有效的、效率是最高的,因为它们结合了市场经济和计划经济两边的优势。

事实上,对于科技型媒介巨头双轮垄断的指控也有不同的分析和判断。腾讯研究院首席研究员李刚(2020)认为,互联网科技公司所倡导的云计算、大数据

---

① 转引自薛兆丰:《反思反垄断法》,发布日期:2017-12-03,http://sohu.com/a/208206853_300763,访问日期:2020-10-20。
② [美]理查德·A. 波斯纳:《反托拉斯法》,孙秋宁译,中国政法大学出版社2003年版,第23页。

和人工智能等移动互联网底层技术是通用技术,这些技术逐渐成熟及商业化应用,可以在很多不同行业的不同场景中使用,从而产生了溢出效应,并已广泛渗透到交通、金融、医疗、教育、制造业甚至农业领域,溢出的过程也是原生技术跨出本行业与其他行业的技术体系相结合的过程,这本身是技术扩散的表现,甚至出现很多基于一次创新的二次创新。① 这种技术扩散和二次创新,不断推动传统行业进行技术形态、企业组织的转型与变革,促进了数字经济生态的形成与发展,经济结构发生变化,经济发展的质量也随之提升。同时,科技企业对初创创新型企业和传统企业的少数股权投资,在一定程度上是数字经济生态的形成和发展的加速器。例如,通过股权投资给创业企业、规模较小的企业、渴望实现数字化转型的传统企业提供发展和转型所急需的资金。科技企业与投资配套的投入往往还有云架构、定制算法、数据中台等重要的数字化工具和技术团队服务。少数股权投资还可以快速有效地在企业间建立互信,明确初创企业、传统企业、科技公司在合作中分工与协作,分享技术创新带来的好处。

而学界对"猎杀式并购"理论也有不同的看法,互联网经济的实践证实了该理论有不成熟甚至偏颇之处。沃顿商学院的 J. Daniel Kim 在《初创企业的并购悖论》一文中指出,"猎杀式并购"的假定是企业故意收购并关闭初创公司以消灭竞争,"但初创公司的产品或服务一般都比较脆弱,客户需求和技术规模尚未获得证实。因此,其产品或服务的消亡,更多由于这种脆弱性,当然存在着收购方对收购来的技术,利用不当的可能性。换言之,如果初创公司未被收购,它未来的发展情况又该如何预测。我们应基于证据,对这种复杂现象做进一步的研究"。② 2012 年 4 月发生的脸书斥资 10 亿美元收购 Instagram 的案例也从另一个侧面佐证了"猎杀式并购"理论的不完整性。据"华尔街日报"报道,扎克伯格对这项收购的重要动机是,Instagram 可能是脸书的新生竞争对手,虽然 Instagram 尚未盈利,并且用户群比脸书小得多。负责审查该交易的联邦贸易委员会在经过 4 个月的秘密调查后才宣布,此项收购交易可继续按提议的条款推进。脸书收购完成后将两家公司打通,利用脸书在广告、用户方面的资源使 Instagram 利润增长,而 Instagram 通过更好的照片共享功能和不断增长的用户,帮助脸书不断发展壮大,全球用户则从这起并购交易中获得了更好的服务,也就是说,这起并购是多赢的。

---

① 李刚:《科技企业为什么爱投资?》,发布日期:2020 - 11 - 21,https://www. huxiu. com/article/395217. html?f = member_ article,访问日期:2020 - 11 - 25。

② 转引自温世君:《何为平台经济反垄断中的"猎杀式并购"》,《经济观察报》2020 年 11 月 20 日。

## 四、创新政策

内生增长理论认为,由于规模经济、外部性和信息不对称等因素造成市场失灵,将导致企业对 R&D 投资不足,从而影响原始创新和创新扩散的积极性,政府应通过补贴、专利制度等激励私人投资。演化增长理论则认为,科技政策应该具有渐进性,技术政策的各个方面,如 R&D 从发明到扩散、从基础研究到技术应用等,都应该体现这种思想。

### (一) 研发及创新扩散的激励

#### 1. 鼓励企业开展基础研究

基础研究周期长、难度大,有很大的社会效益,政府应该成为投入的主体。例如,加大对高校研发的投入、直接建立国家重点实验室等,政府直接资助在科研和创新体系中的地位愈发重要。但是,高校、国家重点实验室和企业的研究目的不完全一致,因此,科研成果转化率要明显低于企业。方晋(2020)认为,20世纪70年代以来,美国企业和科学研究渐行渐远,导致科研成果转化为实际应用的难度加大。美国企业尤其是大企业面临股东对短期盈利的需求,虽然对研发的投入仍然很大,但主要投入在"开发"上,对"研究"的投入则大大减少。[①]美国国家科学基金会数据显示,基础研究和应用研究占美国企业研发支出的比例由 1985 年的 30% 下降到 2015 年的不足 20%。1971 年,美国财富 500 强企业获得《研发杂志》(*R&D Magazine*)年度创新奖的比例是 41%,2006 年这一数字下降到 6%。但国外经验也表明,企业同样可以开展基础研究,尤其是规模较大的企业。对企业的研究与开发活动予以同等程度支持,未来可以考虑将两者区分,对企业开展研究活动的给予更大的支持力度,这样既可以成为政府投入的有益补充,也有利于科研成果更加迅速地转化。

#### 2. 运用财政、税收政策纠正研发及扩散过程中的正外部性

研发外部性的出现是媒介组织追求私人部门满意利润的表现,对媒介组织来说,是最有效率的表现,但对于整个市场或社会来说,则会带来效率或福利的损失,这种现象被称为市场失灵。既然外部性是一种市场机制条件下导致的市场失灵现象,显然,依靠市场本身难以纠正,必须依赖政府相关管理部门的政策才能加以改变。当正外部性出现时,私人边际收益小于社会边际收益,长此以往,将出现社会对优秀知识产品或知识创新的不足,即所谓的供给不足现象。针对上述外部性所产生的供给不足及效率损失,政府相关管理部门可以通过减免税收或直

---

[①] 方晋:《美国真正的危机是技术进步放慢》,发布日期:2020-11-19,http://baijiahao.baidu.com/s?id=1683780713083892456,访问日期:2020-11-25。

接补贴方法加以解决。补贴可以采取两种形式：对供给者的补贴或者对使用者的补贴。来自一般税收的补贴是用来补偿那些通过研发活动可以产生正的外部性的人们的。或者，在补贴扩散的情况下，用补贴来补偿使用者因采用一项新技术而产生的正外部性。

#### 3. 保持创新政策的连续性和渐进性

演化经济学认为，创新政策不能单纯考虑技术的经济性质，而需要深刻挖掘技术及其背后的社会文化背景差异，并认为后者是决定技术渐进演化的关键。例如，能源科技的演化就是一个很好的例子。通过长达30年的政策补贴，以及其他因素的诱导，可再生能源和电动汽车才有了今天的成绩。如今，在很多情况下，绿色能源相对于化石燃料的优势都体现得越来越明显，这也从侧面表明，如果获得政策支持，那些更符合社会经济、文化、科技发展需求的智能媒体可能会取得更优异的成绩，但需要时间。目前，互联网科技媒介公司虽然拥有流量、技术、数据优势，但通常不致力于或很少花费时间、人力、财力投入优质内容的生产，而后者才是作为媒体推动社会文明发展的根本动力；传统媒体则恰好相反。内容、技术、商业的协同发展并不是短期能完成的，需要制定长期、连续和渐进的创新政策来协调。

### （二）反垄断

垄断指企业依赖并运用由独占或市场支配地位形成的资源优势对产品或服务的排他性占有。在经济学意义上，"垄断"一词有垄断结构和垄断行为的双重内涵，前者是从市场结构的角度来定义的，后者则侧重于行为角度。从市场结构角度看，垄断主要指某一细分市场处于一家或几家企业垄断的状态，也就是在某一细分市场内一家或几家企业独占或控制整个细分市场的生产或销售，自然垄断也是结构垄断的一种形态。从行为角度看，市场垄断主要指具有独占地位或市场支配地位的产品生产经营者运用独特的行业优势所实施的反竞争行为。两种垄断形态是相互关联的，对技术的研发、创新扩散都会产生作用和影响。

互联网媒体平台经济就像是硬币的两面，在为用户带来极大便利的同时，也带来了垄断的风险，故监管是必要的事情。近年来，谷歌、苹果、脸书、亚马逊四大科技巨头在全球范围内深陷反垄断调查。据南都个人信息保护研究中心统计，在这些反垄断调查中，谷歌面临27起、亚马逊和苹果面临22起、脸书面临13起，其中欧盟对谷歌进行反垄断处罚的金额已经累计超过600亿元。国内针对互联网巨头的反垄断调查，要来得迟一些。《中华人民共和国反垄断法》（以下简称"《反垄断法》"）在2008年8月1日就已经生效，但时至今日，没有一家中国互联网媒体公司因违反《反垄断法》而被公开查处。

但这一情况即将得到改变。2020年11月10日，国家市场监督管理总局根据《反垄断法》发布了《关于平台经济领域的反垄断指南（征求意见稿）》（以下简称"《反垄断指南（征求意见稿）》"），《反垄断指南（征求意见稿）》一改过去20多年的包容审慎监管，强调营造公平竞争秩序，加强科学有效监管，激发创新创造活力，促进行业健康发展，维护各方合法利益。对互联网媒体平台的反垄断监管方式将朝四个方向演进。

第一，拆除行政垄断壁垒，加大对小微科技型企业尤其是初创型企业的支持力度。例如，《反垄断指南（征求意见稿）》第五章第二十二条规定了滥用行政权力排除、限制竞争行为表现。

第二，加强对可能导致垄断的协同和并购行为的监管，《反垄断指南（征求意见稿）》第二章第五条明确指出了互联网平台垄断协议的形式："平台经济领域垄断协议主要是指平台经营者、平台内经营者排除、限制竞争的协议、决定或者其他协同行为。协议、决定可以是书面、口头等形式。"对同一家公司投资的数家公司，或者产业链上下游企业之间的协同行为进行监管，《反垄断指南（征求意见稿）》第二章规定，垄断与协同行为包括横向垄断协议、纵向垄断协议、轴辐协议以及协同行为的认定。《反垄断指南（征求意见稿）》还对集中者进行了规定，以加强对兼并的监管，《反垄断指南（征求意见稿）》第四章关于经营者集中的相关条款明确提出，存在"参与集中的一方经营者为初创企业、新兴平台""参与集中的经营者因采取免费或者低价模式导致营业额较低""相关市场集中度较高，参与竞争者数量较少""具有或者可能具有排除、限制竞争效果的其他情形"等各种状况，即便未达到国务院申报标准，反垄断执法机构依旧可以主动调查。

三是对互联网媒体平台滥用市场支配地位侵害平台内企业、小企业权益以及用户的商业垄断行为进行监管，《反垄断指南（征求意见稿）》在第三章滥用市场支配地位行为中界定了滥用市场支配地位行为的范畴，包括平台经济领域经营者市场份额、经营者控制市场的能力、经营者的财力和技术条件、其他经营者对该经营者在交易上的依赖程度、其他经营者进入相关市场的难易程度。其中第十二条不公平价格行为规定"具有市场支配地位的平台经济领域经营者，可能滥用市场支配地位，以不公平的高价销售商品或者以不公平的低价购买商品"。《反垄断指南（征求意见稿）》第十三条至第十七条分别界定了滥用市场支配地位的具体行为，包括低于成本销售、拒绝交易、限定交易、搭售或者附加不合理交易条件、差别待遇等条款。

## 第二节 数据治理

数据作为一种生产要素资源，反映的是一种新型生产力的崛起，数据积累、数据分析技术和应用场景是人工智能等新兴技术和智媒经济发展的动力。数据也是一种生产关系，为人类社会带来的突破性发展机遇的同时也产生了诸多前所未有的挑战，围绕数据产权、数据安全和隐私保护的问题也日益突出。因此，数据治理成为互联网媒体及智媒时代的一个全新的重大命题。

那么，什么是数据治理？在万物皆比特的数据观看来，数据至少有三层含义：①数据是人类对自然界及人类社会自身产生的信息进行感知、描述、提炼、刻画、抽象、探索所形成的全部知识信息数据的集合；②数据是通过各种技术感知、记录、存储、标记、抽取、分析个人属性及日常行为所产生的全部数据集合；③数据也是政府、非营利性组织、营利性组织等在社会管理、公共活动以及经济活动中的数据及数据统计的集合。此外，还有一类数据也应予以明确，即由人工智能算法自动生成的各类内容数据，例如文字、图片、音频、视频以及合成内容等。因此，从概念上看，数据治理具有两种含义，一是数据的治理，二是依据数据的治理。[①] 前者是指数据治理以数据为治理对象的治理活动，是生产关系的表现形态之一，如通用数据保护条例（General Data Protection Regulation，GDPR），数据隐私保护条例等；后者是指利用数据进行治理的活动，是生产力的一种表现形态，例如电子政务服务、一站式政府服务。但实质上数据治理的两层含义是一个问题的两个方面，前者的核心在于界定数据的权并防止数据被非法运作；后者的核心在于引入数据产权概念，对数据资产进行合法的市场化交易运作。

## 一、数据治理之一：以数据为治理对象

以数据为治理对象的治理活动主要集中在对非法或过度收集、泄露个人隐私数据；未经授权，非法利用个人数据谋取利益；利用数据优势挤压竞争对手等现象上。

### （一）数据滥用及危害

**1. 非法收集用户数据，泄露用户私人隐私数据**

互联网媒介平台利用技术在用户不知情的情况下非法获取用户信息，最终导致用户数据泄露，造成严重的社会危害。对此，以臭名昭著的剑桥分析一案最为典型。2014年6月，剑桥大学心理学系高级研究员科根（Kogan）利用一款嵌入脸书的软件获取用户数据，开始为剑桥分析收集数据，进行所谓的性格测试调查。这款软件抓取的用户信息范畴极为广泛，搜集的用户信息包括：用户的住

---

① 张康之：《数据治理：认识与建构的向度》，《电子政务》2018年第1期，第4页。

址、性别、种族、年龄、工作经历、教育背景、人际关系网络、平时参加何种活动、发表了什么帖子、阅读了什么帖子、对什么帖子点过赞等,最终只有 27 万名用户真正参与了性格测试的调查。然而,27 万人参与调查,为何有 5000 万～7000 万人的数据?科根在亚马逊的 Mechanical Turk 和 Qualtrics 上发布广告,有偿征集愿意参加性格测试的人。要求用户授权他能获取用户的脸书资料,除了用户自己的,还包括他们的朋友的。平均下来,每一个"种子用户"都悄无声息地带来了至少 160 位其他朋友的个人资料。这意味着,每个参加投票的用户的好友们,在完全不知情的情况下被抓取了个人信息。而被科根获取了资料的用户数也达到了惊人的 5000 万～7000 万个。

**2. 利用数据获取竞争优势,谋取经济利益**

2019 年,脸书一份近 7000 页的内部机密文件被泄露,文件内容包括 2011—2015 年期间脸书如何将用户数据作为谈判筹码来巩固这家社交巨头的统治地位,如何计划监视 Android 用户的位置,如何控制竞争对手,甚至杀死竞争对手。从文件内容可以看出以下几点。

第一,脸书将用户数据用来要挟、施压其合作伙伴。文件显示,脸书将用户关系、照片等数据作为谈判筹码,要求合作伙伴做出更多有利于脸书的让步。一旦这种合作关系破裂,脸书将从技术上阻断这些公司继续获取其数据信息。

第二,"隐私条款"成为脸书用来封闭数据资源、打压竞争对手的主要手段。文件显示,脸书不断调整"隐私条款"的目的在于不让竞争对手获取其用户数据,脸书还将部分初创企业列为"潜在竞争对手",阻止其在脸书上投放广告。

第三,脸书有意组建用户数据的横向和纵向垄断组织。"用户数据"也是脸书引诱其他互联网科技巨头的重要手段。由于亚马逊在脸书上投入巨额广告,脸书便允许其访问部分用户数据。脸书将企业分为结盟对象、潜在竞争者和竞争对手,这表明脸书利用用户数据优势来垄断市场。

第四,"用户数据保护"和"隐私条款"在脸书内部并不适用。文件揭露了脸书人工智能项目的发展目标,包括预测用户的未来行为,作为广告投放的依据;以及在投放出现问题时以程序失误作为借口。从这一文件来看,脸书内部过度使用用户数据的行为很可能是普遍现象,用户数据就是脸书的私有生产资料。

针对互联网科技媒介巨头频发的数据垄断、数据泄露、利用数据谋取利益和市场优势等事件,斯坦福大学的马里耶·沙克(Marietje Schaake,2020)在《科技不等于科技巨头》一文中一针见血地指出,数字科技改善了信息的普及性,也破坏了自上而下的权力结构,最终破坏了传统媒体的科技巨头们,使自己变成了数据和信息的守门员,成为市场寡头。高度的数字服务体现的是现实中不透明的算法。这些发展趋势都是公司治理决定以及精心设计、旨在实现利润最大化、虹吸数据和累积市场权力的商业模式的可以预测的结果。主要科技媒介公司的平台被精心设计以吸引用户，目的是出售广告和实现市场份额最大化。这意味着针对科技媒介巨头的反对其实并不是针对基础科技，而是针对公司权力集中却没有相称的抗衡力量。因此，数字科技不是问题，其背后的商业模式才是。然而，监管机构很难跟上创新的节奏，因为商业模式的信息不对称，科技媒介公司常常占据上风。尽管如此，反垄断机关正在调查某些主要互联网媒体平台是否滥用它们"守门员"的地位，特别是在发生了数亿人的个人信息遭泄露之后，或者是在基于用户最隐私的个人数据被出售给广告商被曝光之后。

（二）数据治理

很显然，非法收集、泄露个人隐私数据，利用个人数据非法谋取利益已对个人、企业竞争对手、社会产生负的效应外溢，是负外部性的集中表现，因此，数据安全和数据保护已成为互联网媒体平台的头等大事。然而，仅靠这些科技媒介巨头的自律是不可能完成的事，必须通过立法和司法来保护。

1. 界定数据的权属

数据本身映射了社会关系。人自身的行为数据以及人与人之间的互动数据，涉及隐私和个人信息保护；企业与企业的数据，涉及竞争关系或商业秘密。人、物、组织之间的互动所产生的数据关系也使得相关规则更加复杂化。2019年10月10日，德国发布《AI和数据伦理的75项建议》，指出，必须建立具有预见性的责任分配机制，尊重数据主体以及参与数据生成的各方权利。据此，德国数据伦理委员会认为数据是由各方的贡献生成的，不能基于这种对数据生成的贡献来主张对数据的所有权，但是各方可享有对具体数据生成和利用的参与、共同决定等数据权利，反过来可能导致其他各方承担相应的义务，这意味着承认服务提供者对服务提供活动中产生的各类数据享有法律权益。因此，需要区别个人数据和非个人数据，因为不同类型的数据权利和义务是不同的。德国数据伦理委员会认为，个人数据在多大程度上享有权利应取决于如下因素：对数据生成的贡献程度；在数据权益中个人权益所占的比重；与第三方可能存在的利益冲突；公共利益以及当事人利益的平衡。对非个人数据，提出在欧洲改进数据基础设施（例如平台、应用程序接口标准和示范合同等），防止过度依赖第三方的基础设施，防止欧洲创新型公司外流。2020年4月9日，中共中央、国务院印发了《关于构建更加完善的要素市场化配置体制机制的意见》（以下简称《意见》）。《意见》指出：制定数据隐私保护制度和安全审查制度，加强个人数据保护。而正在积极推进《个人信息保护法》也可合理科学借鉴域外立法，但目前还没有定论。

2. 对用户数据收集范围进行限制，实行"最小必要"原则

《中华人民共和国网络安全法》第四十一条规定，收集个人信息应当符合合法、正当和必要的原则，不得收集与业务无关的个人信息。民法典草案亦规定，

不得过度收集、处理个人信息，个人信息的处理包括个人信息的使用、加工、传输、提供、公开等。在实践中应当做到，在满足实现 App 功能所必需的个人信息的数量、种类应尽可能少，自动采集个人信息的频率也应当尽可能小，不以欺骗、误导或者强迫等方式收集个人信息，也不得超出目的范围收集个人信息，即在够用的基础上不收集其他非必要的个人信息。个人信息收集的最少必要原则是运营者在收集个人信息时的法定义务，不能通过用户协议或隐私政策中的格式条款对这个原则进行排除，更不能在收集个人信息时超越此原则的限度。2020 年 5 月 28 日，十三届全国人大三次会议表决通过的《民法典》在人格权编中设"隐私权和个人信息保护"专章强化个人隐私权的保护。2020 年 10 月 21 日《中华人民共和国个人信息保护法（草案）》正式公布，未来或将成为首部专门规定个人信息保护的法律，正式出台后，将成为个人信息保护领域的"基本法"。

**3. 对用户数据使用进行授权管理**

在著名的新浪微博诉脉脉案件中，法院在判决书《北京知识产权法院（2016）京 73 民终 588 号民事判决书》中说："在数据资源已经成为互联网企业重要的竞争优势及商业资源的情况下，互联网行业中，企业竞争力不仅体现在技术配备，还体现在其拥有的数据规模。大数据拥有者可以通过拥有的数据获得更多的数据从而将其转化为价值。对社交软件而言，拥有的用户越多将吸引更多的用户进行注册使用，该软件的活跃用户越多则越能创造出更多的商业机会和经济价值。……一方面，用户信息的规模及质量一定程度上反映了网络平台用户的活跃度，影响网络平台的吸引力，掌握更多用户信息，通常意味着拥有更大的用户规模。对互联网经营者而言，维持已有用户并不断吸引新用户，才能推进网络平台的经营发展。另一方面，用户信息是经营者分析整理用户需求，开发特色产品和服务，提升用户体验的重要来源。这也是微梦公司在《开发者协议》中将用户信息定义为微博商业秘密的原因。"法院在判决书中确认了"三重授权原则"，即第三方通过 Open API 获取用户信息时应坚持"用户授权（用户对数据提供方的授权）＋平台授权（数据开放平台对第三方应用的授权）＋用户授权（用户对第三方应用平台的二次授权）"的三重授权原则。一方面，保护用户个人信息，避免第三方应用随意获取使用，甚至擅自分享给第三方；另一方面，体现了对互联网科技型媒介组织的创新优势和投入的尊重和保护。

**4. 对内容数据的归属进行保护**

新技术能够对数字形式的信息进行自动计算分析，例如文本、声音、图像或数据，通常称为文本和数据挖掘，因此，内容数据的归属和保护也格外引人注目。2019 年 6 月 7 日，欧盟《单一数字市场版权指令》(*Directive on Copyright in the Digital Single Market*)（以下简称《版权指令》）生效，对内容数据的归属保护提出了详细规则。一是文本与数据挖掘（Text and Data Mining）例外。《版权指令》第3条和第4条规定了文本与数据挖掘的版权例外。第3条规定了为科学研究目的的文本与数据挖掘的版权例外，属于法定例外，不可通过服务条款、许可协议等方式禁止之。但行为主体需履行一项附属义务，即存储复制件应采取适当的安全措施，并可为科学研究目的（如验证研究结果）而保存复制件。权利人为避免网站被大量爬虫爬取而威胁到其服务的安全和可用性，可以采取必要措施确保系统安全完整。二是有条件的文本与数据挖掘例外。《版权指令》第4条规定，为文本与数据挖掘目的而复制、提取可以合法访问的作品、数据库等，即属于版权例外。但商业目的的文本与数据挖掘必须尊重版权权利人的意志，否则即可构成侵权行为。三是规定了数据科学与人工智能应用中的数据与作品利用边界，主要针对实践中大量存在利用网络爬虫从网上爬取数据或以其他方式获取数据并用于数据挖掘、人工智能系统训练或其他商业目的，采取爬虫等手段复制、抓取数据，一般针对公开数据。

**5. 对个人数据与非个人数据分别监管，平衡数据保护与数据利用，提倡数据开放**

例如，《AI和数据伦理的75项建议》指出，在一般治理标准指导下，对个人数据与非个人数据分别监管，平衡数据保护与数据利用。该建议提出了治理的一般标准，包括数据质量应符合其用途；信息安全标准与信息风险水平相适应；以利益为导向的透明度义务（interest-oriented transparency）。该建议还提出，要建立和推广政府数据开放平台（Open Government Data，OGD），支持私营部门自愿的共享数据安排。又如，《意见》中也区分了政务数据资源和社会数据资源两大类。对政务数据，通过开放制度促进数据供给；对社会资源数据，通过培育数字经济新业态方式予以支持发展壮大。推进公共性质的政府数据开放共享，社会数据通过面向社会开放来挖掘数据价值，社会资源数据的利用仍应以市场为主导，充分发挥市场激励机制发展壮大。

## 二、数据治理之二：利用数据进行治理

数据作为一种新的生产要素资源，其开放、共享、交易或流通于万物互联时代非常重要。数据要素涉及数据的生产、采集、存储、加工、分析、服务等多个环节，对生产价值创造和生产力的发展有广泛影响，同时也要看到明晰的权属和有序的流动是生产要素的本质要求以及前提条件。毫无疑问，数据安全有序流动是激活数据生产要素价值、促进数字经济发展的关键所在。

完整的数据交易过程涵盖诸多环节，每个环节都涉及关键技术问题，包括数据脱敏、数据确权、数据价值评估、数据定价、数据隐私保护等。这些问题尽管侧重于数据交易的不同方面，但仍然存在着紧密的联系。数据脱敏是数据交易的

基本条件，也是数据交易于运用的核心原则，数据价值评估是数据定价的基础，数据确权是数据定价和确认数据隐私保护的对象的前提。这些关键技术问题是数据交易架构形成的基础，也构成了数据交易机制设计的核心问题。

第一，数据脱敏。数据脱敏就是为原始数据创建结构类似但不真实的数据的方法，以便将数据在开发、测试、培训、分析等非生产环境下的使用。无论是欧盟的 GDPR 法案，还是国家互联网信息办公室发布的《数据安全管理办法（征求意见稿）》，都有明确对个人隐私信息的保存、使用的规定和处罚措施。欧盟在 2018 年出台《通用数据保护条例》，规定了企业如何收集、使用和处理欧盟公民的个人数据。2019 年 5 月 28 日，国家互联网信息办公室发布的《数据安全管理办法（征求意见稿）》中，明确要求对个人信息的保存和提供要经过匿名化处理，以切实降低在数据应用中个人信息可能存在的泄露风险。在数据经济时代，数据要素已经成为企业重要资产，对企业不同的业务部门来说，每时每刻都在通过共享数据方式进行业务协作。一些企业会将大量的敏感客户数据、订单数据拷贝到开发、测试、数据分析环境，但并没有采取任何对数据脱敏的措施。这将面临重大的监管及数据泄露风险。为了保证数据在企业内外部依法依规使用，需要相应的数据脱敏技术来实现对敏感数据的保护。在数据脱敏中，只是改变数据值，但数据的格式和原始数据保持一致，使原始数据不能被探测到或者经过转换还原出原始数据。这样，既可防止数据泄露以及数据被意外接触，又可帮助生产性组织实现数据的依法依规共享。

第二，明确数据的所有权、使用权和收益权。科斯（1960）认为，清晰的产权界定是交易的前提。基于市场交易费用的存在，科斯认为，产权的界定和产权的安排在经济交易中具有重要性。在效用最大化下，由于存在外部性和市场交易费用，只有在产权明确界定的情况下，相互作用的各方才会利用市场机制，通过合约寻找到费用最低的制度安排，制度安排的选择以它所能带来的生产价值的增加大于它的运作所带来的费用而定。经济学家对产权的表述并不相同。阿尔钦认为，产权是"一个社会所强制实施的选择一种经济品的使用的权利"[1]；斯蒂文·张五常（Steven N. S. Cheung, 1969）认为产权的基本内容包括行动团体对资源的使用权与转让权，以及收入的享用权。[2] 综合来看，产权是指人们围绕对物品的使用权利而形成的一组排他性权利，这种排他性权利包括所有权、占有权、使用权、处置权和收益权等五项权能。产权就是所有权、占有权、使用权、处置

---

[1] ［美］A. 阿尔钦：《产权：一个经典注释》，转引自《财产权利与制度变迁》，刘守英等译，上海三联书店 2005 年版，第 166 页。

[2] S. N. S. Cheung, "Transaction cost, risk aversion, and the choice of contractual arrangements", *Journal of Law and Economics*, 1969, 12 (1): 23–42.

权和收益权的统一。因此，数据确权是数据交易机制建立与发展的根本问题，其核心是确定数据相关权利人，即明确数据所有权、使用权、收益权等权利的归属，保障数据交易的合法性和交易程序的公平性。如前所述，原始数据生产方拥有数据所有权——无论是公共数据还是私人数据，数据平台在数据所有方的授权下，在通过数据分析技术整理加工挖掘原始数据后应拥有数据的使用权，数据在交易后所产生的收益应在数据关联方之间进行分配。例如，互联网媒体平台的PIK模式等。因此，在互联网数据交易背景下，尽管数据所有方和数据消费方之间通过数据交易实现数据的传输和流通，但是数据的所有权不应该在数据交易的主体间进行转移，转移应该是数据的使用权。数据消费方在数据交易完成后将获得数据的使用权，也可以通过对数据进行分析和挖掘生产更具价值的数据产品，但不得将购得的数据直接用于另外的交易。

第三，数据价值评估。信息的作用在于消除不确定性。经济学认为，拥有完全信息是生产、消费理性决策的前提假设之一，也就是说，生产、消费的风险来自占有的信息具有不完全性的风险。可以认为，经济活动的最大风险来自不确定性。而数据或信息则是消除不确定性风险的主要资源，而这又决定于数据的价值效应。因此，数据价值可定义为数据消除不确定性的作用对数据消费方经济利益的影响程度。

第四，数据定价。在数据定价方面，由于数据具有不可叠加性、相关性和难以划分单位等不同于普通商品的特性，因此相应的定价设计将更加复杂。在数据价值明确的场景中，以VCG（Vickrey-Clarke-Groves）机制为基础的数据定价机制具有明显的优越性，可以让数据所有方获得与数据的实际价值相一致的收益；而在数据价值无法得到精确评估或数据供求关系不清晰的场景中，拍卖定价将是一种更为灵活、适用性更好的数据定价机制，以数据消费方的估值确定数据的价格。

第五，数据集交易的技术平台架构。鉴于目前的技术特征和技术缺陷，可采取两种架构方式。一是集中式数据集交易技术架构。现有的数据交易架构可根据是否在数据交易市场参与者之间交换数据或交换数据处理方式分为三类：①"移动计算、不移动数据"的交易架构适用于存在多个数据所有方的数据交易，常采用虚拟数据中心的形式来实现数据信息的集散，需要移动计算在数据所有方处对数据进行处理；②"移动数据、不移动计算"的数据交易架构适用于单一数据所有方与多个数据消费方的数据交易，这种数据交易具有数据所有权集中的特点，典型的实现方式为基于"云计算"的技术实现；③"移动数据，移动计算"的数据交易架构适用于需要多方利益主体进行较为复杂互动与计算的场景，典型的实现方式包括多方安全计算框架。二是分布式用户数据交易与服务技术架构：区块链技术架构。用户的数据是有经济价值的，目前基于集中式互联网平台PIK

的交易和服务模式并不能完全公正、公平反映用户的数据价值。从长期看，随着算力和带宽的提高，区块链技术可能是一个比较理想的技术架构。基于密码学的默克尔树和分布式数据库把整个区块链数据完全串联在一起，使得它的中途修改变得基本不可能。把区块链默克尔树和分布式数据库的思想应用到各类数据的生成和流转上，数据之间环环相扣，可以保证数据的严格追踪。即使不能保证数据的完全准确，也可以保证事后有效的追责。区块链技术从理论上找到了这样一种数学方法：区块链技术作为分布式账本记录历史的数据交易情况而且在每个市场参与者都持有相应副本，因此可以用于对数据进行定位和追溯，以及用于确认数据的具体权属。同时，可以让互联网巨头们利用数据分析用户的个性化需求，用户也提供个人的信息，但是这些信息是被加密的，信息放到一个计算体系里计算之后，巨头们能得到每次服务中用户想要什么，但是巨头们既不知道用户是谁，也不知道那些原始的数据依据，只知道用户可能想要什么，从而提供完善的个性化服务，信息既不会被泄露，也不会被记录。当然，巨头们可以记录一个匿名的统计数据用于改善它们的服务。

## 第三节　算法治理

算法是互联网媒介人机交互、内容生成与审核、内容个性化推荐、产品市场预测与舆情分析的技术基础，也是智媒的核心技术，已在互联网媒体和人机交互媒介得到了广泛的商业化运用。但在这一过程中也出现了一系列不容忽视问题：算法决策依赖于对人类决策偏好和数据偏差学习的结果，在输出结果与人类实际需求的匹配度上容易出现偏差，机器算法偏差实质上投射出了根植于社会传统的人的偏见。这种偏见，既来自用户交互中的数据学习，又来自算法系统中各参与者的设计，然后又重新被算法产品赤裸地呈递给更广大的受众，从而产生了连锁的偏见循环，这就是所谓的算法偏见。

算法偏见这一概念从 20 世纪 90 年代就有了相关的讨论，主要关注的是在没有人类介入的情况下处理和分析输入数据的机器，以及机器学习通过数据处理和分析得到的正面和负面的结构，也就是说，算法偏见关注的是非人类行为在应用算法时可能存在的偏见。与此相对应，对算法规制的讨论也应运而生。在算法规制的所有对象中，算法偏见是最具备典型性的。因为在以深度学习为代表的人工智能算法运行过程中，人类的参与程度会越来越低，人们很难对算法产生的负面结果的道德责任负责。

表面上看，算法偏见只是技术问题，但如果仅限于从技术的角度讨论算法规制是不够全面的，因为人工智能系统及算法并不能完全独立于人类的操控，算法运算背后是运算决策模型和各种数据，必须具有人的算法模型设计和数据选择性输入，任何抽离于人类特定场景的算法都是不存在的，至少从目前来看是如此。因此，还必须从人和社会的角度探讨算法规制，因为人的道德是主观性的，关注的是个人的道德责任，而算法偏见则是客观性的，存在一定的道德缺口。因此，讨论算法偏见这一问题，首先应弄清楚算法偏见产生的原因，其次才是如何治理算法偏见。

## 一、算法偏见产生的机理

那么，算法偏见来自哪里？这个问题与人工智能背后的核心技术——机器学习模型以及机器学习模型赖以完善、提升的数据休戚相关。以今日头条的算法推荐机制为例，今日头条算法推荐技术框架主要考虑了四个方面的因素：内容特征，通过文本分析提取不同内容类型的特征；用户特征，通过用户历史数据提取用户画像等；环境特征，基于用户在不同场景中不同的信息偏好。结合这三个维度，推荐模型产生第四个因素——协同特征，通过用户行为分析出不同用户间的相似性，依靠"兴趣探索"和"泛化"来实现多元化推荐，但其根本点还是基于"相似"，内在逻辑是迎合用户的需求。因此，推荐算法实质上是一个拟合用户对内容满意度的函数，以预测在某一场景下推荐的内容是否适合用户，目的是让用户感到愉悦。因此，在整个算法系统中，除机器学习算法模型自身的不完善外，数据集也极为关键。机器学习过程中为算法注入偏见的主要有三个环节——数据集构建、目标制定与特征选取、数据标注。

### （一）数据集

数据集是机器学习的基础，用于算法训练的数据集应该符合数量庞大、数据质量高、数据具有多样性的特征，才能尽可能地减少算法偏见，反之，依赖数据集学习的算法决策就难免有失公允。事实上，目前这一问题表现得比较普遍。目前的数据集主要有两个特征：一是配比偏差大，由于数据采集成本高昂，出于数据采集的便利性，数据集往往会倾向更"主流"、可获取的群体，因而在种族、性别层面分布不均；二是一部分数据是人类思想成果的结晶，反映了人的价值观、生活观。因此，不存在完全客观的数据集，也就是说，现存的人类社会偏见也会被带入数据集，用于算法训练的原始数据，例如非结构化的图文、音像数据等，从一开始就带有一定的社会偏见性，机器学习算法也会习得这种价值偏见，因此，输出的决策结果必然含有一定偏见。

### （二）规则制定者

算法工程师是算法规则的制定者，包括机器学习的目标设定、采用哪种模型、选取什么特征的数据标签、数据的预处理等。不恰当的目标设定就会引入偏见,其中最主要的引入个人偏见的环节出现在数据特征的选取环节。工程师会在数据集中设置标签,来决定算法要学习该数据集内部的哪些内容、生成怎样的模型,以达成算法实现的目标。例如,在用户画像中,工程师可能为算法设置了"年龄""性别""教育水平"等标签,并确定相应的权重值。算法在学习过往用户决策时,就会识别其中的这一部分特定属性和权重值,以此为核心构建算法模型并输出相应的结果。例如,当工程师认为"性别"是一个重要的考量标准时,性别的权重值就比较大,就会产生性别偏见。这种由工程师有目的的主观判断和参数设置所导致的算法偏见在全球主要社交媒体平台种都能得到印证。

### (三)数据标签者

对于一些非结构化的数据集(如大量描述性文字、图片、视频等),算法无法对其进行直接分析,这时就需要人工对数据进行标注,提炼出结构化的维度,用于训练算法。作为数据标签者,时常会被要求做一些主观价值判断,标签者对非结构化数据的贴标签方式是他们世界观的产物,任何一种分类系统都会反映出分类者的价值观。不同的文化背景下,人们存在着对不同文化和不同种族的偏见。打标过程正是将个人偏见转移到数据中,被算法吸纳,从而生成了带有偏见的模型。这成为算法偏见的一大来源。现如今,人工打标服务已成为一种典型商业模式,许多科技公司都将其海量的数据外包进行打标,有数据表明,在人工标签、半机器标签和完全机器标签三类数据标签方式中,人工标签的比例占据75%左右,是最主流的数据标签方式。这意味着,算法偏见正通过一种"隐形化""合法化"的过程,通过算法媒体流传并放大。

## 二、算法规制

在硅谷企业家奥莱利(O'Reilly)于2013年提出了算法规制(Algorithm regulation)的概念后,各学科的学者们开始不断完善这一概念。那么,什么是算法规制呢?刘志毅(2020)认为,算法规制,简言之,是一种以算法决策为手段的规制治理体系;而算法决策指的是通过算法生成指示系统来做决策,可以理解为算法治理的工具;算法治理,则是数字化治理的重要手段和方式,也是建立数字化治理体系的基础措施。① 凯伦·杨(Karen Yeung)认为,算法规制是指通过算法来规制某个领域的决策系统,通过从受规制环境相关的动态组件实时和持续地产生和搜集数据,并通过知识的计算生成以及智能化的应用,实现三个方面的目标:第一,管控特定应用的风险;第二,改变用户群体的行为;第三,实现自动

---

① 刘志毅:《算法规制与决策伦理:今天我们被算法"控制"了吗?》,发布日期:2020-09-09,http://eeo.com.cn/2020/0909/410074.shtml,访问日期:2020-11-09。

优化的操作,来推动系统预定目标的形成。①

(一) 算法规制的范畴和达成目标

事实上,算法规制在移动端互联网媒介领域无处不在,绝大多数 App 都采用了算法技术和算法机制,尤其是社交媒体、短视频及信息流产品等。例如,今日头条的新闻应用会通过推荐算法来监管用户的发布和浏览行为,抖音短视频平台通过算法决策系统来实现内容的发布和流量的管理。因此,算法规制的覆盖范畴应从使用应用的个体到某个平台的所有群体,其作用就是在设定特定目标下利用算法系统指导和影响这些群体。

因此,算法治理要达成两大基本目标。凯伦·杨在其《驯服算法:数字歧视与算法规制》一书中认为,算法规制的目标无他:其一,警惕本来应当是中立的智能应用,被用来掩饰未取得"多数人同意"的少数人集权;其二,建立利益相关者对话和商谈的场域,避免法律沦为"技术寡头"的帮凶。刘志毅(2020)认为,从狭义的治理层面来说,算法规制可以看作一种协调数字生态中特定活动的社会秩序的输出形式。算法规制是一种双刃剑,算法规制既能够做出精准的行为预测,又可以为管理者提供非常好的循环干预机制,例如可以借助数据为用户提供个性化和定制化的服务。从广义上看,算法规制存在着诸如黑箱问题、利益和风险不对称等问题,而且由于算法技术发展的动态性和超前性,新科技的创造者具备不对称的信息和技术优势,能够按照自身利益的需求来塑造在平台上的算法规制逻辑和社会系统,这带来了监管的不确定性。② 因此,从这一角度讲,算法规制最终还是要回归技术治理。

(二) 算法规制的设计理念

算法规制到底应该秉承什么样的设计理念呢?是基于"设计"思想的控制模式,还是体现开放、动态、包容、进化思想的集算法自律、算法监管、算法责任于一体的模式?这是一个非常值得思考和讨论的问题,要理清这一思路,还需要从技术、经济、法律和社会等多个角度进行权衡和考量。

首先,从技术的角度看,技术的问题首先应着眼于技术解决方案。随着脑科学等基础科学的发展,算法技术在不断进化,从最初的内容协同过滤、技术协同过滤模型到机器学习模型,再到人工脑神经深度学习模型,算法技术在科学性、逻辑性、精确性等方面快速提升,发展中的问题都不算问题,即便现在存在诸多看似难以解决的现象,但技术难题最终还是可以通过技术发展来解决的,但这需

---

① [英]凯伦·杨、马丁·洛奇:《驯服算法:数字歧视与算法规制》,林少伟、唐林垚译,上海人民出版社 2020 年版,第 4 页。
② 刘志毅:《算法规制与决策伦理:今天我们被算法"控制"了吗?》,发布日期:2020 – 09 – 09, http://eeo.com.cn/2020/0909/410074.shtml,访问日期:2020 – 11 – 09。

要时间，需要基础科学研究的突破。因此，对算法技术持开放的、动态的、包容的发展观本身是一种科学精神，也是一种值得肯定和弘扬的科学价值观。

其次，算法技术确实提高了互联网媒体的经济效率。数据前置提升了内容生产准确性，用户画像提高了内容分发的精确性，诸如视频深度合成等算法技术使内容制作水平得到了质的提升，用户的体验感随之"飞跃"，人脸识别、语音识别等技术更是带来了革命式的人机交互新方式，等等。

当然，从短期看，目前的算法技术确实带来了法律和社会等一系列的风险，引发社会担忧。例如，刘志毅（2020）认为，算法技术存在三个方面的风险。第一，算法决策存在不正义的情形。如果机器无法承担责任，而算法决策又剥夺了受影响力个体表达和反驳的权利，就意味着剥夺了个体的"陈情权"。第二，算法决策存在不安全、不可靠的漏洞。算法推荐系统会带来内容偏误和歧视，导致输出结果的偏见和不准确。第三，算法决策也带来个性化服务的风险。算法推荐引擎以及社交平台脸书通过对大量用户行为信息的持续追踪、分类和提炼，为用户打上不同的标签，实现所谓的"个性化服务"，这是基于算法所推断出来的兴趣和爱好，是优化商业利益的结果，而不是用户自身的兴趣，很难保障用户的长期利益。[①]

因此，综合技术、经济、法律、社会等因素考量，算法规制应是一种体现集算法自律、算法监管、算法责任于一体的技术和社会"共生系统"，唯其如此，方能实现复杂的社会、经济、法律与技术之间的关联性管理。

**（三）算法规制的实施措施**

第一，推进脑科学、计算科学等基础科学研究，优化机器学习模型，实现自动优化的操作，进而推动系统预定目标的达成。算法规制通过大型自动化技术系统实现落地，由于其提供的复杂算法系统正在渗入社会生活的各个方面，关于它的研究往往涉及跨学科的研究工作，因此，让计算机科学、脑科学、认知科学、哲学、心理学、语言学、逻辑学等多学科的科学家介入，才能完善算法模型，让机器更理解人类的思维、心理、情感。

第二，建立数据训练偏差纠正自律制度，尽力消除数据端价值倾向的偏见。用于机器学习项目的训练数据必须代表现实世界，这点很重要。因为这些数据是机器学习如何完成其工作的方式。数据偏差可能会发生在从人类报告、选择偏差到算法和解释偏差的一系列区域中。林亨迪（Hengtee Lim，2020）将数据偏差分为七种类型：样本偏差、排除偏差、测量偏差、召回偏差、观察者偏差、种族

---

[①] 刘志毅：《算法规制与决策伦理：今天我们被算法"控制"了吗?》，发布日期：2020－09－09，http://eeo.com.cn/2020/0909/410074.shtml，访问日期：2020－11－09。

偏差以及关联偏差等。因此，防止机器学习项目中的数据偏差是一个持续的过程。① 腾讯研究院（2019）认为，机器从未独立创造偏见，技术不过是社会与人心的一面镜子。因此，当谈及算法偏见的应对时，一部分努力便是要回归于人。即便是技术层面的自律与治理尝试，也能极大地降低偏见程度、避免偏见大幅扩张。那么，如何从技术层面进行自律与治理尝试呢？Hengtee Lim（2020）认为，基本措施应包括：事先研究用户；注意一般用例和潜在异常值；确保数据科学家和数据标签团队是多元化的；合并来自多个来源的输入以确保数据多样性；为数据标签创建黄金标准；为数据标签期望制定明确的准则，以便数据标签保持一致；使用多次注释，例如情感分析、内容审核和意图识别等；寻求具有领域专业知识的人员的帮助，以查看收集/注释的数据；定期分析数据；跟踪错误和问题区域，以便快速响应并解决；使偏差测试成为数据开发周期的一部分；等等。②

第三，建立可解释的算法治理机制，明确算法责任，用法律制度尽最大可能消除算法"黑箱"。例如，德国数据伦理委员会在细化GDPR第22条关于自动化决策的适用范围和法律后果的基础上，构建"可解释人工智能"（旨在提高算法系统，特别是自主学习系统的解释能力）的工作框架，编制和发布风险评估建议、解释数据的处理过程、衡量数据质量以及算法模型准确性的方法等，并在算法规则以外引入反歧视立法等外部保护机制，引导政府机构、媒介中介使用算法系统。在算法系统的责任方面，德国数据伦理委员会建议在《产品责任指令》以及其他责任法中增加针对数字产品和数字服务的侵权责任规则。德国数据伦理委员会还认为，即使是高度自主的算法系统也不能获得法律上的独立地位，经营者使用高度自主的算法技术产生的赔偿责任应当与以往辅助设备的负责人需要承担的替代赔偿责任制度相一致。

第四，强化算法系统参与人员的核心价值观，细化监管。例如，德国数据伦理委员会认为算法应体现以人为本，与核心价值观相符合的精神，维护系统的可持续性、稳健性和安全性，减少偏见和算法歧视等理念是算法系统设计应遵循的基本原则。为此，该委员会提出应制订算法评估方案，建立数字服务企业使用数据的5级风险评级制度，对不同风险类型的企业采取不同的监管措施：①对具有较低潜在危害的系统例如饮料制作机，不应监管；②对具有潜在危害的系统，例

---

① Hengtee Lim：《机器学习中的7种数据偏见》，发布日期：2020 - 10 - 30，https://hackernoon.com/7 - types - of - data - bias - in - machine - learning - ubl3t3w，访问日期：2020 - 11 - 18。

② Hengtee Lim：《机器学习中的7种数据偏见》，发布日期：2020 - 10 - 30，https://hackernoon.com/7 - types - of - data - bias - in - machine - learning - ubl3t3w，访问日期：2020 - 11 - 18。

如电子商务平台的动态定价机制应该放宽管制，可以采用事后控制机制，加强披露义务等来降低其潜在危险；③对具有一般或明显危害的系统，应考虑以发放许可证的方式，促使审批、监管常规化；④对具有相当潜在风险的系统，例如在信用评估方面具有准垄断地位的公司，应公布其算法细节，包括计算所参考的因素及其权重，算法所使用的数据，以及对算法模型的内在逻辑进行解释；⑤对自动化武器等具有潜在不合理危险的系统，则应该"完全或者部分"禁止。对于二级以上的企业，委员会建议引入强制性标记系统（Mandatory Labelling Scheme），要求运营商明确是否、何时以及在何种程度上使用算法系统。

第五，加强对原生内容和算法生成内容的审核，坚持"人工审核＋算法审核"的内容审核方式，管控各类互联网媒介应用的社会风险。算法规制需要相应的风险控制机制来应对，以避免产生类似算法系统偏见即算法歧视等问题。在目前人工智能技术依然处于弱人工智能的情形下，算法模型不能完全识别不符合社会主流价值观的言论和内容，必须依靠人工审核才能保证内容质量，防范内容负外部性的发生。例如，尽管脸书的首席技术官麦克·斯瑞普菲（Mike Schroepfer, 2020）在一篇博客文章中透露，人工智能软件在2020年时已经可以检测出平台上删除的94.7%的仇恨言论，而2019年该比例为80.5%，2017年时仅为24%。但是脸书的人工智能软件依然很难发现某些违反政策的内容，因为软件很难识别图文的含义，对反讽和俚语的识别也并非总是很准确。但是在很多情况下，人类可以快速判断一条内容是否违反了脸书的政策。

# 参 考 文 献

[1] 阿西莫格鲁. 分拆巨头解决不了创新窘境［OL］.（2020 - 11 - 02）［2020 - 11 - 10］. http://baijiahao. baidu. com/s?id = 1682253216754380885 &wfr = spider&for = pc.

[2] 贝克尔. 人力资本［M］. 梁小民, 译. 北京: 北京大学出版社, 1987.

[3] 陈鹏. 欧盟数据战略发展与启示［N］. 学习时报, 2020 - 11 - 18（6）.

[4] 陈维宣, 吴绪亮等. 宏观经济增长框架中的数据生产要素: 历史、理论与展望［OL］.（2020 - 06 - 12）［2020 - 06 - 18］. http://tisi. org/14625.

[5] 崔康. 揭秘腾讯敏捷研发引擎: 上［OL］.（2015 - 08 - 12）［2015 - 08 - 23］. http://infoq. cn/article/tencent - agile - dev.

[6] 崔康. 揭秘腾讯敏捷研发引擎: 下［OL］.（2015 - 08 - 18）［2015 - 8 - 23］. http://infoq. cn/article/tencent - agile - dev - 2.

[7] 崔学锋. 均衡增长理论与演化经济增长理论比较研究［J］. 经济纵横, 2011（11）: 40 - 43.

[8] 达尔文. 物种起源［M］. 舒德干, 等, 译. 北京: 北京大学出版社, 2005.

[9] 邓华, 曾国屏. OECD 创新测度的理论与实践: 基于三版《奥斯陆手册》的比较研究［J］. 科学管理研究, 2011（4）: 49 - 53.

[10] 邓艳, 雷家骕. 从奥斯陆手册的发展看创新研究的一些新视角［J］. 中国科技论坛, 2007（4）: 141 - 144.

[11] 董昀, 张明, 郭强. 美国技术扩散速度放缓: 表现、成因及经济后果［J］. 经济学家, 2020（7）: 119 - 128.

[12] 读芯术. 为图书出版带来第二春的, 正是 AI［OL］.（2019 - 10 - 15）［2020 - 10 - 15］. http://baijiahao. baidu. com/s?id = 1647430370405953723 &wfr = spider&for = pc.

[13] 多马. 经济增长理论［M］. 郭家麟, 译. 北京: 商务印书馆, 1983.

[14] 多普弗. 经济学的演化基础［M］. 锁凌燕, 译. 北京: 北京大学出版社, 2011.

[15] 多西, 等. 技术进步与经济理论［M］. 钟学以, 译. 北京: 经济科学出版社, 1992.

[16] 凡勃仑. 有闲阶级论［M］. 蔡受百, 译. 北京: 商务印书馆, 1964.

[17] 方晋. 美国真正的危机是技术进步放慢［OL］.（2020 - 11 - 19）［2020 -

11-25]. http://baijiahao.baidu.com/s?id=1683780713083892456.

[18] 方兴东，钟祥铭，彭筱军. 全球互联网 50 年（1969—2019）：发展阶段与演进逻辑：上［J］. 互联网天地，2019（10）：12-23.

[19] 冯珊珊. "烧钱模式"的逻辑和解药［J］. 首席财务官，2017（13）：58-65.

[20] 弗里曼，卢桑. 光阴似箭：从工业革命到信息革命［M］. 沈宏亮，译. 北京：中国人民大学出版社，2007.

[21] 福尔. 没有思想的世界科技巨头对独立思考的威胁［M］. 舍其，译. 北京：中信出版社，2019.

[22] 福斯特，梅特卡夫. 演化经济学前沿：竞争、自组织与创新政策［M］. 贾根良，刘刚，译. 北京：高等教育出版社，2005.

[23] 傅家骥. 技术创新经济学［M］. 北京：清华大学出版社，1998.

[24] 傅瑜，隋广军，赵子乐. 单寡头竞争性垄断：新型市场结构理论构建：基于互联网平台企业的考察［J］. 中国工业经济，2014（1）：140-152.

[25] 高志华. 数据治理中数权的冲突与平衡［J］. 长白学刊，2020（4）：51-56.

[26] 韩旭至. 数据确权的困境及破解之道［J］. 东方法学，2020（1）：97-107.

[27] 何翩翩、雷俊成、马赫. 迪士尼，美国流媒体平台大战中真正的王［OL］.（2019-11-17）［2020-11-25］. http://baijiahao.baidu.com/s?id=1649557008482232658&wfr=spider&for=pc.

[28] 何太极. 大话互联网模式［M］. 北京：电子工业出版社，2016.

[29] 胡强. 网络自出版的平台经济分析与启示［J］. 合肥师范学院学报，2017，35（2）：121-124，132.

[30] 华强森，成政珉，王伟，等. 数字时代的中国：打造具有全球竞争力的新经济［J］. 麦肯锡全球研究院，2017-12.

[31] 黄凯南. 演化增长：特征及其解释机制［N］. 光明日报，2013-06-21.

[32] 黄鲁成. 基于生态学的技术创新行为研究［M］. 北京：科学出版社，2007.

[33] 霍奇逊. 演化与制度：论演化经济学与经济学的演化［M］. 任荣华，等，译. 北京：中国人民大学出版社，2007.

[34] 贾根良. 演化经济学［M］. 太原：山西人民出版社，2004.

[35] 杰罗姆. 从内容生产、内容平台再到算法，一文看清互联网媒体的"食物链"［OL］.（2017-01-15）［2017-01-16］. http://www.tmtpost.com/2557508.html.

[36] 杰罗姆. 平台型媒体,科技与媒体缠斗百年再平衡[OL]. (2014-12-16)[2016-12-20]. http://www.tmtpost.com/177842.html.

[37] 杰罗姆. 中外互联网巨头重新定义"平台型媒体"[OL]. (2016-12-02)[2016-12-12]. https://www.linkedin.com/pulse/中外互联网巨头重新定义平台型媒体-罗姆-杰.

[38] 界面. Netflix 20年拼杀史:它如何成为硅谷的"好莱坞"?[OL]. (2017-05-06)[2017-05-25]. http://tech.sina.com.cn/i/2017-05-06/doc-ifyeycfp9289812.shtml.

[39] 经济合作与发展组织. 以知识为基础的经济[M]. 杨红进,薛澜,译. 北京:机械工业出版社,1997.

[40] 凯利. 失控:机器、社会与经济的新生物学[M]. 东西文库,译. 北京:新星出版社,2010.

[41] 科斯,等. 财产权利与制度变迁[M]. 刘守英,译. 上海:上海人民出版社,1994.

[42] 库克MIT毕业典礼演讲:立足技术与人性的交界面[OL]. (2017-06-11)[2020-05-10]. https://www.sohu.com/a/147972035_163476.

[43] 库克现身乌发表演讲:为科技注入人性[OL]. (2017-12-04)[2020-05-10]. https://m.sohu.com/a/208279945_114835.

[44] 库恩. 科学革命的结构[M]. 金吾伦,胡新和,译. 北京:北京大学出版社,2003.

[45] 莱斯切尔. 认识经济论[M]. 王晓秦,译. 南昌:江西教育出版社,1999.

[46] 莱文森. 人类历程回顾:媒介进化理论[M]. 邬建中,译. 重庆:西南师范大学出版社,2017.

[47] 莱文森. 软边缘:信息革命的历史与未来[M]. 澄宇,等,译. 北京:清华大学出版社,2002.

[48] 莱文森. 数字麦克卢汉:信息化新纪元指南[M]. 何道宽,译. 北京:社会科学文献出版社,2001.

[49] 雷钦礼,韩天琪. 技术进步及其偏向生成机制与经济效应[N]. 中国科学报,2019-10-30.

[50] 雷钦礼. 偏向性技术进步的测算与分析[J]. 统计研究,2013,30(4):83-91.

[51] 雷钦礼,徐家春. 技术进步偏向、要素配置偏向与我国TFP的增长[J]. 统计研究,2015,32(8):10-16.

[52] 李刚. 科技企业为什么爱投资?[OL](2020-11-21)[2020-11-25].

https://www.huxiu.com/article/395217.html?f=member_article.

[53] 李健. 再论现代经济学的研究范畴与研究范式 [OL]. (2006-03-27) [2010-02-21]. http://finance.sina.com.cn/review/zlhd/20060327/10432449693.shtml.

[54] 李卫东. 数据要素参与分配需要处理好哪些关键问题 [J]. 国家治理, 2020 (16): 46-48.

[55] 李彦宏. 智能革命: 迎接人工智能时代的社会、经济与文化变革 [M]. 中信出版集团, 2017.

[56] 李彦宏. 智能经济: 高质量发展的新形态 [M]. 北京: 中信出版社, 2020.

[57] 李勇坚, 夏杰长. 数字经济背景下超级平台双轮垄断的潜在风险与防范策略 [J]. 改革, 2020 (8): 58-67.

[58] 李震. 互联网平台如何创造体验价值: 基于互动视角的分析 [J]. 广东财经大学学报, 2017 (2): 15-30.

[59] 李峥. 机密文件: 脸书垄断行为的"自白书" [OL]. (2019-11-11) [2019-11-16]. http://sohu.com/a/353044771_616821.

[60] 李政, 周希祯. 数据作为生产要素参与分配的政治经济学分析 [J]. 学习与探索, 2020 (1): 109-115.

[61] 里夫金. 零边际成本社会: 一个物联网、合作共赢的新经济时代 [M]. 赛迪研究院专家组, 译. 北京: 中信出版社, 2014.

[62] 练小川. 电子书定价的奥秘 [J]. 出版参考, 2010 (10): 35.

[63] 梁正, 吴培熠. 数据治理的研究现状及未来展望 [OL]. (2020-11-11) [2020-12-09]. https://kns.cnki.net/kcms/detail/61.1012.C.20201110.1804.002.html.

[64] 梁正, 吴培熠. 数据治理政策的国际比较: 历史、特征与启示 [J]. 科技导报, 2020 (5): 36-41.

[65] 猎豹全球智库. 深度解读, 社交巨无霸 Facebook 如何塑造了美国媒体生态系统 [OL]. (2016-10-26) [2016-10-28]. http://tmtpost.com/2512811.html.

[66] 林毅夫. 关于制度变迁的经济学理论: 诱致性变迁与强制性变迁 [C]. // 财产权利与制度变迁: 产权学派与新制度学派译文集. 上海: 上海三联书店出版社, 上海人民出版社, 2014.

[67] 刘鹏. 数据变现的秘密 [OL]. (2017-01-07) [2017-01-12]. http://www.360doc.com/content/17/0107/11/5473201_620696101.shtml.

[68] 刘晓. YouTube: 数据智能提升"理解"能力 [J]. 国际品牌观察 (媒

介),2020(6):31-36.

[69] 刘志毅. 算法规制与决策伦理:今天我们被算法"控制"了吗?[OL].(2020-09-09)[2020-11-09]. http://eeo.com.cn/2020/0909/410074.shtml.

[70] 柳卸林. 技术创新经济学[M]. 北京:中国经济出版社,1993.

[71] 陆雪琴,章上峰. 技术进步偏向定义及其测度[J]. 数量经济技术经济研究,2013(8):20-34.

[72] 吕本富,卢超男. 数据开放与隐私保护的平衡研究[J]. 文献与数据学报,2020(3):17-24.

[73] 马化腾. 推动上"云"用"数"建设产业互联网[N]. 人民日报,2020-05-07.

[74] 马克卢普. 美国的知识生产与分配[M]. 孙耀君,译. 北京:中国人民大学出版社,2007.

[75] 马歇尔. 经济学原理[M]. 朱志泰,陈良璧,译. 北京:商务印书馆,1991.

[76] 麦克卢汉. 理解媒介:论人的延伸[M]. 何道宽,译. 南京:译林出版社,2019.

[77] 梅特卡夫. 演化经济学与创造性毁灭[M]. 冯健,译. 北京:中国人民大学出版社,2007.

[78] 孟小峰. 破解数据垄断的几种治理模式研究[J]. 人民论坛,2020(27):58-61.

[79] 穆尔. 竞争的衰亡:商业生态系统时代的领导与战略[M]. 梁骏,等,译. 北京:北京出版社,1999.

[80] 纳尔逊,温特. 经济变迁的演化理论[M]. 胡世凯,译,北京:商务印书馆,1997.

[81] 尼葛洛庞蒂. 数字化生存[M]. 胡泳,译. 海口:海南出版社,1997.

[82] 诺思. 理解经济变迁过程. 钟正生,等,译. 北京:中国人民大学出版社,2013.

[83] 诺斯,托马斯. 西方世界的兴起[M]. 以平,蔡磊,译. 北京:华夏出版社,2009.

[84] 诺斯. 制度、制度变迁与经济绩效[M]. 刘守英,译. 上海:上海三联书店,1994.

[85] 帕克,埃尔斯泰恩,邱达利. 平台革命:改变世界的商业模式[M]. 志鹏,译. 北京:机械工业出版社,2017.

[86] 佩蕾丝. 技术革命与金融资本[M]. 田方萌,译. 北京:中国人民大学出版社,2007.

[87] 普特曼，等. 企业的经济性质 [M]. 孙经纬，译. 上海：上海财经大学出版社，2009.

[87] 彭国华. 内生增长理论发展综述 [J]. 经济前沿，2009（Z1）：94-98，118.

[89] 皮尤研究中心. 美国新闻媒体行业核心数据及趋势：谁在增长？谁在衰落？[OL].（2018-08-14）[2020-08-20]. https://new.qq.com/omn/20180814/20180814A1MB2I.html.

[90] 钱颖一. 理解现代经济学 [J]. 经济社会体制比较，2002（2）：1-12.

[91] 钱德勒. 企业规模经济与范围经济 [M]. 张逸人，等，译. 北京：中国社会科学出版社，1999.

[92] 秦宝庭，吴景曾. 知识与经济增长 [M]. 北京：科学技术文献出版社，1999.

[93] 清和. 算法时代的反垄断风云 [OL].（2020-11-14）[2020-12-11]. http://huxiu.com/article/393701.html.

[94] 任力. 演化增长理论的演变、超越与贡献 [J]. 烟台大学学报（哲学社会科学版），2005，18（2）：202-206.

[95] 任翔. 数字内容生态与出版业的颠覆性创新 [J]. 出版广角，2012（11）：17-20.

[96] 萨缪尔森. 微观经济学 [M]. 萧琛，译. 北京：人民邮电出版社，2004.

[97] 赛迪智库. 全球数据治理：概念、障碍与前景 [N]. 中国计算机报，2020-07-27（8）.

[98] 山茂峰，郑翔. 算法价格歧视反垄断规制的逻辑与进路 [J]. 价格理论与实践，2020（5）：27-31，77.

[99] 沈伟伟. 算法透明原则的迷思：算法规制理论的批判 [J]. 环球法律评论，2019（6）：20-39.

[100] 施春风. 定价算法在网络交易中的反垄断法律规制 [J]. 河北法学，2018（11）：111-119.

[101] 施培公. 后发优势：模仿创新的理论与实证研究 [M]. 北京：清华大学出版社，1999.

[102] 法格博格，等. 牛津创新手册 [M]. 柳卸林，等，译. 北京：知识产权出版社，2009.

[103] 沙克. 科技不等于科技巨头 [OL].（2020-08-19）[2020-12-20]. http://baijiahao.baidu.com/s?id=1675326509748562117&wfr=spider&for=pc.

[104] 世界知识产权组织. 技术贸易手册 [M]. 刘朝晋，译. 北京：中国财政

经济出版社，1979.

[105] 舒尔茨. 教育的经济价值 [M]. 曹延亭，译. 长春：吉林人民出版社，1982.

[106] 舒尔茨. 论人力资本投资 [M]. 吴珠华，等，译. 北京：北京经济学院出版社，1990.

[107] 司晓，曹建峰. 欧盟版权法改革中的大数据与人工智能问题研究 [J]. 西北工业大学学报（社会科学版），2019（3）：95-102，3.

[108] 斯蒂纳，斯蒂纳. 企业政府与社会 [M]. 张志强，译. 北京：华夏出版社，2002.

[109] 斯蒂格利茨. 经济学 [M]. 黄险峰，张帆，译. 北京：中国人民大学出版社，2005.

[110] 斯密. 国民财富的性质和原因的研究 [M]. 郭大力，王亚南，译. 北京：商务印书馆，1981.

[111] 斯旺. 创新经济学 [M]. 韦倩，译. 上海：上海人民出版社，2013.

[112] 宋承先，范家骧. 增长经济学 [M]. 北京：人民出版社，1982.

[113] 宋宋. 阅读应用 Hooked 创始人：我们改变了两千万年轻人的阅读习惯 [OL]. (2017-06-22) [2019-06-27]. http://36kr.com/p/5080564.html.

[114] 苏宇. 论算法规制的价值目标与机制设计 [J]. 自然辩证法通讯，2019（10）：8-15.

[115] 孙浩. 权力聚合：今日头条算法推送的反思与规制探析 [J]. 新媒体研究，2019（9）：40-41.

[116] 孙莹. 人工智能算法规制的原理与方法 [J]. 西南政法大学学报，2020，22（1）：83-95.

[117] 孙运传. 大数据时代经济学研究的创新与变革 [N]. 人民日报，2020-03-02.

[118] 索洛. 经济增长理论：一种解说 [M]. 朱保华，译. 上海：上海三联书店，2015.

[119] 索洛. 经济增长因素分析 [M]. 史清琪，等，选译. 北京：商务印书馆，1991.

[120] 唐要家，唐春晖. 数据要素经济增长倍增机制及治理体系 [J]. 人文杂志，2020（11）：83-92.

[121] 唐要家，尹钰锋. 算法合谋的反垄断规制及工具创新研究 [J]. 产经评论，2020（2）：5-16.

[122] 腾讯媒体研究院. 内容处理和分发中的算法应用探究 [OL]. (2019-07-

01)[2019-07-04]. http://woshipm.com/it/2531324.html.

[123] 腾讯研究院. 德国发布 AI 和数据伦理的 75 项建议,提出数据和算法协同治理等理念[OL].(2020-01-07)[2020-12-15]. http://baijiahao.baidu.com/s?id=1655085509459280794&wfr=spider&for=pc.

[124] 腾讯研究院. 算法偏见:看不见的"裁决者"[OL].(2019-12-19)[2019-12-29]. http://huxiu.com/article/332033.html.

[125] 田国强. 现代经济学的基本分析框架与研究方法[J]. 经济研究,2005(2):113-125.

[126] 王建冬,童楠楠. 数字经济背景下数据与其他生产要素的协同联动机制研究[J]. 电子政务,2020(3):22-31.

[127] 王秋林. 出版经济学教程[M]. 上海:上海辞书出版社,2014.

[128] 王秋林. 竞争、创新与图书零售业结构的演进[J]. 编辑学刊,2012(6):11-15.

[129] 王秋林. 学术出版小生境战略创新及运用:以英国 Emerald 出版社为例[J]. 中国出版,2011(10):23-25.

[130] 魏杰. 产权与企业制度分析[M]. 北京:高等教育出版社,1998.

[131] 魏炜,朱武祥. 发现商业模式[M]. 北京:机械工业出版社,2009.

[132] 温世君. 何为平台经济反垄断中的"猎杀式并购"[OL].(2020-11-20)[2020-12-20]. http://new.qq.com/omn/20201120/20201120A0BXSP00.html.

[133] 吴志刚. 加快数据要素市场培育 有效激活数据潜在价值[J]. 网络安全和信息化,2020(5):23-25.

[134] 谢康,夏正豪,肖静华. 大数据成为现实生产要素的企业实现机制:产品创新视角[J]. 中国工业经济,2020(5):42-60.

[135] 谢运博,陈宏民. 互联网平台型企业的竞争与最优市场结构:基于双边市场理论视角[J]. 社会科学研究,2017(2):24-30.

[136] 熊彼特. 经济发展理论[M]. 邹建平,译. 北京:商务印书馆,2000.

[137] 熊彼特. 资本主义、社会主义和民主主义[M]. 绛枫,译. 北京:商务印书馆,1979.

[138] 徐川. Facebook 研发团队的高效秘诀[OL].(2015-04-23)[2015-10-23]. http://www.infoq.com/cn/news/2015/04/ego-first-event/.

[139] 薛兆丰. 反思反垄断法[OL].(2017-12-03)[2020-10-20]. http://sohu.com/a/208206853_300763.

[140] 闫德利. 数据何以成为新的生产要素[OL].(2020-05-13)[2020-05-20]. http://tisi.org/14408.

[141] 杨, 洛奇. 驯服算法：数字歧视与算法规制［M］. 林少伟，唐林垚，译. 上海：上海人民出版社，2020.

[142] 扬西蒂，莱维恩. 共赢：商业生态系统对企业战略、创新和可持续性的影响［M］. 王凤彬，王保伦，等，译. 北京：商务印书馆，2006.

[143] 杨虎涛. 演化经济学的过去、现在和将来［J］. 社会科学管理与评论，2006（4）：71－80.

[144] 殷继国，沈鸿艺，岳子祺. 人工智能时代算法共谋的规制困境及其破解路径［J］. 华南理工大学学报（社会科学版），2020（4）：33－41.

[145] 应珊珊. 香樟系列推文之7：互联网平台的商业模式及其竞争效应［J］. 经济资料译丛，2018（3）：64－69.

[146] 于施洋，王建冬，郭巧敏. 我国构建数据新型要素市场体系面临的挑战与对策［J］. 电子政务，2020（3）：2－12.

[147] 喻晓马，程宇宁，喻卫东. 互联网生态：重构商业规则［M］. 北京：中国人民大学出版社，2016.

[148] 张进. 论麦克卢汉的媒介生态学思想［J］. 江西社会科学，2012（6）：5－13.

[149] 张康之. 数据治理：认识与建构的向度［J］. 电子政务，2018（1）：2－13.

[150] 张维迎. 企业的企业家：契约理论［M］. 上海：上海三联书店，1995.

[151] 张文祥，杨林. 新闻聚合平台的算法规制与隐私保护［J］. 现代传播（中国传媒大学学报），2020（4）：140－144，154.

[152] 张五常. 学术上的老人与海［M］. 北京：社会科学文献出版社，2001.

[153] 张颐武. 短视频为何在全球流行？它有这三大特点［OL］.（2020－10－22）［2020－10－28］. http://baijiahao.baidu.com/s?id=16812168022216 90276&wfr=spider&for=pc.

[154] 张泽伟. 互联网平台垄断性的新特征及现状［J］. 现代企业，2018（7）：100－101.

[155] 张祯宇. 自动定价算法的反垄断法律规制研究［J］. 西安建筑科技大学学报（社会科学版），2019（4）：84－89.

[156] 张治河，等. 创新的前沿与测度框架：《奥斯陆手册》第三版述评［J］. 中国软科学，2007（3）：153－156.

[157] 植草益. 微观规制经济学［M］. 朱绍文，等，译. 北京：中国发展出版社，1992.

[158] 中国互联网络信息中心（CNNIC）. 第45次中国互联网络发展状况统计报告［R］，2020－4.

[159] 周振华. 现代经济增长中的结构效应 [M]. 上海：上海人民出版社，1995.

[160] 邹传伟. 对数据要素的特征、价值和配置机制的初步研究 [OL]. (2020-05-07) [2020-05-09]. http://sohu.com/a/393564350_100217347.

[161] 邹举. 算法歧视法律规制的路径探析 [N]. 中国社会科学报, 2020-11-11.

[162] ACEMOGLU D. Directed technical change [J]. The Review of Economic Studies, 2002, 69 (4): 781-809.

[163] ACKOFF R L. From data to wisdom [J]. Journal of Applied System Analysis, 1989 (16): 3-9.

[164] ACQUISTI A, TAYLOR C, WAGMAN L. The economics of privacy [J]. Journal of Economic Literature, 2016, 54 (2): 442-292.

[165] AGHION P, BLOOM N, BLUNDELL R, LUNDELL R, GRIFFITH R, HOWITT P. Competition and innovation: An inverted U relationship [J]. Quarterly Journal of Economics, 2005, 120 (2): 701-728.

[166] AGHION P, HOWITT P. A model of growth through creative destruction [J]. Econometrica, 1992 (60): 323-351.

[167] AGHION P, HOWITT P. Endogenous growth theory [M]. MIT Press, 1998.

[168] AGHION P, HOWITT P. Knowledge and development: A schumpeterian approch [R]. World Bank, 2000.

[169] AGHION P. Schumpeterian growth theory and the dynamics of income inequality [J]. Econometrica, 2002, 70 (3): 855-882.

[170] ARROW K J. The economic implications of learning by doing [J]. Review of Economic Studies, 1962, 29 (2): 155-173.

[171] Ben T. Lessons from spotify [OL]. (2018-03-08) [2018-03-10]. https://stratechery.com/2018/lessons-from-spotify/.

[172] BIPP. The value of data [OL]. [2020-10-21]. https://www.bennettinstitute.cam.ac.uk/research/research-projects/valuing-data/.

[173] CISCO SYSTEMS. Cisco visual networking index: Forecast and trends, 2017-2022 [R]. 2018.

[174] DASGUP P, MASKIN E. The simple economics of research portfolios [J]. Economic Journal, 1987 (97): 581-595.

[175] DASGUPTA P, STIGLIZ J E. Industrial structure and nature of innovative activity [J]. Economic Journal, 1980b (90): 266-293.

[176] DASGUPTA P, STIGLIZ J E. Uncertainty, industrial structure and the speed of RD [J]. Bell Journal of Economics, 1980a (11): 1-28.

[177] EAWORLD. 数据治理之数据脱敏技术研究 [OL]. (2020-08-14) [2020-08-18]. http://baijiahao.baidu.com/s?id=1674984917361474531&wfr=spider&for=pc.

[178] ERICSSON. Ericsson mobility report [R]. CISCO SYSTEMS, 2019.

[179] EUGENEWEI. Seeing like an algorithm. TikTok 的真正优势,从来都不是算法:上 [OL]. (2020-10-28) [2020-10-30]. http://36kr.com/p/936688851967107.

[180] EUGENEWEI. Seeing like an algorithm. TikTok 的真正优势,从来都不是算法:下 [OL]. (2020-10-28) [2020-10-30]. http://baijiahao.baidu.com/s?id=1681790491008845063&wfr=spider&for=pc.

[181] FISHER R A. The genetical theory of natural selection: A complete variorum edition [M]. Oxford University Press, 1999.

[182] FOSTER J, METCFE J S. Frontiers of evolutionary economics [M]. Edward Elgar, 2001.

[183] HALEVY A, NORVIG P, PEREIRA F. The unreasonable effectiveness of data [J]. Intell Syst, IEEE, 2009, 24 (2): 8-12.

[184] HENGTEE L. 机器学习中的 7 种数据偏见 [OL]. (2020-10-30) [2020-11-18]. https://hackernoon.com/7-types-of-data-bias-in-machine-learning-ubl3t3w.

[185] HODGSON G M. The foundation of evolutionary economics: 1890—1973 [M]. Edward Elgar, 1998.

[186] IDC. The digitization of the world: From edge to core [R]. IDC, 2018.

[187] IDC. Worldwide global data sphere forecast, 2020-2024: The COVID-19 data bump and the future of data browth [R]. IDC, 2020.

[188] JONES C I. R&D based bodel of economic growth [J]. Journal of Political Economy, 1995 (103): 759-784.

[189] JULIA B. 从 Snapchat 白皮书看视频帝国变迁史 [OL]. 孙敏,译. (2019-06-03) [2020-09-23]. http://kuaibao.qq.com/s/20190603 A0JE0Q00.

[190] LAURA H O. 路透社最新报告:新闻付费大多沦为"一锤子买卖"? [OL]. (2019-06-19) [2020-07-12]. https://kuaibao.qq.com/s/20190619A0R88W00?refer=spider.

[191] Leichtman Research. Netflix 美国付费用户首次超过有线电视,流媒体获得

阶段性胜利［OL］. （2017 - 06 - 16）［2017 - 06 - 26］. https://www.sohu.com/a/149410037_114778.

［192］ LINDER J, CANTREL L. Changing business models: Surveying the landscape［R］. Accenture Institute for Strategic Change, 2000.

［193］ LUCAS R E. On the mechanics of economics development［J］. Journal of Monetary Economics, 1988, 22（1）: 3 - 42.

［194］ MATTHEW P. This is how Apple's top secret product development process works［OL］. （2012 - 02 - 01）［2012 - 02 - 25］. http://csdn.net/article/2012 - 02 - 01/311270.

［195］ MICHAEL M, MINET S, JEFFREY A. The entrepreneur's business model: Toward a unified perspective［J］. Journal of Business Research, 2003, 58（1）: 726 - 735.

［196］ MUESER. Identifying technical innovations［J］. IEEE Trans, on Eng. Management, 1985（11）: 98 - 101.

［197］ NELSON R R, WINTER S G. An evolutionary theory of economic change［M］. Cambridge, US: The Belknap Press of Harvard University, 1982.

［198］ NELSON R R, WINTER S G. Evolutionary theorizing in economics［J］, The Journal of Perspectives. 2002, 16（2）: 23 - 46.

［199］ NELSON R R, WINTER S G. Forces generating and limiting concentration under schumpeterian competition［J］. Bell Journal of Economics, 1978（9）: 524 - 548.

［200］ NELSON R R, WINTER S G, SCHUETTE H L. Technical change in an evolutionary model［J］. Quarterly Journal of Economics, 1976（90）: 90 - 118.

［201］ NEWZOO. Global Mobile Market Report 2019［R］. NEWZOO, 2019.

［202］ OECD. 奥斯陆手册［M］. 3 版. 高昌林, 译. 北京: 科学技术文献出版社, 2011.

［203］ PATRICK M. The business of SaaS［OL］. （2020 - 08 - 10）［2021 - 03 - 02］. https://stripe.com/en - hk/atlas/guides/business - of - saas.

［204］ PAVITT K. On the nature of technology: Science policy research unit discussion paper［M］. University of Sussex, 1987.

［205］ PIANO. 7% 定律: 美国媒体数字化的数字秘密［OL］. （2017 - 12 - 17）［2017 - 12 - 26］. http://traffic.piano.io/2017/12/17/the - 7 - percent - rule/.

［206］ PRICE G R. Selection and covariance［J］. Nature, 1970（227）: 520 - 521.

［207］ RAPPA M. Business models on the web: Managing the digital enterprise［EB/

OL]. (2009 – 02 – 25) [2020 – 03 – 20]. http:// digital enterprise org/ models/models html.

[208] ROHLFS J H. A theory of interdependent demand for a communication service [J]. Bell Journal of Economics and Management Science, 1974 (5): 16 – 37.

[209] ROMER P M. Crazy explanations for the productivity slowdown [J]. NBER: Macroeconomics Annual, 1987, 2: 163 – 202.

[210] ROMER P M. Endogenous technological change [J]. Journal of Political Economy, 1990, 98 (5): 71 – 102.

[211] ROMER P M. Growth based on increasing returns due to specialization [J]. The American Economic Review, 1987, 77 (2) 56 – 62.

[212] ROMER P M. Increasing returns and long-run growth [J]. Journal of Political Economy, 1986, 94 (5): 1002 – 1037.

[213] ROMER P M. Two strategies for economic development: Using ideals and producing ideals [J]. Strategy Management of Intellectual Capital, 1998 (6): 211 – 238.

[214] SATELL. 真正改变世界的不是发明，而是"生态系统"[OL]. (2019 – 09 – 03) [2020 – 09 – 10]. http://baijiahao.baidu.com/s?id = 1643622793 006049419&wfr = spider&for = pc.

[215] SEAGATE, IDC. The China datasphere: Primed to be the largest datasphere by 2025 [R]. SEAGATE, IDC, 2019.

[216] SOLOW R M. A contribution to the theory of economic growth, Quarterly Journal of Economics, 1956, 70 (1): 65 – 94.

[217] SOLOW R M. Technological change and the aggregate production function [J]. Review of Economics and Statistics, 1957 (39): 312 – 320.

[218] STATISTA. Coronavirus: Impact on the tech industry worldwide [R]. SEAGATE, IDC, 2020.

[219] STONEMAN P. The economic analysis of technology policy [M]. Oxford University Press, 1987.

[220] TIMMERS P. Business models for electronic markets [J] Journal on Electronic Markets, 1998, 8 (2): 3 – 81.

[221] UNCTAD. Digital economy peport 2019: Value creation and capture: Implications for developing countries [R]. UNCTAD, 2019 – 09 – 04.

[222] UTTERBACK J M. The process of technological innovation within the firm [J]. Academic of Management Journal, 1971 (3): 49 – 70.

[223] WEILL P, VITALEM R. Place to space : Migrating to e-business models

[M]. Harvard Business School Press, 2001: 96 - 101.

[224] WILSON. 苹果 VS 谷歌，可视化两厂所有专利后看创新模式差异 [OL]. ZHU J, 李亚楠, 译. (2017 - 03 - 14) [2020 - 05 - 10]. https://www.huxiu.com/article/1853 68. html.

[225] WORLD BANK. World development report 2021: Data for better lives (Concept Note) [R]. WORLD BANK, 2020.

[226] XAVIER A. In machine learning, what is better: More data or better algorithms [OL]. (2015 - 06 - 20) [2020 - 05 - 02]. https://www.kdnuggets.com/2015/06/machine - learning - more - data - better - algorithms.html, 2015.

[227] YANNICK B. Netflix 如何利用大数据获得巨额利润？[OL]. (2020 - 08 - 07) [2020 - 08 - 17]. http://qnmlgb.tech/articles/5f2d5f584e7418bb50e86293/.